本书受"江苏省社会科学基金项目

"动词+非核心论元宾语"构式的句法语义研究

莫 莉 ◎ 著

河海大学出版社
HOHAI UNIVERSITY PRESS
·南京·

图书在版编目（ＣＩＰ）数据

"动词＋非核心论元宾语"构式的句法语义研究 / 莫莉著. -- 南京：河海大学出版社，2024.3
　ISBN 978-7-5630-8892-8

Ⅰ. ①动… Ⅱ. ①莫… Ⅲ. ①汉语—宾语—句法—研究②汉语—宾语—语义—研究 Ⅳ. ①H146.3

中国国家版本馆 CIP 数据核字(2024)第 044601 号

书　　名	"动词＋非核心论元宾语"构式的句法语义研究 "DONGCI ＋ FEIHEXIN LUNYUAN BINYU" GOUSHI DE JUFA YUYI YANJIU
书　　号	ISBN 978-7-5630-8892-8
责任编辑	周　贤
特约校对	吕才娟
封面设计	张育智　吴晨迪
出版发行	河海大学出版社
地　　址	南京市西康路 1 号(邮编：210098)
电　　话	(025)83737852(总编室)　(025)83722833(营销部)
经　　销	江苏省新华发行集团有限公司
排　　版	南京布克文化发展有限公司
印　　刷	广东虎彩云印刷有限公司
开　　本	718 毫米×1000 毫米　1/16
印　　张	14.5
字　　数	267 千字
版　　次	2024 年 3 月第 1 版
印　　次	2024 年 3 月第 1 次印刷
定　　价	78.00 元

目 录

第一章 绪论 ………………………………………………………………… 001
  1.1 选题的缘由及意义 …………………………………………………… 001
  1.2 前人研究综述 ………………………………………………………… 006
    1.2.1 宾语语义类型的研究 ……………………………………………… 006
    1.2.2 对非核心论元宾语的形成条件和允准机制的研究 ……… 008
    1.2.3 对某一个、某一类或某几类非核心论元宾语的专项研究
          ……………………………………………………………………… 010
  1.3 研究的主要内容、理论基础和方法 ……………………………… 014
    1.3.1 研究的主要内容 …………………………………………………… 014
    1.3.2 研究的理论基础 …………………………………………………… 016
    1.3.3 研究所采用的方法 ………………………………………………… 019
    1.3.4 研究的语料来源和符号的使用 …………………………………… 019

第二章 非核心论元宾语的界定及其语义类型 ……………………………… 022
  2.1 动词的论元及其语义角色 …………………………………………… 022
  2.2 非核心论元的界定及其语义角色类型 ……………………………… 026
  2.3 非核心论元宾语的界定 ……………………………………………… 030
    2.3.1 动词的核心论元与非核心论元 …………………………………… 031
    2.3.2 核心论元宾语与非核心论元宾语 ………………………………… 035
    2.3.3 几组相似概念的厘清 ……………………………………………… 036
  2.4 非核心论元宾语的语义角色 ………………………………………… 040
  2.5 小结 …………………………………………………………………… 041

第三章 "动词＋非核心论元宾语"构式的鉴定、分类及特点 …… 043
3.1 "动词＋非核心论元宾语"构式的鉴定 …… 043
3.1.1 "动词＋非核心论元宾语"构式的形式鉴定 …… 044
3.1.2 "动词＋非核心论元宾语"构式的意义鉴定 …… 047
3.2 "动词＋非核心论元宾语"构式的分类 …… 051
3.2.1 按动词的性质分 …… 051
3.2.2 按宾语的特点分 …… 052
3.2.3 按动词与宾语之间有无常规关系分 …… 053
3.3 "动词＋非核心论元宾语"构式的特点 …… 055
3.3.1 "动词＋非核心论元宾语"构式的层级性 …… 055
3.3.2 "动词＋非核心论元宾语"构式的类推性和能产性 …… 059
3.3.3 "动词＋非核心论元宾语"构式的形义不对称性 …… 061
3.3.4 "动词＋非核心论元宾语"构式的发展性 …… 061
3.4 小结 …… 064

第四章 "动词＋非核心论元宾语"构式的句法语义特点 …… 066
4.1 "动词＋非核心论元宾语"构式中动词的句法语义特点 …… 069
4.1.1 动词多为单音节动作动词 …… 069
4.1.2 动词多为及物动词和非作格动词 …… 072
4.2 "动词＋非核心论元宾语"构式中宾语的句法语义特点 …… 075
4.2.1 非核心论元宾语的受事性强弱 …… 075
4.2.2 非核心论元宾语的可扩展程度 …… 086
4.2.3 非核心论元宾语的概念层次范畴 …… 098
4.3 "动词＋非核心论元宾语"构式整体的句法语义特点 …… 102
4.3.1 "动词＋非核心论元宾语"的句法功能 …… 102
4.3.2 "动词＋非核心论元宾语"的句法结构 …… 105
4.3.3 "动词＋非核心论元宾语"的句法表现 …… 113
4.4 "动词＋非核心论元宾语"构式的构式压制和惯性压制 …… 117
4.4.1 "动词＋非核心论元宾语"的构式压制 …… 119
4.4.2 "动词＋非核心论元宾语"的惯性压制 …… 122
4.5 小结 …… 125

第五章 "动词＋非核心论元宾语"构式义的实现机制 …… 126
5.1 "动词＋非核心论元宾语"的"选择及排除"义的实现 …… 126
5.1.1 潜在语义场的存在 …… 126
5.1.2 语义场核心语义的确立 …… 128
5.1.3 俗世百科知识为语义场的词库基础 …… 130
5.1.4 语义场的相对封闭性 …… 131
5.1.5 语境调整 …… 134
5.2 "动词＋非核心论元宾语"中"选择"及"排除"义的突显等级 …… 136
5.3 "动词＋非核心论元宾语"的"强事件弱动作"义的实现 …… 142
5.3.1 削弱受事义 …… 142
5.3.2 添加事件背景信息 …… 142
5.4 小结 …… 143

第六章 非核心论元宾语与核心论元宾语的竞争 …… 145
6.1 非核心论元宾语与核心论元宾语的协同 …… 146
6.1.1 非核心宾语与核心宾语的并立 …… 146
6.1.2 非核心宾语与核心宾语的合并 …… 148
6.2 非核心论元宾语与核心论元宾语的互斥 …… 151
6.2.1 论元角色的删除和隐藏 …… 151
6.2.2 论元角色的移位 …… 154
6.2.3 非核心论元与核心论元的话题化 …… 155
6.3 核心论元宾语对非核心论元宾语的影响 …… 158
6.3.1 句法的投射 …… 158
6.3.2 语义的辐射 …… 160
6.4 小结 …… 162

第七章 "动词＋非核心论元宾语"的流变——转喻、隐喻和转变 …… 164
7.1 非核心论元的语法转喻及其类型 …… 166
7.1.1 处所名词转指受事 …… 166
7.1.2 方式、工具、材料名词转指受事、结果 …… 168
7.1.3 "吃食堂"和语法转喻 …… 170
7.2 "动词＋非核心论元宾语"的概念隐喻 …… 177

7.3 "动词＋非核心论元宾语"构式转喻和隐喻的多重操作 ………… 179
7.4 宾语论元角色的转变 ………………………………………… 182
　　7.4.1 扩展促发的论元角色转变 ………………………… 182
　　7.4.2 语境改变造成的论元角色转变 …………………… 186
7.5 小结 …………………………………………………………… 188

第八章　非核心论元宾语的生成动因 …………………………… 190
8.1 非核心论元宾语形成的语用动因 …………………………… 190
　　8.1.1 语言的经济性原则 ………………………………… 190
　　8.1.2 焦点突显 …………………………………………… 192
8.2 非核心论元宾语形成的认知动因 …………………………… 194
　　8.2.1 "图形与背景"的隐与现 ………………………… 195
　　8.2.2 完形心理投射 ……………………………………… 196
8.3 非核心论元宾语形成的语义动因 …………………………… 198
8.4 非核心论元宾语形成的句法动因 …………………………… 201
　　8.4.1 动词配价和构式配价 ……………………………… 201
　　8.4.2 调整配位的语法机制：话题化和述题化 ………… 202
8.5 小结 …………………………………………………………… 203

第九章　结论 ……………………………………………………… 205
9.1 基本结论归纳 ………………………………………………… 205
9.2 研究的创新之处 ……………………………………………… 210
9.3 研究的不足之处 ……………………………………………… 211

参考文献 …………………………………………………………… 212

第一章

绪论

自19世纪中后期索绪尔奠定了现代语言学理论的基础以来,语言学研究逐渐在理论化和科学化的道路上越走越深远。结构主义把语言看作是一个符号系统,提出语言学就是研究符号组合规律的学问。乔姆斯基从形式结构出发,以动词为中心,推演语法规则。从形式出发研究语法规律和原则,构建凌驾所有语言之上的普遍语法,对于探索和发现人类语言的共同规律有重要意义,然而,单从形式出发研究语言,忽略语义、语用对于语法的影响,必然无法窥语言全貌,也不能合理解释诸多语言问题。对汉语这样缺乏形态的语言来说尤其如此。20世纪80年代以来,人们越来越重视语义研究在汉语问题研究中的作用和意义,生成语义学、格语法、认知语言学等语言学理论的出现为人们研究句法语义关系提供了新的视角,也是对结构主义仅从形式结构来研究语言的一个巨大突破。无论哪一种理论和学说,动词、动宾关系始终是语言研究的中心和重心。动词是小句中最重要的成分,它是语义结构和句法结构的核心,其他句法成分和语义成分都受它制约和影响。动词与其他成分的句法语义关系决定了整个句子的格局。

1.1 选题的缘由及意义

运用格语法理论,人们对动词和名词的语义关系进行了深入研究。动词与句子中其他名词成分形成不同的语义关系,亦即不同的语义格。在屈折语和黏着语中,不同的格都有不同的格位和格标记,格位和格存在着比较规整的一一对应关系。格位和句法成分也存在着句法—语义的映射关系,例如:

(1) John　opened　the door　[with]　a key．
　　　主语　　　　　　宾语　　　　介宾
　　　施事格　　　　受事格　　格标　工具格

(2) Mary had　the dinner　[with]　her mom　[in]　the restaurant．
　　　主语　　　　宾语　　　　　　介宾　　　　　　介宾
　　　施事格　　受事格　　格标　与事格　格标　处所格

从以上例子我们可以看出，屈折语中句法和语义有清晰的映射关系，主语对应于施事格，宾语对应于受事格，介词宾语对应于工具格、方式格、处所格、与事格等。同时，工具格、方式格、处所格、与事格等通常有格标记。我们再看看汉语的例子：

(3) a. 他们　喝　大碗。
　　　　主语　　　宾语
　　　　主体格　工具格

　　b. 他们　　大碗　喝　酒，　大块　吃　肉。
　　　　主语　　状语　　　宾语　　状语　　　宾语
　　　　主体格　工具格　受事格　方式格　受事格

(4) a. 他们　吃　利息。
　　　　主语　　　宾语
　　　　主体格　依凭格

　　b. 利息　　他们不够吃。
　　　　话题　　主语
　　　　依凭格　施事格

(5) a. 小莉妈妈正在织毛线。
　　　　主语　　　　　宾语
　　　　主体格　　　材料格

　　b. 小莉妈妈正在织毛衣。
　　　　主语　　　　　宾语
　　　　主体格　　　结果格

(6) a. 他在食堂吃了一个月了。
　　　　主语　状语　　补语
　　　　主格　处所格　时间格

b. 他吃　食堂吃了　一个月了。
　　主语　宾语　　　补语
　　主格　处所格　　时间格

可以看出，汉语中的语义格和格位并不存在有规律的映射关系。方式格、工具格、处所格出现在宾语位置上反而是一种非常常见的现象。格标记也并不一定必须出现。汉语轻形式、重意合的特点使得句法成分的出现位置与屈折语相比显得相对自由。宾语位置上的语义成分更是丰富。工具、处所、结果、材料、方式等在屈折语中往往处于状语或补语位置上的成分，在汉语中都能进入宾语位置。这不能不说是汉语的一大特点。

自马建忠参照拉丁语语法体系撰写《马氏文通》以来，汉语的研究就一直在其巨大影响之下。虽然《马氏文通》在汉语研究的现代化进程上有开山之作的重大历史意义，但由于这本著作是模仿拉丁语语法体系来描写汉语语法体系，拿汉语来比附拉丁语，难免有削足适履之弊。在《马氏文通》中，马建忠称宾语为"止词"，他是这样给止词下定义的："凡名代之字，后乎外动而为其行所及者，曰止词。"[①]他也指出："凡名代诸字在句读中所序之位，曰次。凡名代诸字为句读之起词者，其所处位曰主次。凡名代诸字为止词者，其所处位曰宾次。""……而凡受其行之所施者，曰止词，言其行之所自发者，曰起词。公羊传隐公元年云：'夏五月，郑伯克段于鄢。克之者何？'注云：'加'之'者，问训诂，并问施于之为。'夫'施于'者，即行之所施也，止词也，'施'者，起词也。然则动字之行，可以'施''受'二字明之者，有由矣。"[②]由此可以看出，与西方语言学理论相同，马建忠认为"止词"是"受其行之所施者"，是动作承受的对象，即受事宾语。与《马氏文通》相承，吕叔湘在《中国文法要略》中以"猫捉老鼠"为例，谈到了主谓宾结构："要把一件事情说清楚，必须说明这个动作起于何方，止于何方，如图解：

动作起点(猫)——动作(捉)——动作止点(老鼠)

我们在句法上把动作的起点称为'起词'，如'猫'，把动作的止点称为'止词'，如'老鼠'。这两个名称都是跟着动词来的，没有动作，就无所谓起和止。"[③]吕叔湘、朱德熙还很早就注意到汉语中宾语的复杂性，并不是所有的及物动词都会带宾语，也不是所有的不及物动词都不能带宾语："只有动词(包括副动词)才

---

① 马建忠.马氏文通[M].北京：商务印书馆，1983.
② 同上。
③ 吕叔湘.中国文法要略[M].北京：商务印书馆，1942.

能带宾语,而且未必个个动词都有宾语。一般地说,有宾语的动词,我们说它是及物的;没有宾语的,我们说它是不及物的。但是及物的动词不一定老跟着一个宾语,比如'写'本质上是及物的。在'大家来写'这一句里就没有带宾语。跟这个相反,平常不及物的动词有时候也能带个宾语,例如'坐车'和'站岗'。"①

随着语法研究的深入,汉语语法学家们很早就注意到汉语与英语、法语等语言的不同,汉语宾语的语义角色并不单单表示受事等与动词存在及物性关系的概念,反而存在(如处所、方式、工具、时间、目的、原因等)多种多样的语义角色。丁声树很早就指出:"宾语是对动词说的。有各种不同的动词,因此动词跟宾语也有各种不同的关系。"②他清醒地注意到宾语语义内容的丰富性,认为宾语可以是动词行为的受事、处所、存在的事物、主语的类别、动词行为产生的结果、动词行为的施事。他不但认识到不同的动词有不同的动宾关系,还同时指出,"就是同一个动词也常带各种关系不同的宾语"。丁声树是较早观察到汉语宾语语义类型多样性的语言学家之一。

孟琮等编著的《汉语动词用法词典》总结出了十四种不同语义角色的宾语,可见,与英语不同,汉语中宾语的语义类型是相当丰富的。其中,"动词+非受事类宾语"的语言现象吸引了很多专家学者的注意,他们纷纷对这一现象开展了广泛而深入的研究。

邢福义在《汉语里宾语代入现象之观察》中把这类宾语称为代体宾语。他认为,及物动词的常规受事宾语有两类:一为对象宾语,如"挖野菜""挖古墓";一为目标宾语,如"挖地道""挖战壕"。他指出,"所谓'常规',是就动作和事物之间所建立的常规联系来说的。这种常规联系,为说汉语的人所共同认识和共同接受。只要一提到某个典型及物动词,人们会按照自己的生活经历想到它要求带上的常规宾语"③,他提出的"宾语代入",就是指代体宾语代入常规宾语位置的现象。代体宾语是可以代入常规宾语位置的非常规宾语。冯胜利认为,"该句型是由一个相当于'拿'的空动词和一个由特殊语境决定的空代词宾语构成。'写毛笔'可以分析为是由补述成分中的动词'写'并入主要动词的结果,而这种运作之所以产生,则是韵律促发法的结果"④。比如,"写黑板"是"拿黑板写字"的产物。他

---

① 吕叔湘,朱德熙.语法修辞讲话[M].北京:中国青年出版社,1952.
② 丁声树.现代汉语语法讲话[M].北京:商务印书馆,1961.
③ 邢福义.汉语里宾语代入现象之观察[J].世界汉语教学,1991(2):76-84.
④ 冯胜利."写毛笔"与韵律促发的动词并入[J].语言教学与研究,2000(1):25-31.

也认为,后者才是"正则",前者是"某种句法转换下的变则"。可以看出,无论是邢福义还是冯胜利,他们都认为,汉语中动词后面应该带受事宾语,非受事类宾语都是通过非常规宾语代入常规宾语位置或者是由于焦点韵律强迫核心词移位这样的句法操作来实现的,受事类宾语才是正则,而非受事类宾语则为变则。

高云莉、方琰曾经对孟琮的《汉语动词用法词典》中前150个动词所能搭配的宾语类型进行了一个简单的统计。结果显示,"结果、工具、处所等类型还是相当常用的"。她们认为,"与其把它作为一种反常现象,不如说这是汉语当中一种普遍的、不同于西方语言的规律"[①]。

我们也对《汉语动词用法词典》中1 223个动词共计2 117个义项(其中包括多义词的不同义项)所能搭配的宾语类型进行了穷尽式的统计,统计出的数据如表1.1所示。

表1.1 《汉语动词用法词典》中不同语义类型的动词宾语数量统计

宾语	受事	处所	对象	结果	致使	施事	工具	杂类	方式	目的	原因	同源	时间	等同	总计
数量	1 173	608	352	286	179	156	133	80	60	60	23	20	26	41	3 197
占比	36.7%	19%	11%	8.9%	5.6%	4.9%	4.2%	2.5%	1.9%	1.9%	0.7%	0.6%	0.8%	1.3%	100%

可以看到,受事宾语占总量的36.7%,对象宾语占总量的11%,结果宾语占总量的8.9%。这三类宾语都属于客体宾语,这三类客体宾语的总和占比为56.6%,那么其他非客体类宾语则高达43.4%之多。因此,我们不得不质疑受事宾语、对象宾语、结果宾语是"正则"的看法。各种数据明确地显示,非核心论元作宾语的现象并不是"非常规"和"变则",反而恰恰是汉语中的一种常规现象,也是不容忽视的"正则"。

前人的著述中不乏关于非受事类宾语的研究,但大部分研究都集中在对某一种特定语义类型非核心论元宾语的观察和讨论上。然而,从宏观的角度看来,无论是方式宾语、处所宾语、工具宾语,还是原因宾语、目的宾语等,它们作为非核心论元,要从非核心位置进入核心位置,必然是受到了某些共同规律的影响。这些规律体现在语音、语义、句法、认知的哪些方面?这些进入宾语位置的非核心论元在整体上具有什么样的句法语义特点?从构式语言学的角度来看,"动词+非核心论元宾语"符合作为一个构式的定义及要求,那么作为一个构式,"动词+非核心论元宾语"又具有什么特点?表现出哪些规律?在这些方面的问题

---

① 高云莉,方琰.浅谈汉语宾语的语义类别问题[J].语言教学与研究,2001(6):62-65.

中,某些至今都还没有研究涉猎,某些只有较少部分被涉猎。因此我们认为,从宏观的角度出发,从构式语言学的角度出发,对"动词+非核心论元宾语"体现的特征和规律进行整体研究,对于我们更深入地认识汉语的动宾关系、论元所代表的参与者角色在场景中的隐显关系及其激发因素有非常重要的意义,这一研究也将填补这方面研究的空白。

1.2 前人研究综述

动宾结构可以说是句子中最核心的结构,动宾关系、宾语的语义类型一直是研究者们关注的焦点,对于动宾关系的研究相当丰富、深入。关于动宾关系,学界的研究主要集中在以下几个方面。

1.2.1 宾语语义类型的研究

吕叔湘提出,汉语中有"起词和止词",他把一件事情(一个动作)牵涉到的其他方面、与此事有关的人或物统统划为"补词",如受事补词、关切补词、交与补词、凭借补词、方所补词、方面补词、时间补词、原因补词、目的补词、比较补词等。他指出:"拿叙事句来说,既是叙述一件事情,句子的重心就在那个动词上,此外凡动作之所由起,所于止,以及所关涉的各方方面面,都是补充这个动词把句子的意义说明白,都可以称为'补词'。所以起词也可以称为'起事补词',止词也可以称为'止事补词',受词也可以称为'受事补词'。可是所有的补词和动词的关系并非同样密切,起词和动词的关系最密切,止词次之,其他补词又次之,如时间补词及方所补词和动词的关系就疏得很,有他不嫌多,无他不嫌少。"[①]这是汉语语言学界关注动词与其他成分之间语义关系的肇始,吕叔湘不仅发现了动词与名词性成分存在着多样的语义关系,还注意到了这些名词性成分与动词之间的亲疏关系是不一样的。丁声树也指出,"动词跟宾语也有各种不同的关系"[②],宾语可以分为表示受事、处所、存在的事物、主语的类别、行动的结果、施事、工具、处所等小类。20世纪80年代,受"配价语法""格语法"的影响,学者们更加关注动词与体词性成分的句法语义关系。朱德熙也认为,"述语和宾语之间意义上的

---

① 吕叔湘.中国文法要略[M].北京:商务印书馆,1942.
② 丁声树.现代汉语语法讲话[M].北京:商务印书馆,1961.

联系是各种各样的"[①]。他指出,宾语可以是动作的受事、施事、动作凭借的工具、动作产生的结果、运动的终点以及动作延续的时间。李临定分别从语义和结构两方面考察动词和名词宾语的组合情况,将宾语分为受事、结果、工具、对象、处所、施事、原因、角色宾语等。李临定又在原来的分类基础上,从语义关系方面把宾语分为十类:受事宾语、对象宾语、处所宾语、结果宾语、工具宾语、目的宾语、原因宾语、方式宾语、致使宾语、角色宾语。徐枢指出,"宾语是受述语支配的。'支配'在这里是个非常概括的说法,实际上可以包括种种复杂的情况"[②]。他把宾语分为受事、施事、结果、工具、处所、判断、使动、原因、其他九大类。马庆株认为,应将名词性宾语分为客体、主体、使动、工具、方式、表称、结果、予夺、对象、时间、处所、数量、虚指十三类,并且归纳了带各类宾语的动词类型。鲁川、林杏光运用格语法理论,建立了一个格系统。共6个上位格,18个下位格。即主体(施事、当事、系事)、客体(受事、结果、对象)、邻体(与事、伴随、关涉)、方式(工具、凭借、样式)、根由(依据、原因、目的)、环境(处所、时间、情况)。邵敬敏提出了一个包含七大类二十四小类的分层次的语义格框架:主体(施事、自事、等事、领事)、客体(受事、系事、属事)、关涉(对象、工具、方式、材料)、条件(处所、时间、范围)、因果(依据、原因、目的、结果)、伴随(致使、数量、同源)、情况(行为、属性、事件)。孟琮以语义类型和形式特征为标准把名词性宾语在语义上分成受事、结果、对象、工具、方式、处所、时间、目的、原因、致使、施事、同源、等同、杂类十四类。

还有一些学者从动词的词汇意义与宾语的关系或者从认知的角度对动宾结构进行分类研究。郭继懋认为,尽管许多学者对动宾语义关系进行了仔细的分类和归纳,但对动宾关系的说明仍然存在许多缺憾。他提出,应该把宾语分为规定宾语和非规定宾语两大类。规定宾语是受动词词汇意义规定要与动词一起给出的宾语,非规定宾语是未受动词词汇意义规定、可以但并非必须与动词一起给出的宾语。王纯清从认知的角度,按动词和宾语认知域相互联系的程度,把宾语分为常体、虚体、代体三种类型,提出与动词的认知域有部分重合的名词宾语是常体宾语,其对应的语义角色有当事、受事、客事、结果、工具、地点六类。在认知域上与动词处于同一层次,既没有上位概念,也没有下位概念,出现与否并不影响语言中的信息量,这类宾语就是虚体宾语,对应的语义角色为当事和受事。动

[①] 朱德熙.语法讲义[M].北京:商务印书馆,1982.
[②] 徐枢.宾语和补语[M].哈尔滨:黑龙江人民出版社,1985.

词和宾语认知域并不重合,但存在相关性的宾语为代体宾语,对应的语义角色为工具、地点、方式、原因和目的。

1.2.2 对非核心论元宾语的形成条件和允准机制的研究

一些学者很早就发现了汉语中除了受事成分可以作动词宾语外,另外表示工具、方式、处所、时间、材料、依凭、原因、目的等语义类型的非核心论元也可以作动词的宾语。这类排挤掉受事成分并占据宾语位置的非核心论元宾语与核心论元宾语在句法、语义上有显著的不同。

一些学者对非核心论元宾语的形成条件和原因进行了分析。邢福义认为,代体宾语与动词的语义关系非常复杂,有的表示工具(如"吃大碗"),有的表示处所(如"吃食堂"),并首次分析了代体宾语的形成必须满足的四个条件。(1)有三角关系:及物动词、常规宾语及代体宾语分别存在联系;(2)提供新信息:代体宾语要在常规宾语的基础上提供一个新信息;(3)不产生误解:代体宾语所提供的新信息是不存在歧解的;(4)有言语背景:只有在特定的言语背景之下,代体宾语才能形成,动词和代体宾语之间的语义关系才能确定。

高云莉、方琰对代体宾语形成的条件和成因进行了研究。她们认为,当"有类似事物作为可选择对比时,是这类宾语成立的最重要条件"[①],而"语义重心"的要求则是这类代体宾语形成的原因。谢晓明在邢福义研究的基础上以动词"吃""喝"带宾语的情况为例提出:代体宾语的形成是由语言经济性原则的影响、动宾格式的强类化作用、新信息安排的需要、认知思维模式的影响四个方面的因素决定的。他还提出,代体宾语的形成至少要满足以下几个条件:(1)代体宾语事物必须具有可对比选择性;(2)有直接或间接的三角联系;(3)能提供新信息;(4)宾语的音节不能太长;(5)V为单音节及物动词。

如果说这些研究指出了代体宾语形成的条件和原因的话,那么另外一些研究则探讨了具体的操作机制。郭继懋在谈论"飞上海"等不及物动词带宾语现象时指出,这种不及物动词带宾语在事理关系上含有一个语义成分"谓",其事理意义可以表示为格式:动+("谓"+名)。"谓"是个在句法平面上没有得到表现的语义成分,它的作用是说明"动"和"名"之间的事理关系,是根据"动"、"名"和语境提示确定下来的。例如,"飞上海"的事理意义是"飞+(往+上海)"。袁毓林认为,施事、感事、当事等主体格一般占据主语位置,受事、与事、结果等客体格一

---

① 高云莉,方琰.浅谈汉语宾语的语义类别问题[J].语言教学与研究,2001(6):62-65.

般占据宾语的位置。如果客体格和外围格要占据主语的位置,一般需要经过话题化的语法过程。如果主体格和外围格要占据宾语的位置,那么需要经过述题化这种语法过程,这种语法过程是通过移位的方式来实现的。冯胜利用空动词理论来解释这种现象。他认为,代体宾语并没有占据常规宾语的位置,相反倒是动词占据了前面次动词的位置。从句法上说,代体宾语结构是核心词移位的结果;从韵律上说,核心词移位是焦点韵律强迫的结果。Lin 运用轻动词理论系统解释汉语中旁格成分作宾语的现象。他认为,旁格宾语不是由主要动词选择的,而是由轻动词选择的。控制宾语选择的轻动词以修饰性的 NP 为标示语,以 VP 为补足语。主要动词向上并入,最终形成修饰性 NP 在动词后的表层结构。孙天琦受以班图语为代表的施用结构的启发,把汉语的旁格宾语结构归入施用范畴,提出允准旁格宾语的功能成分是高阶施用核心。施用结构的定义特征是把非核心成分提升为核心论元。在此观点之上,孙天琦、李亚非进一步区分出两种非核心论元的准入模式:一种以"吃食堂"为代表,另一种以"我烧了他三间房""他断了一条腿"为代表。他们指出,一个词汇动词由词根和少量事件类型标记组成。词根把相应事件概念化,包含了所有与其相关的参与者信息,类型标记的作用是分拣出与事件类型直接相关的参与者信息。以汉语为代表的少数语言的独特之处在于汉语允许词汇动词中只有词根,而没有任何类型标记。这样一来,汉语的动词就好像失去了外壳,把所有编码在词根中的参与者信息都暴露给了句法,所有能得到语义解释的参与者都有可能进入句法操作,实现为论元。也有学者对班图语施用结构是否适用于解释汉语中不及物动词带宾语的现象提出了质疑,邓昊熙以班图语为比较的基础,分别从新增论元和动词原来宾语的属性、新增论元能否和动词原来的宾语共现、施用结构与介词结构之间的关系等三个角度进行了讨论,指出汉语中的相关现象与典型的施用结构存在着重要的差别,能否用施用结构来分析汉语的相关现象仍需要进一步讨论。谢晓明、王宇波从概念整合的角度出发重新审视了动宾关系。他们认为,有常规关系的动作和事物构成的动宾搭配是常规搭配,没有常规关系的动宾搭配是非常规搭配。非常规搭配是建立在常规搭配的语义关系基础之上的,受到从常规搭配中抽象出来的常规关系模式的影响,而这些常规关系模式都是从通过概念整合建立起来的常规关系中抽象出来的。程杰提出,根据"虚介词假设",不及物动词后的非核心论元通过一个虚介词 P 与动词建立联系,构成动词短语$[_{VP}[_{v'} V[_{PP}[_{P'} P D P]]]]$。不及物动词带宾语现象所反映的是动词与其补语之间的弱选择关系。不及物动词后跟非核心论元的结构可解析为高位增元结构。杨永忠运用生成语法学的动词移位理论,重新分析了非受事宾语句的类型现象,并得出如下结论:受事性的"强弱"本身不是参数,动词移位才是一项参数,受事性的差异和非受事宾语词序的差异最终由动词移位来决定。杨永忠在前期研究成果上,继续运用生成语法理论对非受事成分如何在动态宾语位置上成为非受事宾语及其生成受制于怎样的句法条件提出解释。他认为,非受事宾语句的生成不同于受事宾语句,其底层结构中存在空论元和空谓词位置,而且为了实现与概念(语义)-句法系统的双重对应,论元和谓词具有双重特征,整个句法结构呈现动态性和层级性。彭家法、孙超以语料调查为基础,运用"包含库藏差异的句法制图"理论对不及物动词带旁格宾语的生成机制进行了相关解释,提出汉语不及物动词带旁格宾语的句法结构中具有词根动词的移位现象,汉语动词库藏具有轻动词和词根分离的特点,相关轻动词具有隐性特征。

1.2.3 对某一个、某一类或某几类非核心论元宾语的专项研究

对单个非核心论元宾语的专项研究主要集中在"吃食堂"这个动宾组合上,而对某一类或某几类非核心论元宾语的研究主要集中在处所、方式、工具这三种语义类型上,也有一些学者对原因和目的宾语进行了分别探讨。

陆俭明、郭锐在谈到汉语语法研究所面临的挑战时,结合对外汉语教学的实际提出了一个问题:"吃食堂"在不少语法论著中都被分析为处所宾语,但是为什么"吃勺园七号楼餐厅"不能说?"吃前门的全聚德"不能说?他的质疑引发了汉语学界对"吃食堂"的关注,不少专家学者从不同角度出发对这一结构进行了专门的研究。任鹰认为,"吃食堂"类动宾结构,是一种转喻说法,是以容器转指内容物。她指出,这种转喻说法一旦形成,就应当按照转指物也即"目标物"的性质来确定语言成分的语义类型。因此,"吃食堂"中的"食堂"并非处所或其他语义类型的宾语,而是受事宾语。王占华也从认知语言学的角度,讨论了"吃食堂"一类 VO 格式中 O 的性质问题,认为"食堂"既不是处所宾语,也不是方式宾语,而是受事宾语的转喻形式。董粤章也从认知角度对"吃食堂"为代表的论元替换现象进行了深入研究。他认为,论元替换是由动词的概念潜能和上层构式的允准共同决定的。在这一过程中,包括明晰度调整、突显度变化和显影调节在内的心理观照发挥了重要作用。"吃食堂"可被允准的条件之一是动词"吃"能否与替换论元"食堂"建立对应关系——对应关系的建立源于动词"吃"认知域切换带来的显影调整,其动因是主体心理观照方式的改变,包括事物的去焦化和环境的核心化;条件之二是"吃食堂"能否获得及物构式范型的允准——部分允准使其意义

与及物构式范型产生偏离,具有特殊的构式义且及物性较低,其去及物性的动因是基于不同心理观照方式的语态替换。张智义、倪传斌对董粤章的研究方法提出了质疑,他们认为,该研究方法在阐释的合理性和普遍性方面存在欠缺,而转换生成语法近期理论则对"吃食堂"的结构合理性和特殊性具有较强的解释力。他们分析了"吃食堂"结构成立的句法动因,认为在英语类有显性格特征要求的语言中,格不仅是形式句法特征,也负责语义匹配的核查;而在汉语类不具显性格的语言中,无需由格核查语义匹配,因此同食物存在语义关联的名词可以进入"吃"的结构推导。单宝顺则针对"吃食堂"和"哭长城"两种典型结构,通过对结构特点的分析,指出这两种结构是两种不同途径的宾语化现象,不能同"受事宾语"混同。张智义认为,"吃食堂"类结构源于介词省略,但其后语义关联成为结构允准条件。一旦语义关联项能够进入推导生成非标准题元,语义关联就摆脱了对介词省略结构的依存,形成一种独立的句法语义现象。张嘉玲、余玲丽认为,类似"吃＋NP"结构是轻动词移位、合并和词汇合并两者并存的,并提出了"轻名词"假说。任俊舒、吴炳章、吴明会运用认知语法理论探索了"吃食堂"的细化结构,如"吃学校食堂"的生成原因,然后通过推导这些结构里名词所指范围的变化,指出生成"吃勺园七号楼餐厅"的合理性。他们认为,表达精细化是它们生成的语用动因。姜兆梓针对"吃食堂"及其相关句式注意到这类句式句法转换中的非对称性。他认为,汉语中存在一个具有介词性质的"有",它可以吸引动词移位。他还解释了该非对称现象形成的缘由,认为该类句式的非对称性是词库、计算系统、完句条件和语用共同作用的结果。陆方喆采取了语义、认知语法等多重标准对能进入"吃食堂"类短语格式的名词进行检验,认为必须满足 NP 必须是提供服务和饮食的场所、NP 必须属于基本层次范畴或者具有广泛的知名度和熟悉度这样两个条件,该短语才能成活。

　　李临定对工具宾语作了专门研究。为什么"用绳子捆"可以变换为"捆绳子",而"用锅煮"却不能变换为"煮锅"呢?他认为,这决定于词汇的语义特征。如果所用的材料或工具留在了受事物体上,就可以作结构变化,否则不行。谭景春指出了把材料宾语和工具宾语笼而统之的误区,认为二者在句法、语义的五个方面存在差异,因此应该将材料宾语从工具宾语中分离出来。谭景春又从结果宾语的语义类型、带结果宾语的动词的语义特征、带结果宾语的动词构成的句子三个方面对结果宾语进行了细致描写,指出带结果宾语的动词往往具有制造、破损、竞赛或考核等语义特征。陈昌来通过句法变换具体分析了工具宾语的各类用例,否认了工具成分在句法结构中可以表现为主语和宾语的认识。童蕾对工具宾语进行了专项系统研究,她比较了工具、材料、方式三种语义特征有所重叠的宾语,对"动词+工具宾语"结构的句法、语义和语用进行了考察,认为完形结构和转喻是工具宾语存在的认知原因。谢晓明、乔东蕊认为,使用单一标准很难把工具宾语与其他语义类型宾语区分开来,他们因此提出了一套包含主要标准和辅助标准的复合鉴定模式,并用这套标准考察工具宾语的典型性,并对它与其他类宾语之间的区别性特征进行了鉴定。朱怀根据事件结构理论提出,工具事件是一个复杂事件,它包括了一般动作事件和工具使用事件两个次事件。工具宾语句经历了主要谓词移位与轻动词"USE"合并的表征过程。刘琦、张建理从构式的角度对工具宾语进行了观察和研究。他们认为,动词与其最基本最常用题元配置组成的构式为动词本原构式,它可以参与超动词构式。动词本原构式参与工具宾语超动词构式,两构式通过准入、选择、压制与结果四个阶段互动整合,这四个阶段互相依存、密不可分。后构式对前构式有自上而下的统制,而后构式承继句的题元内容则受到前构式自下而上的规约。

陈小明从语义、句法的角度,对汉语方式宾语作了初步的探讨。他分析了带方式宾语动词的特点,探讨了这类动词与方式名词的搭配规律,揭示了方式宾语与结果宾语的对立关系以及方式宾语与工具宾语的互补关系。高俊霞运用三个平面的语法理论,分析了方式宾语结构中动词和宾语的句法、语义特点,并指出方式宾语通常具有一定的熟语性。无标记的方式状语通常不能转化为方式宾语,而有标记的方式状语也只能在一定条件下转化为方式宾语。方式格充当宾语是经济原则和焦点化共同作用的结果。谢晓明、谷亚丽针对已有研究主要以"按照O的方式V"句式作为方式宾语的鉴定标准,认为单一标准并不能清楚区分方式宾语和其他宾语。他们提出了一套包含主要标准和辅助标准的复合鉴定模式,用以区分方式宾语和其他语义类型的宾语。王丽彩对方式宾语的研究进行了总结和评述,指出了研究中尚且存在的不足以及今后的研究方向。

处所宾语是语法学界关注比较多的一类非核心论元宾语。李临定提出,动词带处所宾语可以用"V+哪儿"的形式提问。储泽祥则讨论了"V+哪儿"用来鉴定处所宾语的不足,提出了判定处所宾语的双层形式标准。第一层标准是可以用"V+哪儿"类的疑问形式提问;第二层标准是可以变换成下列格式中的一式或几式。

格式一:V+在/到+O　　　　　格式二:从+O+V
格式三:V+在/到+O+上/里　　格式四:从+O+上/里+V
格式五:在/到+O+V　　　　　格式六:在+O+上/里+V

卢福波针对对外汉语教学中留学生关于动词后表处所意义的名词存在着很多模糊认识的现象，探讨了"动＋处所宾语"的形成致因和理据、语义关系和语用功能。她认为，介词引导的处所宾语所具有的具象性特点使得该处所成为典型的有界性处所，通过描写和限定，处所具体、客观、界域明确。"动＋处所宾语"最突出的语用功能是表达上的主观性。储泽祥、彭建平认为，在动宾结构"V＋N·方"里，N不是处所角色宾语，"N·方"才是处所角色宾语。"N·方"凭借自身的语义获取处所角色身份，在很大程度上不依靠动词来赋元。后置方位词是处所属性标记，如果N本身能表示处所，它可以隐去不用。与后置方位词不同的是，前置介词是动词与名词语义角色的联络标记，它与后置方位词都没有强制性的配套要求。王淑华、郭曙纶对传统的名词性宾语的分类标准提出质疑，认为处所宾语这个集合中的个体缺乏一致性。他们主张从动词和名词的词义出发，通过动词模型建立动词和所带名宾之间的联系，并以动词模型为工具，重新认识汉语中的处所宾语。宗杉以格语法和管约论为指导，分析了"动词＋处所宾语"结构式的范围、生成机制及句法功能问题。邵健根据句子所表达的语义差别，把处所宾语分为五类，它们分别表达了不同强弱程度的空间性和受动性。差异的原因在于处所宾语的非典型性地位：一方面，处所成分具有极强的空间性特征；另一方面，宾语位置对填充其中的语义成分有极强的压制侵蚀作用，要求处所成分表现为事物成分，由此体现出受动性。因此，处所宾语只能是空间性和事物性两种属性的融合和平衡。他还分析了五种处所宾语产生的认知基础，认为它们是在"空间—容纳物"和"整体—部分"这两种认知图式的基础上生成的。徐蒙蒙运用概念整合理论来解释处所宾语的意义、构建过程和动词及处所宾语特征的变化。他认为，处所宾语句的整合网络都是单一网络，即语法结构空间和概念结构空间的元素经过跨空间映射，形成对应物之间的匹配，再投射到整合空间，形成层创结构。赵旭对七类处所宾语中尚存争议的六类进行了研究，他认为争论主要源自两个方面：一是缺乏有效判定处所宾语的形式标准；二是处所宾语常常和其他宾语尤其是受事宾语发生边界上的纠缠。他提出，方位词是处所属性标记，根据处所属性标记的隐现情况可以判断宾语处所性的有无和强弱。通过一套相应语法指标的考察也可以判定宾语受事性的强弱。根据这两个标准，他认为以往研究中相当一部分处所宾语并不具有处所性，因此不应称其为处所宾语；所有拥有处所性的宾语实际上也都具有不同强度的受事性，对其身份的认定与所采用的标准有关。单宝顺认为，当前对处所宾语的研究存在着过狭和过宽两种误区，前者认为不存在纯粹的处所宾语，所有的处所宾语都应该被看作是受事宾语或处所补语；后者对处所宾语的界定则过于宽泛，将具有处所意义的宾语都界定为处所宾语，但是一些具有处所意义的宾语已经完全宾语化为受事了，因此应该将这些宾语从处所宾语中排除出去，否则将会导致处所宾语研究的混乱。林海云从历时的角度出发对"动词＋处所宾语"进行了观察。他提出，构式"V$_{路径}$＋N$_{处所}$"与"V$_{方式}$＋N$_{处所}$"内部象征成分之间自主/依存关系是其组配的基础，发展演变为"动趋式＋N$_{处所}$"构式是受到汉语运动事件概念化方式的影响。

还有不少学者对原因宾语和目的宾语进行了探讨和研究。孟庆海从形式和意义两个方面详细描写了原因宾语和目的宾语，分析了它们的异同。叶川指出，能支配目的宾语的动词一定是自主动词，该动词所表示的动作行为一定是由有高生命度的生物发出，具有意志性和目的性。左双菊、杜美臻认为，原有的"为O而V"这种单一鉴定标准很难把目的宾语与其他宾语类型区分开来，因此提出了一套包含主要鉴定标准和辅助鉴定标准的复合鉴定模式。吉益民在邢福义"代体宾语"理论的基础上，提出"V＋目的宾语"中"V"具有代体动词性质，顺序像似和句末封闭是其重要建构动因。结构省缩使"V＋目的宾语"出现语义断堑，需要结构成分的协同共组方能实现其结构语义的完整解读。从生成机制来看，"V＋目的宾语"是一种事件压制形式，压制的动因在于方式与目的共处一个认知域，二者组合可以涵盖整个复合事件范畴。丁健认为，汉语中的动宾结构并不是由许多人认为的"为NP(而)V"结构构造而来的，而是由连动式构造而来的。连动式构造为动宾目的式的机制是概念整合，动因是语言运用的经济性需求。

1.3 研究的主要内容、理论基础和方法

如上文所述，前人研究主要集中在对某一个或某一种类型的非核心论元宾语形式鉴定及特点描写、非核心论元宾语的形成条件和允准机制上，而把"动词＋非核心论元宾语"作为一个基本构式，从整体去观察和研究这一构式的句法语义特点、形成原因、实现机制等方面却缺少深入和系统的研究，因此本书将致力于以下几个方面的研究。

1.3.1 研究的主要内容

1.3.1.1 对非核心论元宾语的界定与廓清

各种语义类型的非核心论元宾语是本书研究的对象，对其范围的确定是本书研究的起点，因此我们将首先对非核心论元宾语的类型进行分类、确认，确定

出所要研究的具体对象。从各家的研究成果来看，目前学者们对非核心论元宾语的界定、提法各不相同，主要有代体宾语、旁格宾语、非受事宾语、外围宾语等不同的提法。由于本书的研究对象与以上各种提法所指称的对象存在某些差异，因此书中采用了"非核心论元宾语"的提法，并将对非核心论元宾语与代体宾语、旁格宾语等进行比较和厘清。

1.3.1.2 "动词＋非核心论元宾语"构式的鉴定、分类以及特点

Goldberg 对构式有明确的定义，那么"动词＋非核心论元宾语"作为一个构式，必须满足这些定义标准才能被称为构式，因此我们将以 Goldberg 对构式的定义作为鉴定标准，检测"动词＋非核心论元宾语"是否是一个合格的构式。我们也将对其按照不同的标准进行分类，以便开展后续的观察和讨论。"动词＋非核心论元宾语"作为一个构式，在整体上必然具有一些区别于其他构式的特点，认识这些特点有助于我们正确、深入地理解和认识"动词＋非核心论元宾语"构式。

1.3.1.3 "动词＋非核心论元宾语"构式的句法语义特点

虽然"动词＋非核心论元宾语"构式中宾语有不同的语义类型，各种实体构式也在语义上存在各种不同的差异。但我们更关心的是，"动词＋非核心论元宾语"作为一个构式，其动词和宾语两个构件以及构式整体在句法语义上是不是有一些共同性的特征？我们将从两个构件和构式整体三个方面进行细致地描写和讨论。

1.3.1.4 "动词＋非核心论元宾语"构式义的实现机制

"动词＋非核心论元宾语"之所以能成为一个构式，是因为它形成了形式和意义的配对。其构式义无法从构成成分中推知，也无法从已经存在的其他构式中预测。我们认为，"动词＋非核心论元宾语"有"选择及排除"以及"强事件弱动作"的构式意义。这些构式义是如何获得并被突显出来的也是我们关注的一个重点。

1.3.1.5 非核心论元宾语与核心论元宾语的竞争

一些学者认为，非核心论元宾语通常不能与核心论元宾语共现，即使能同时出现于同一个句子中，核心论元宾语也必须话题化。然而在对真实语料的搜集和整理中，我们发现，两者除了互相竞争的关系以外，一些时候也是可以同时并存于宾语位置的，它们借助各种语法手段实现了两者的和平共处。另外，非核心论元宾语占据核心论元宾语的位置，必然会受到该句法位置和相关核心论元宾语所负载的句法语义特点的浸染和影响，那么这些影响又体现在哪些方面，这些

也是我们关注的问题。

1.3.1.6 "动词+非核心论元宾语"构式的流变

由于使用的频繁和使用范围的逐渐广泛,"动词＋非核心论元宾语"实体构式在具体的使用中不断地发生着流转变化。由于隐喻和转喻的认知心理作用,非核心论元宾语的论元角色在具体的语言环境中会发生变化。容器转指容纳物,整体转指部分使非核心论元的非核心身份可能会发生转变。另外,宾语的扩展、语境的影响都有可能会造成论元角色的转变。我们希望能对这些现象进行细致地观察和描写,并挖掘其中的深层原因。

1.3.1.7 "动词+非核心论元宾语"构式的生成动因

"动词＋非核心论元宾语"常常被视为非常规搭配,也就是说它在许多人眼里并不是一种常见的、常规的结构。然而,我们认为"动词＋非核心论元宾语"结构在汉语中并不是少见的现象。相反地,在我们对《汉语动词用法词典》所作的穷尽性的统计中,"动词＋非核心论元宾语"的占比与"动词＋核心论元宾语"的占比不相上下,因此"动词＋非核心论元宾语"不应视为一种非常规的现象。这种结构的出现和使用必然有其句法、语义、语用和认知方面的原因,我们希望能从这四个方面揭示"动词＋非核心论元宾语"构式的生成动因。

1.3.2 研究的理论基础

本书将综合运用各种理论和研究方法对研究课题进行细致地观察、详细地描写、深入地论述,以期发现"动词＋非核心论元宾语"构式作为整体所体现出的句法、语义、认知特征,揭示其中具有普遍意义的规律。

1.3.2.1 格语法和框架语义学理论

菲尔墨(Fillmore)在20世纪60年代提出的格语法以及后来发展出的框架语义学,探讨了句子中名词与动词之间的语义关系、句子形式与句法语义之间的关系。菲尔墨认为,"格"的关系一经确定就固定不变。虽然在不同的语言中体现为不同的表层形式,但这种底层的格和表层的结构并不是一种对应关系。同时,由于看到语言中句法功能和语义结构之间的对应关系因单词的不同而不同,因此在格语法的基础上,菲尔墨进一步提出了框架语法,框架语法针对具体的单词来描述句法功能和语义结构之间的对应关系,建立起语义和句法的框架。格语法和框架语法对我们认识和分析句子中各名词性成分与动词的语义关系、这些名词性成分的核心与外围地位以及对带非核心论元的动词的语义框架有重要的理论指导作用。

1.3.2.2 构式语法

菲尔墨认为,不仅习语是形义配对的整体,语言各层次表达都是"形义结合"的符号,都可以统一在"构式"这一概念之下。Goldberg 的构式语法完善了格语法和框架语义学提出的"形义相结合"的研究思路,将"形义结合"进一步发展为"形义一体"。

Goldberg 认为,构式是语言中的基本单位。根据构式语法的观点,如果语法中存在的其他构式的知识不能完全预测某个构式的一个或多个特征,那么该构式在语法中独立存在,由此她对构式作出如下定义:

C 是一个构式,当且仅当 C 是一个形式—意义的配对⟨Fi, Si⟩,且 C 的形式(Fi)或意义(Si)的某些方面不能从 C 的构成成分或其他先前已有的构式中得到完全预测。

本书将运用的构式语法的主要观点有:

(1)构式是形式和意义的配对。构式的意义不等于构成成分的简单相加,构式有其自身的结构义。

(2)构式是语言的基本单位。它不但体现为语素、词、短语,还体现为短语结构。各种不同的构式句法长度不一、语义抽象程度不一、语用功能不一。构式可以分为图式构式和实体构式两种类型。

(3)语义上和句法上相连的构式之间存在非对称的承继连接。也就是说,构式 A 是构式 B 存在的理据,当且仅当 B 承继 A 的特征。

(4)构式成分也应作为客体对待,即构式成分也是构式,它们也可以从其他构式承继信息。

(5)当动词不含有构式的全部题元角色时,或者其语义、语法特征与构式不兼容时,构式对动词会产生"构式压制"。

1.3.2.3 语义语法理论

汉语"重意合轻形式"的特点,决定了语义对语法结构有着巨大的影响,很多时候甚至有着决定性作用。正如王维贤所说的那样:"现代语言学有语义化的倾向,是指现代汉语语法研究重视语义研究及语义对结构的影响。"[1]跟印欧语言相比,汉语语法缺乏整齐的、规则性的形式。邵敬敏认为"汉语语法的形式往往很难把握"是出于四个方面的原因:"一是形式比较隐蔽,比较难于发现;二是形式并不具有普遍性;三是形式往往不带有强制性,它不具备印欧语法那样的'刚

---

[1] 王维贤.句法分析的三个平面与深层结构[J].语文研究,1991(4):5-12.

性’，而是富于‘弹性’，或者叫‘柔性’；四是相同的形式常常表示不同的意义，因此，形式很难作为一种衡量的标准"[1]。

语义语法理论坚持"两点论"的哲学观点，主张既要看到事物的正面，也要看到事物的反面；既要看到事物的这一面，也要看到事物的那一面。这一原则主要体现在五个方面：

(1) 形式跟意义的双向研究。
(2) 共时跟历时的双向研究。
(3) 静态跟动态的双向研究。
(4) 事实跟理论的双向研究。
(5) 描写跟解释的双向研究。

1.3.2.4 配价语法

自朱德熙先生在语法研究中引入"向"的概念后，运用配价语法的理论对汉语进行研究在中国逐渐流行开来。袁毓林更是将配价语法的研究推向了深入。配价语法认为，"价"反映了动词对名词性成分的支配能力。动词好比带钩的原子，它能钩住几种不同性质的名词性词语，就是几价动词：一个动词如果不支配任何性质的名词性词语，那它就是零价动词；一个动词如果支配一种性质的名词性词语，那它就是一价动词；一个动词如果支配两种性质的名词性词语，那它就是二价动词。动词的配价反映了语言结构中不同词项之间的一种最基本的联系，特别是动词与名词性成分的联系。配价语法理论对我们认识和了解动词对句子中名词性成分的支配能力有重大意义。

1.3.2.5 认知语言学理论

认知语言学是在反对转换生成语言学理论的基础上产生的，它以认知科学和体验哲学为理论背景。认知语言学认为，语言是人类表达观念和思想的一种方式，是认知系统的一部分，语言能力是人的认知能力的一部分。句法不是一个自足的系统，它与语义、语用的关系密切。语义不只是客观的真值条件，还与人的主观认识紧密相关。

认知语言学提出了范畴化的理论。与古典的范畴理论不同，认知语言学提出的范畴化是指人们在认知世界的过程中对事物进行分类的认知过程。通过范畴化过程，客观世界被分成了不同的范畴。在同一个范畴中，各家族成员具有像似性特征，具有较多像似性特征的成员是典型成员，具有较少像似性特征的成员

---

[1] 邵敬敏."语义语法"说略[J].暨南学报(人文科学与社会科学版)，2004(1)：100-106.

是边缘成员。

隐喻和转喻是认知语言学最重要的理论组成部分。Lakoff 和 Johnson 指出,隐喻不仅仅是语言形式,更是人类普遍的认知方式,很多隐喻的发生常常是我们毫无知觉的。隐喻的发生是基于相似性的认知心理,由一个认知域向另一个认知域映射。转喻的发生则是基于相近性的认知心理,是在同一个认知域内发生的概念映射。

1.3.3 研究所采用的方法

1.3.3.1 统计与分析相结合的方法

我们将通过对《汉语动词用法词典》中的"动词+非核心论元宾语"结构进行穷尽式统计,还将通过对 80 万字现当代小说的语料搜集建立一个语料库。通过对各种数据的统计和分析,探寻"动词+非核心论元宾语"构件及构式整体的特点和规律,将观点的建立奠定在确凿有力的数字证据之上。

1.3.3.2 描写与解释相结合的方法

我们将对"动词+非核心论元宾语"构式进行详尽地观察和描写,不仅要描写它自身的句法、语义、语用、认知特点,还要通过与其他类似结构的对比来揭示它的特点,尽量展现它的客观面貌。同时努力对其背后的机制和动因进行深入挖掘,以期对它的各种特征和规律作出合理、有效的解释。

1.3.3.3 静态研究与动态研究相结合的办法

语言是在不断发展变化的。"动词+非核心论元宾语"构式作为一个语言现象,也是在不断发展变化的,因此,我们会将静态研究与动态研究结合起来。不仅要观察、描写、解释构式自身的特征和规律,还要将它放在整个交际环境的大背景中,去观察、描写、解释它与其他成分之间、与前后语句之间的联系和影响。

1.3.4 研究的语料来源和符号的使用

1.3.4.1 研究的语料来源

语料的收集、处理和分析是研究的起点,也是科学研究的基础和依据。正确观点的形成必须建立在坚实的数据分析基础上,因此针对以往研究以自省语料为基础的问题,我们将语料的收集建立在现实语料上。为了保证语料来源的多样性和充分性,我们也从不同的语料库中进行了语料采集。本书语料主要来自以下几个方面。

(1) 以现当代知名作家作品、情景剧剧本、知名访谈节目文本为来源的自建语料库。文艺语体共选取 8 位作家 10 部小说,每本小说各取 4 万字,共计 40 万字。口语语体选取情景剧剧本和访谈类节目各 5 部,每部各取 4 万字,共计 40 万字。两种语体语料共计 80 万字(表 1.2)。

表 1.2 语料来源及字数统计表

语体	类型	作者	语料来源	字数
文艺语体	小说	王朔	《过把瘾就死》	40 000
		王朔	《看上去很美》	40 000
		刘恒	《贫嘴张大民的幸福生活》	40 000
		严歌苓	《铁梨花》	40 000
		王安忆	《长恨歌》	40 000
		钱锺书	《围城》	40 000
		刘震云	《我叫刘跃进》	40 000
		刘震云	《手机》	40 000
		六六	《心术》	40 000
		池莉	《来来往往》	40 000
口语语体	情景剧剧本	—	《炊事班的故事》	40 000
		—	《我爱我家》	40 000
		—	《爱情公寓》	40 000
		—	《家有儿女》	40 000
		—	《欢乐颂》	40 000
	访谈节目	—	《锵锵三人行》	40 000
		—	《杨澜访谈录》	40 000
		—	《艺术人生》	40 000
		—	《非常静距离》	40 000
		—	《鲁豫有约》	40 000
合计				80 0000

(2)北京语言大学 BCC 现代汉语语料库和北京大学中国语言学研究中心 CCL 现代汉语语料库。将这两个语料库作为语料的补充来源,对部分动词带宾语的情况进行检索,以确保研究的全面、客观。

(3)孟琮等的《汉语动词用法词典》。我们对该词典进行了穷尽性统计和分析,考察了动词带宾语的能力以及带非核心论元宾语的能力。

(4)少数语料来自百度网页搜索和《扬子晚报》《现代快报》等媒体。

（5）书中凡没有特别标注来源的均来自自建语料库。

1.3.4.2 符号的使用

书中例句的排列、表现方式，我们按照语言学研究惯用的表示方法。例句中用下划线"＿"标记"动词＋非核心论元宾语"的实体构式；中括号"[ ]"表示不同语义类型的非核心论元；星号"＊"表示句子不合语法、不成立；问号"?"表示句子有条件地成立，合法性程度较低。

第二章

非核心论元宾语的界定及其语义类型

关于核心动词与句中其他名词性成分的句法语义关系问题,一直是不同语言学理论研究的重点和热点。各家学说从语法、语义、语用等角度对这一问题进行了观察和解释,配价语法、格语法、中心词理论等不一而足。这些理论对动词支配名词性成分的能力、名词性成分的语义角色以及动词的论元结构与句子的论元结构之间的关系作出非常有价值的研究。但汉语中动词和宾语的语义关系纷繁复杂,前人就曾经明确指出,"动词和宾语是说不完的"。本章将在前人研究的基础上综合各家意见,对非核心论元宾语进行范围界定及语义类型划分,为后面的讨论奠定基础。

2.1 动词的论元及其语义角色

吕叔湘曾经把一件事情(一个动作)牵涉到的其他方面、与此事有关的人或物统称为"补词",并把补词按语义内容划分为受事补词、关切补词、交与补词、凭借补词、方所补词、方面补词、时间补词、原因补词、目的补词、比较补词十类。这是汉语学界对动词及体词性成分相互关系的较早关注。

20世纪60年代,菲尔墨提出了"格语法"理论。格语法以动词为核心,更多地从语义的角度去关注动词和名词性成分的关系,提出了"格"的概念。"格"其实指的就是动词与名词之间的一种及物性关系。在1966年到1977年间,菲尔墨一共提出了13个格:施事格、感受格、工具格、客体格、处所格、时间格、与格等。杨成凯对菲尔墨陆续提出又不断修正的格用图表进行了归纳和总结(表2.1)。

表 2.1 菲尔墨不同时期的语义格分类汇总

	1966 年	1968 年	1971 年	1977 年
施事	Agentive	Agentive	Agent	Agent
感受			Experiencer	
工具	Instrumental	Instrumental	Instrument	
客体	Objective	Objective	Object	Patient
源点			Source	Source
终点		Factitive	Goal	Goal, Range
处所	Locative	Locative	Place	
时间	(Time)	(Time)	Time	
行径			Path	
与格	Dative	Dative	分入 E,O,G 三格	
受益	(Benefactive)	Benefactive	取消	
伴随	Comitative	Comitative		
永存/转变		Essive/translative		

鲁川、林杏光将格语法引入汉语研究，运用"格"理论来研究汉语中动词与名词性成分的语义关系，绘制出了格系统的树形图，格系统上层按句子的语义成分分为主体、客体、邻体、方式、根由、环境六种。格系统下层是十八种格，主体格有施事、当事、系事；客体格有受事、结果、对象；邻体格有与事、伴随、关涉；方式格有工具、凭借、样式；根由格有依据、原因、目的；环境格有时间、处所、情况。

鲁川、林杏光又在已有研究的基础上，从系统的角度，绘制出了一个三层、二十二细类的格系统（图 2.1）。

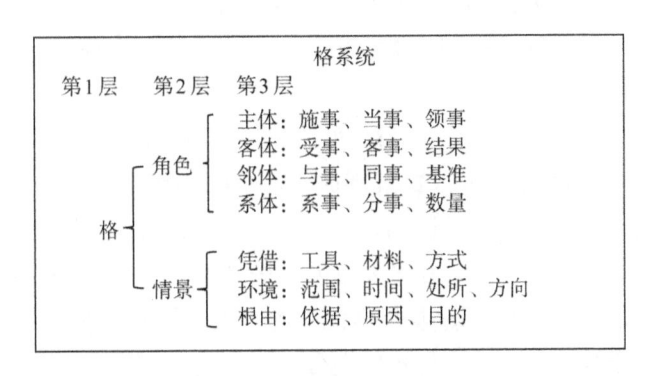

```
                    格系统
         第1层   第2层    第3层
                        主体：施事、当事、领事
                        客体：受事、客事、结果
                 角色 ┤  邻体：与事、同事、基准
                        系体：系事、分事、数量
         格 ┤
                        凭借：工具、材料、方式
                 情景 ┤  环境：范围、时间、处所、方向
                        根由：依据、原因、目的
```

图 2.1 鲁川、林杏光的格系统

他们还指出,每个核心谓词都要求有若干个格。有些格是"必要格",有些格是"可选格"。

袁毓林运用配价语法对汉语中动词与名词性成分的关系进行了深入而详尽的研究,他认为动词在不同层面、不同句法框架中的组合能力和支配能力是不同的,因此提出了一个由联、项、位、元四个平面构成的配价层级体系。他还根据论元角色的句法、语义特点构建起论元角色的层级体系。按照论元是否为动词必有论元的标准,他把一般论元分为核心论元(kernel argument)和外围论元(circumstantial argument)。核心论元是动词的必有论元,构成动词基本的述谓结构,其中包括施事、感事、致事、主事、受事、与事、结果、对象、系事九类。外围论元是动词的可有论元,它们起到扩充基本的述谓结构、形成复杂命题的作用,主要以状语为其句法实现形式,其中包括工具、材料、方式、场所、源点、终点、范围论元。

邵敬敏也提出了一个七大类二十四小类的分层次的语义格框架:主体(施事、自事、等事、领事)、客体(受事、系事、属事)、关涉(对象、工具、方式、材料)、条件(处所、时间、范围)、因果(依据、原因、目的、结果)、伴随(致使、数量、同源)、情况(行为、属性、事件)。

无论是"论元"也好,还是"格"也好,它们关注的都是句子中动词与名词性成分之间的句法语义关系。虽然不同学者对句子中名词性成分语义角色的划分细类不一样,称名不一样,但也在很多方面有共同的认识:

1)主体论元通常是指动作的发出者、状态或变化的主体、情感的感受者、某种行为或结果的引发者等。客体论元则通常是动作的受事、动作的参与者、动作所产生的结果、动作的对象或者是与主体相对的事物等。

2)主体论元和客体论元是动词的必有论元,在句子中通常占据主宾语的位置。

3)一般情况下,工具、方式、材料、处所、时间、原因、目的论元不参与构成句子基本的述谓结构,它们是句子的外围成分,是可有论元。

关于论元语义类型划分的巨细,不是本书研究的重点,因此我们对论元语义类型的划分不再作深入探讨。在主要借鉴袁毓林论元语义角色的层级体系和鲁川、林杏光的格系统的基础上,兼收其他学者有关论元分类的观点,我们对动词论元的层级体系作出如表2.2所示的划分。

表 2.2　论元的层级体系

论元	一般论元	主体论元	施事、主事、感事、致事
		客体论元	受事、与事、结果、对象、系事
		凭借论元	工具、材料、方式
		根由论元	原因、目的、依凭
		环境论元	时间、处所、范围
	超级论元		命题

我们想对表 2.2 中的论元层级体系分类作如下说明。

1) 在袁毓林的论元角色层级体系中,场所、源点、终点是各为一类的,鲁川、林杏光的格系统中则没有做这样的划分。我们认为,源点、终点都有鲜明的处所性特征,袁毓林自己也认为"场所、源点、终点三种论元角色主要跟处所相关,可以总称为处所论元"①,因此我们将涉及"源点""终点"的论元角色归入"处所"一类。另外,"途径论元",如"过桥""翻墙""横渡长江"中"桥""墙""长江"等论元都具有较强的空间性和处所性,因此,我们也把这类论元归入"处所论元"一类。

2) 袁毓林的论元角色体系中,没有"原因""目的""依凭"等论元类型,但是在大量语料中,这些论元角色并不乏其例,例如:

原因论元:

(1) 他请了一年的假在家养<u>病</u>。

(2) 大姑娘总是要哭哭<u>嫁</u>的。

(3) 没想到这块布料竟然缩了<u>水</u>。

目的论元:

(4) 为了考<u>研究生</u>,他天天泡在图书馆里。

(5) 他还在跑<u>材料</u>。

(6) 警察正在四处搜查<u>逃犯</u>。

依凭论元:

(7) 请大家自觉凭<u>票</u>入场。

(8) 他整天游手好闲,全靠吃<u>老本</u>。

(9) 他三十好几的人,还赖在家里吃<u>父母</u>。

这些论元角色在句子中有明确的语法位置和语义内容。《汉语动词用法词典》收录了动词宾语的不同语义类型实例,仅从原因宾语和目的宾语的数据来

---

① 袁毓林. 论元角色的层级关系和语义特征[J]. 世界汉语教学,2002(3):10-22.

看,原因宾语达23条,目的宾语达60条,可见,仅在宾语位置上,它们的出现频次并不稀少。因此,我们将这三类论元角色增加到了论元体系内。

3) 按袁毓林的分类,时间论元被归入了范围论元之中。范围论元包括了数量、频度、幅度、时间等语义细类。我们认为,时间论元与其他论元在句法表现、语义特征上有较多的不同,因此把时间论元单独分为一类。

4) 主体论元和客体论元是动词的核心论元,通常占据句子的主宾语位置。各家划分的细度不同,各细类有重叠,也有分化,但基本涵盖了主体和客体的所有语义角色。由于本书的重心不在论元的语义划分上,因此为了讨论的方便,我们主要参照了袁毓林的分类。

2.2 非核心论元的界定及其语义角色类型

动词的论元除了在语义范畴上不同外,它们与动词之间的语义关系紧密度也不一样。许多专家很早就注意到这一点。

文炼指出,与动词发生联系的名词性成分有两种情况:一种是强制性的,如果没有语境的帮助,它们是一定要出现的;一种是非强制性的,这些名词性成分是可以出现也可以不出现的。文炼、袁杰又进一步把能与动词共现的成分分为必有行动元、可有行动元和自由说明语三种。这大概是较早的对动词核心论元与非核心论元进行区分的研究。

高明乐认为,由于在实际的交流中,词义所涵盖的内容不一定要全部在语言上反映出来,只反映某些重要的、能满足交际需要的内容即可,体现在句法表层上,就会有核心论元和外围论元之分。核心论元的题元角色一般包括"施事"、"受事"、"经验者"、"接受者"和"客事"等;外围论元角色有"目标"、"工具"、"时间"和"处所"等。可见,在他看来,核心论元是由动词的词汇义规定的。

对核心论元和非核心论元进行了非常清楚地划分并建立起层级系统的是袁毓林。袁毓林把一般论元按句法、语义特点划分为核心论元和外围论元。按照他的分类,工具、材料、方式、场所、源点、终点、范围等论元角色都被视为外围论元。这些外围论元是句子的可有成分,并不参与构成句子的述谓结构。

我们认为,所谓"核心"与"非核心"的关系,首先应该存在至少三种或三种以上的要素,其中必有一种要素对于其他各种要素而言,是各种关系的中心和源点。它像原子核一样处于关系网的中心,也像原子核吸引电子一样将其他要素吸引在自己的周围。其他要素与它之间的关系并不是平等的，它们与这个关系源有关系的强弱和远近之分。有的要素与它是一种紧密联系、同时共存的关系，而有的要素与它则是一种松散的、时断时离的关系。那些不受周遭环境影响，总是与关系源关系密切、同时存在的要素就是核心要素；那些受某些因素影响，与关系源关系松散、时断时离、时隐时现的要素就是非核心要素。

在动词与其论元的关系中，也存在着这种核心与非核心的关系。动词的词义激活的是一个语义场景，在这个场景中有各种身份不同的参与者角色。透视域规定了哪些是需要被侧重的参与者角色，哪些是不需要被侧重的参与者角色。这些由动词规定的被侧重的参与者角色实现在表层句法结构上就是动词的核心论元，那些没有被侧重的参与者角色则为非核心论元。

从另一个层面来说，动词的论元结构与句法的论元结构是映射关系。表层句法结构是动词论元结构的投射。有的论元是动词自身的论元框架中所包蕴的内容，当动词的论元结构投射为句法结构时，它们需要被强制填入句法结构中的相应位置以完整语义内容。从某种程度上来说，它们实际上是动词语义内容的一部分，因此它们是核心论元、必有论元，必须与动词共现；而有的论元则属于背景性的内容，它们不参与构成句子的基本语义内容，只对内容起补充说明、丰富语义的作用。

我们以前文总结归纳的论元角色系统为基础，综合各家的看法和分类，以我们搜集到的语料为来源，对各种动词论元角色进行一一筛查，将非核心论元作汇总和说明（表2.3）。

表2.3 非核心论元的语义角色类型

非核心论元	凭借论元	方式、材料、工具
	根由论元	原因、目的、依凭
	环境论元	时间、处所、范围

1) 凭借论元：表示动作所凭借的工具、材料和方式。它们并不是动作直接作用或产生影响的受事、对象和结果。

凭借论元虽然表示动作不同侧面的语义内容，但它们也具有某些相同的语义特征：与主体论元和客体论元相比较，它们既不具有使动性，也不具有直接受动性（表2.4）。工具、材料和方式不是动作直接作用和影响的客体或对象，但它们是动作凭借的工具、材料和方式，它们的受动性是从这个方面体现的（表2.5）。

表 2.4 凭借论元的特征描写

论元角色	论元标记	相关动词	实例
工具	用/拿/以/ø①	自主动词	(1) 爸爸用绳子捆箱子。 (2) 我拿订书机订材料。 (3) 金正恩看演出想起父亲和爷爷,以手帕拭泪。 (4) 大刀切肉,小刀切西瓜。
材料	用/拿/ ø	自主动词	(1) 妈妈用那些剩下的毛线织了双袜子。 (2) 他家拿大理石铺地板。 (3) 这些肉包饺子。
方式	按/用/以/ø	自主动词	(1) 这些钱按活期存。 (2) 他们用民主选举的方式选出了大会的主席。 (3) 以入世的态度做事,以出世的态度做人。 (4) 这个包裹不要绑死扣。

表 2.5 凭借论元的语义特征分析

论元	语义特征					
	使动性	受动性	客体性	位移性	变化性	附着性
工具	−	+	+	+	−	−
材料	−	+	+	+	+	+
方式	−	−	−	−	−	−

2) 根由论元:表示动作的原因、目的和依凭。相对于凭借论元而言,它们与动词的关系更外围,是对动作背景性内容的说明(表 2.6)。

表 2.6 根由论元的特征描写

论元角色	论元标记	动词	实例
原因	因为/为/由于	自主动词 非自主动词	(1) 由于天气的原因,飞机延误了。 (2) 她为女儿的婚事操碎了心。 (3) 因为重病,他不得不回国了。
目的	为/为了	自主动词	(1) 为中华之崛起而奋斗。 (2) 他为贷款四处奔波。 (3) 他为成功不计一切代价。
依凭	根据/按/以/凭	自主动词 非自主动词	(1) 请大家按先来后到的顺序排队。 (2) 他以总分第一的好成绩考进了北京大学。 (3) 请大家凭票进场。 (4) 根据规定,你失去了参赛的资格。

---

① 有的时候,非核心论元宾语并不需要介词引入,可以直接充当状语。ø 表示零形式。

根由论元在语义特征上的共同点是它们都不具有客体性,而具有一定程度的主观性和抽象性(表2.7)。而依凭论元比较复杂,有的具有客体性,有的具有主观性。

表2.7　根由论元的语义特征分析

论元	客体性	主观性	抽象性
原因	−	−/+	+
目的	−	+	+
依凭	−/+	−/+	−/+

3) 环境论元:表示动作发生的处所、时间、范围等。相对于凭借论元、根由论元而言,一般来说,它是最外围的论元,与动作联系的紧密度最小,构成动作的大背景内容(表2.8、表2.9)。

表2.8　环境论元的特征描写

论元角色	论元标记	动词	实例
处所论元	在/到/于/从/ø	自主动词/非自主动词	(1) 他1989年出生于北京。 (2) 你从哪里来? (3) 一辆车停在了大门口。 (4) 他跑到教室外面。
时间论元	在/于/ø	自主动词/非自主动词	(1) 他于1981年入伍。 (2) 他在前年去了一趟东北。 (3) 我休礼拜一。
范围论元	ø	自主动词	(1) 这种苹果卖三块五。 (2) 一顿饭吃了三千块。 (3) 一个小时跑了二十公里。

表2.9　环境论元的语义特征分析

论元	抽象性	变化性	主观性
处所	−	−	−
范围	+	+	+
时间	+	+	−

2.3 非核心论元宾语的界定

不同的论元在句子中有不同的论元角色，并在句子中占据不同的句法位置。一般来说，主体论元通常占据主语位置；客体论元占据宾语位置；方式、工具、材料论元通常由格标"用""以"引入，在动词前作状语修饰和限制动词，时间、处所论元由格标"在""于""自""到"等引入，在动词前或动词后作状语或补语。在这种情况下，论元角色和句法成分是一一对应的映射关系：

(10) a. 他 在 墙 上 写 字 。
　　　　[施事]　[处所]　　　[结果]

(11) a. 我们 用一根细绳把 书 都捆起来了。
　　　　[施事]　[工具]　　[受事]

(12) a. 我们 在 操场 举行拔河比赛。
　　　　[施事]　[处所]　　[受事]

(13) a. 我 用 快递 把这些材料寄给了张所长。
　　　　[施事]　[方式]　　[受事]　　　　[对象]

(14) a. 昨天晚上 他们 在图书馆 一起查 资料 。
　　　　[时间]　　[施事]　[处所]　　　　[受事]

可以看出，以上各例中各名词性成分所扮演的语义角色在句法结构的链条上都投射出一个相应的位置，语义角色和语法成分是一一对应的关系，不得不说，这是一种理想的语法结构，动词和核心论元构成了述谓结构，而其他的如处所、时间、方式等则扩充了述谓结构，起到了补充、完句的作用。各类名词性论元各得其所，受事、结果类论元占据了宾语位置，而方式、处所、工具等类论元占据了状语位置，呈现了句法成分和论元角色一一对应的整齐结构。在这些句子中，主体、客体类论元是必有成分，必须与动词共现；工具、方式、处所类论元是可有论元，如果我们省略这些论元，句子的意思依然完整，句子的结构依然合法：

(10) b. 他 写 字 。
　　　　[施事]　[结果]

(11) b. 我们 把 书 都捆起来了。
　　　　[施事]　[受事]

(12) b. 我们 举行拔河比赛。
　　　　[施事]　[受事]

(13) b. 我 把这些材料寄给了张所长。
　　　　[施事]　[受事]　　　　[对象]

(14) b. 他们 一起查 资料 。
　　　　[施事]　　　　[受事]

删去处所、方式、工具等论元后,句子依然合法,句子的意思基本不变。无法忽视的是,汉语不同于各种屈折语,它没有丰富的形态变化和格标记,句子成分和论元并不总是呈现比较规律的一一对应关系,甚至可以说在大多数情况下,句法论元和动词论元都不存在一一对应的映射关系。单以理想的语法结构来分析汉语是无法全面解释汉语复杂多样的情况的。大量的语言事实表明,汉语除了核心论元可以作动词宾语以外,处所论元、方式论元、材料论元、工具论元、原因论元、目的论元、依凭论元、范围论元、时间论元等非核心论元同样可以作宾语。那么,我们在展开讨论之前,必须先认识清楚什么是核心论元。

2.3.1 动词的核心论元与非核心论元

邢福义提出了常规宾语和代体宾语的概念。他认为:"所谓'常规',是就动作和事物之间所建立的常规联系来说的。这种常规联系,为说汉语的人所共同认识和共同接受。只要一提到某个典型及物动词,人们会按照自己的生活经历想到它要求带上的常规宾语。如果让说汉语的人,特别是让中小学生填空,他们在宾位空格里填上的一般都会是常规宾语。如:

吃→(饭|菜|糖……对象宾语)
写→(人|物|事件……对象宾语)
　　(字|信|小说……目标宾语)。"①

邢福义从动词与名词性成分之间的必然语义联想出发去规定常规宾语。他所说的动作和事物之间的常规联系,是由人们经过长期的生产、生活所积累总结起来的。他还指出:"语义上,常规宾语跟所有及物动词的以某种事物为对象或目标的及物性发生联系。而代体宾语则跟各个及物动词的具体语义发生联系。"②也就是说,在他看来,常规关系就是动词与名词的及物性关系。

那么,我们不禁要追问:到底什么是常规关系?常规关系等于及物性关系吗?徐盛桓有这样的论述:"从本源来说,常规关系并不发源于语句之中;它是客观世界中的一种现实关系,是事物自身与它物的关系,不以语言运用者的语句为转移。"③"任何事物(包括事件与物体)都存在于一定的时间、空间、条件、环境中;事物还有其发生、发展变化、终结的过程,都会有其前因后果,取一定形态、表

---

① 邢福义.汉语里宾语代入现象之观察[J].世界汉语教学,1991(2):76-84.
② 同上.
③ 徐盛桓.论"常规关系"——新格赖斯会话含意理论系列研究之六[J].外国语,1993(6):11-18.

现出一定的性质特点,同周围的环境会相互作用;事物还有自身的结构系统、作用功能;事物还会同它事物建立一定的关系;等等。这一切为人们认识之后,就会以知识形态作为认识的成果固定下来。于是,在人们的意识中,作为一种常规,某一事物的发生或变化就会比较常规地同某一(些)段的时间、某一(些)空间、某一(些)性状、形态、功能、因果等联系起来,这一切就成就了常规关系的内容。"①

可以看出,常规关系实际是指事物自身与其他事物之间的固定关系。常规关系既包括了事物自身与它物相互作用的关系,还包括了事物与其所处时间、空间、条件、环境等的相互关系。任何动作、事态的发生都必然处于一定的时间、空间之中,因此时间、空间、条件、环境等内容不仅是常规关系中的应有内容,而且还是常规关系中的必有内容。因此,我们认为,在动作与其他事物的相互关系中,不仅施事、受事、结果、对象与动作存在着常规的关系,也与时间、地点、条件、环境、工具等客体存在着常规的关系。恰恰是时间、地点类要素的必然存在,使得其成为背景知识隐没在处于变动中的其他要素之后。但不可否认的是,时间、地点、环境、条件等仍然是常规关系的内容。因此,我们认为,动词与宾语的组合搭配中,动词与处所论元、时间论元、工具论元、方式论元等的关系并不是一种非常规的关系,它们是动作与其关涉的各种事物之间的众多常规关系的某几种。

在我们对《汉语动词用法词典》所做的穷尽性统计中,非客体宾语②占所有类型宾语的43%,这么高的比例我们就很难说仅客体宾语是常规,而非客体宾语不是常规。另外,处所宾语所占比例高达19%,仅次于受事宾语。以趋向动词"去、到"为例,当我们看到这两个动词时,根据生活经验我们首先联想到的就是"去"和"到"的目的地,"目的地"是动作涉及的与事件直接相关的事物,但动作却不直接作用于它,因此虽然这并不是一种及物性的关系,但是我们却不能否认动作"去""到"与其相关的处所类事物是一种常规关系。因此,可以看出,"常规关系"并不等于"及物性关系"。

郭继懋也提出"动宾组合应该首先分为两大类:动词+规定宾语,动词+非规定宾语。规定宾语是受动词词汇意义规定要与动词一起给出的宾语,非规定

---

① 徐盛桓.论"常规关系"——新格赖斯会话含意理论系列研究之六[J].外国语,1993(6):11-18.
② 这里所说的"非客体宾语"是为了行文方便而采取的一种概括性说法,它包括了除受事宾语、对象宾语、结果宾语之外的其他类型宾语。

宾语是未受动词词汇意义规定、可以但并非必须与动词一起给出的宾语"[①]。比如,以动词"吃"为例:

  吃苹果 吃食堂 吃利息 吃情调 吃筷子 靠山吃山

  "吃"的词汇意义是把[食物等]放到嘴里经过咀嚼咽下去。可以看到,在"吃"的词汇语义框架里,[食物]是动词语义包蕴的内容,因此动词的论元结构投射到句子的论元结构上,就强制要求动词后必须有表示食物概念的论元,所以"苹果"是规定论元,而"食堂""利息""情调""筷子""山"等非食物概念的论元都是非规定论元。

  他还总结指出:"规定宾语和非规定的根本区别就在于此:在意义上,动词与其规定宾语是直接联系在一起的,而与非规定宾语是间接联系在一起的。"[②]他以动词"吃"为例,指出围绕着"吃"这个行为有一些意义,如施事意义、受事意义、原因意义、结果意义、依靠者意义、工具意义、时间意义、处所意义等。"吃"与施事意义和受事意义是直接联系在一起的,而与其他意义是通过介词、连词等辅助词的帮助间接地联系在一起的。比如,"吃"和依靠者意义必须用"依靠"之类的介词才能组合成一个可以理解的意义组合体,"吃父母"是"依靠父母的收入吃饭"的意思。

  徐盛桓也有类似论述,他指出在"SVN"的结构中,"S之所以可以以V的动作作用于N,这是因为,一方面V作为动词所表达的语义内容,也常规地包含了若干表事物的语义成分;而另一方面N作为名词所表达的语义内容,也常规地包含了若干表动作的语义成分"[③]。这和郭继懋提出的常规宾语是由动词词义所规定的看法异曲同工。

  诸多的研究表明,所谓的动宾结构的核心关系,其实就是动词与该动词词义所规定的事物概念之间的选择关系,动词词义规定了这些事物概念的参与,这些事物概念又反过来完整了动词词义的确定。两者之间的关系是最常规、最稳定并且已经模式化了的。从认知心理上来说,反映了核心关系的动宾结构是一个完整的意象图式,它们作为一个整体的完形出现,即使其中某个部分没有在句法关系中突显,但是认知心理仍然会将其补充完整。所以我们认为,动词的核心论

[①] 郭继懋. 谈动宾语义关系分类的性质问题[J]. 南开学报,1998(6):73-80.
[②] 同上。
[③] 徐盛桓. 常规关系与句式结构研究——以汉语不及物动词带宾语句式为例[J]. 外国语,2003(2):8-16.

元宾语是指那些由动词词义规定的宾语,是动作必然关涉的对象。当它出现在句法结构中时,除非出于某些特殊的语用需要(如话题化等),需要位于句首,否则它必然占据动词宾语的位置。即使由于某些原因,它没有出现在句法结构中,我们在认知心理上仍然会根据动词词义将其补充完整。而非核心论元宾语则是指那些动词词义没有规定、在语义上表示动作发生相关背景的、可以共现也可以不共现的宾语。

  值得指出的是,无论核心论元宾语还是非核心论元宾语,它们与动词之间都是常规关系,并没有常规与非常规之分。它们与动词之间关系的差别在于与动词在心理意义上的远近。有的与动词关系很近,处于核心地位;有的与动词关系较远,是动作和事件发生的背景,处于非核心地位。甚至同样身为动词的非核心论元宾语,它们与动词的语义距离也是不一样的。同样是处所论元,对某些动词(比如"飞")来说,它们的语义距离可能较近;而对于另外一些动词(比如"喝")来说,它们的语义距离可能较远。我们借用原子的结构模型来体现动词和相关论元的关系,如图2.2所示。

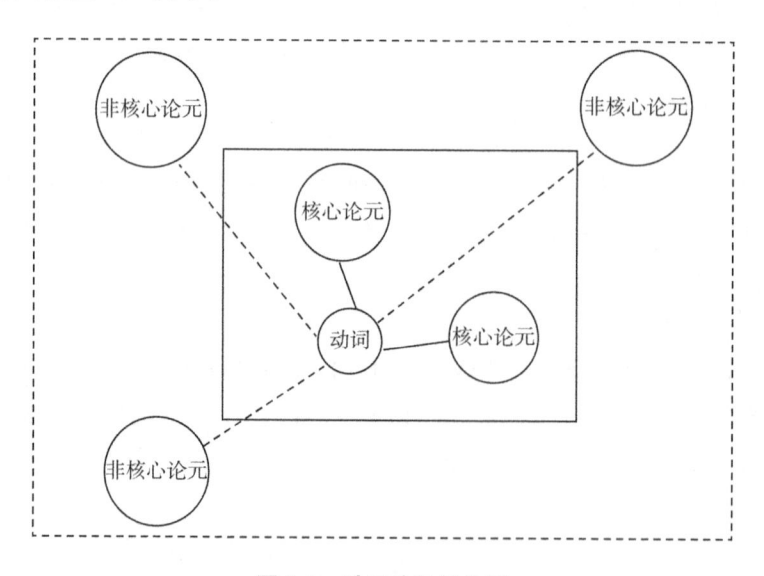

图 2.2 动词论元结构图

  图2.2中,虚线框内表示的是动词的一个完整的认知图式。在这个认知图式内,存在着多个与动作相关的参与者角色,这些参与者角色与动词的语义联想距离并不一样。一些参与者角色由动词语义规定,进入动词语义框架内,在场景中被侧重,成为核心论元。在句法表层上实现为句法成分,与动词共现。图2.2

中实线框表示透视域,也表示语义核心区。透视域内的就是动词及其语义框架内的必有论元。另有一些参与者角色与动词的语义联想距离较远,成为动词认知图式的背景内容,这些参与者角色在句法上实现为非核心论元,在结构中可能隐藏也可能显现。虽然都是非核心论元,但它们与动词的距离并不是等距的,仍然有联想关系上的远近不同。

另外,我们要说明的是,主体论元必然是动词的核心论元,位于动词的语义核心区。我们认为,论元从语义的非核心区进入核心区与位于核心区的主体论元在同一区域内的移位,两者所受到的应该是不同的外力驱动。本书致力于非核心论元占据宾语位置的研究,因此主体论元(如施事论元、主事论元)作宾语的情况不在本书的研究范围内。

2.3.2 核心论元宾语与非核心论元宾语

不少研究认为,核心论元宾语包括的就是受事宾语、对象宾语、结果宾语、与事宾语等,而非核心论元宾语则包括了工具宾语、材料宾语、方式宾语、处所宾语、原因宾语、目的宾语等。袁毓林构建的论元角色层级体系中,明确将工具、材料、方式、场所、源点、终点、范围论元划分外围论元,并指出外围论元是动词的可有论元,以作状语为其主要的句法实现形式。然而正如前文所指出的,宾语的语义角色是由具体动词的语义内容规定的,汉语中动词的类型很多,不同的动词与不同类型的宾语发生语义联系,因此对不同的动词来说,核心论元的语义角色就不一样。对大部分动作类动词来说,受事、对象、结果类论元常常充当动词宾语,这是由及物动词的及物性特点所决定的,比如,在《现代汉语词典》中"喝"的基本义是"把液体或流食咽下去"。"喝"这个动作就是"把……咽下去",而由动词"喝"所规定"液体或流食"则是动词的核心论元宾语,如"喝葡萄酒","葡萄酒"是一种可以饮用的液体,"葡萄酒"是"液体或流食"的一个实例,因此,对"喝"这个动词来说,受事宾语是它的核心论元宾语。又如,"去"的基本意义是"(从所在地)到别的地方",激活"去"的动作义必然激活与动作紧密相关的其他信息,在这样一个完整的意象图式中,如果缺失这些其他相关信息,动词本身的概念意义便不完整,这些其他相关信息本身就是动词的概念意义所规定和包含的。在"去"的概念意义中,"去"是一个趋向性的动作,由于"所在地"是已知信息,而"别的地方"是一个新信息,因此"别的地方"是"去"这个动作义必然激活的新信息,所以它是"去"的核心论元、必有论元。

我们不能脱离具体动词简单地断定处所宾语、目的宾语、原因宾语等一定是非核心论元宾语,而应该根据动词的语义及其与名词性成分的相互关系来确定它们是核心论元还是非核心论元。相同语义类型的名词成分对不同的动词来说,它们的核心与非核心身份也是不一样的。"去食堂"中处所词"食堂"是动词"去"的概念语义所规定的,因此它是核心论元宾语;而"吃食堂"中处所词"食堂"并没有由"吃"的词汇语义所规定,因此它是非核心论元宾语。在"拿驾照"中,动词"拿"的基本意义是"用手或其他方式抓住(东西)",宾语"驾照"为具体客观事物,是"东西"这个概念的一个实例,因此,"驾照"属于动词"拿"的词汇框架里的规定内容,为受事宾语。但在"考驾照"中,动词"考"的基本意义是"提出问题让对方回答",在"考"的词汇语义框架里,"(考问的)对方"是词汇框架里的内容,如"考考你",那么"你"就是"考"的对象宾语、核心论元宾语,但"驾照"却不是"(考问的)对方",而是"考试的目的",因此"考驾照"中的"驾照"是目的宾语、非核心论元宾语。

综上所述,我们不能单凭宾语的语义内容去判定它的核心与非核心身份,而应该根据动词、宾语的自身语义以及动词与宾语的语义关系来判定宾语的论元角色。处所论元不一定都是非核心论元,事物性名词也不一定都是核心论元,相同的名词性成分跟不同动词组合搭配时,其论元角色有可能不同。

2.3.3 几组相似概念的厘清

关于动词与非核心论元宾语的研究可谓相当多,在各类研究文章中,对于非核心论元宾语有许多不同的提法。这些不同的提法之间并不完全相等,因此,我们有必要对这几组有交叉但不相等的概念进行厘清。

2.3.3.1 非核心论元宾语与非受事宾语

邢福义认为,常规受事宾语有两类,一类是"对象宾语",另一类是"目标宾语"。他举例说,"挖土、挖野草、挖山、挖古墓""吃饭、吃菜、吃糖""打球"是对象宾语,"挖洞、挖战壕、挖地道"是目标宾语。可见,他所说的"对象宾语"其实包括了我们说的"受事宾语","目标宾语"基本上相当于结果宾语。任鹰所提到的"受事"是一个广义的受事概念,是指将狭义的受事及结果、与事等所有客体都包括在内的受事成分。杨永忠提出:"非受事宾语句,就是句子的宾语不是受事成分,而是非受事成分,其中包括材料成分、工具成分、处所成分、动机成分、方式成分等。非受事宾语,简单地说,就是除受事论元以外的其他论元作宾语。"[1]可见,大部分的研究都认同非受事宾语主要是指除了受事类宾语(与事、结果、受事等

---

[1] 杨永忠.非受事宾语句的论元结构及推导[J].浙江外国语学院学报,2018(4):8-16.

宾语)以外的宾语。

非受事宾语的称法主要是从语义角度提出的,是根据宾语在句子中的语义角色提出的,指的是任何非受事宾语的宾语类型。而我们所说的非核心论元宾语主要是根据论元与动词的语义距离的远近、紧密程度提出的。那些动词语义有共现要求的是核心论元,没有共现要求的是非核心论元。非核心论元宾语和非受事宾语两者之间的关系如图 2.3 所示。

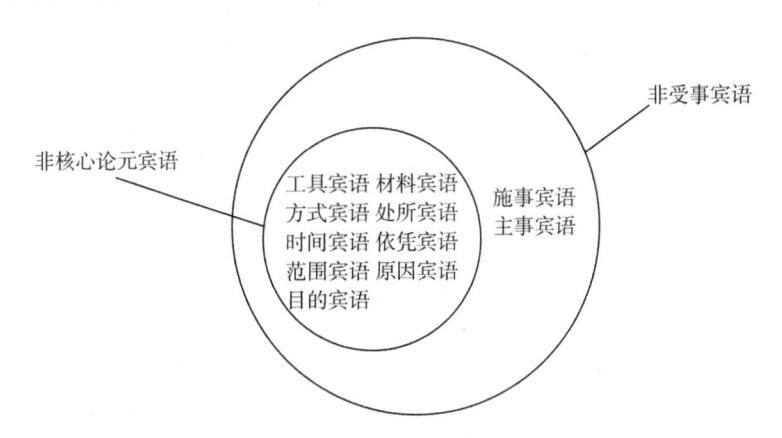

图 2.3　非受事宾语与非核心论元宾语关系图

图 2.3 中,外面大圈表示非受事宾语,里面小圈表示非核心论元宾语。非受事宾语的范围比非核心论元宾语更大,它不仅包括了非核心论元宾语,还包括了部分主体论元宾语,如施事宾语和主事宾语。

2.3.3.2　非核心论元宾语与代体宾语

代体宾语是邢福义首先提出来的。他提出:"代体宾语是可以代入常规宾语的位置的非常规宾语。"[①]可见,他是从宾语的句法实现性来提出这个概念的。常规宾语以外,所有能代入宾语的名词性成分都是代体宾语。文中他所说的常规宾语,大致对应于我们所说的受事宾语、对象宾语和结果宾语。他也指出不但及物动词可以带宾语,不及物动词也可以带宾语。比如下面两句:

(15) a. 一张沙发<u>坐</u>三个人。
　　　b. 空中<u>飘</u>着鹅毛般的大雪。

上面两句中,动词都为不及物动词。a 句中,宾语为施事成分;b 句中,宾语为主事成分,可见他所说的代体宾语是包括部分主体论元宾语的。因此,他所说

---
① 邢福义.汉语里宾语代入现象之观察[J].世界汉语教学,1991(2):76-84.

的代体宾语和非受事宾语的范围大体一致。代体宾语和非核心论元宾语的关系与非受事宾语和非核心论元宾语的关系一样(图2.4)。

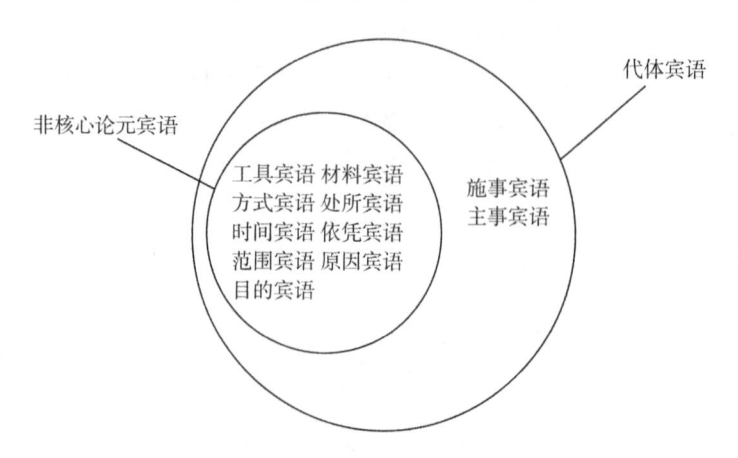

图 2.4 非核心论元宾语和代体宾语关系图

2.3.3.3 非核心论元宾语与旁格宾语

旁格宾语的提出以孙天琦为代表。孙天琦将旁格成分和非核心成分两种提法等同使用。她认为,"非核心成分"包括了工具、材料、方式、处所、凭借、原因、目的、时间八种。她提出的旁格宾语或者非核心成分宾语的概念与我们的非核心论元宾语概念基本一致,只不过在语义分类上存在细微差异。

孙超在《汉语动词用法词典》分类的基础上,将旁格宾语划分为工具、材料、方式、处所、原因、目的、时间、对象、致使、数量十种。其中,"数量宾语"和本书所说的"范围宾语"大致相同。但孙超所提到的"对象宾语"和我们所说的"对象宾语"不同。他认为,"不及物动词＋对象类旁格宾语"有两个意思,一是表示"为了或因为(某人或某物)",他举例子:哭了半天还不知道你哭谁哩。在我们看来,"哭谁"更应该视为原因宾语。一般来说,"动词＋原因宾语"可以转换成由介词"为/为了"引导的介宾结构或连词"因为"引导的原因从句修饰动词"为了/因为……＋动词",而"动词＋对象宾语"则通常可以转换成由介词"对""给"引导的介宾短语修饰动词"对/给……＋动词"。

对象宾语:

(16) 他送我了一本书——他给我送了一本书。

(17) 他很了解我——他对我很了解。

第二章 非核心论元宾语的界定及其语义类型

原因宾语：

(18) 哭谁——为了/因为谁哭

(19) 哭奶奶——为了/因为奶奶哭

(20) 哭母亲——为了/因为母亲哭

(21) 哭谁——*给谁哭

　　　——*对谁哭

《汉语动词用法词典》将"哭奶奶""哭母亲"也视为原因宾语,而"哭奶奶""哭母亲"与"哭谁"很明显具有相同的结构,因此"哭谁"视为原因宾语更为合适。他提出"不及物动词+对象类旁格宾语"的另一个意思是"有、发生、存在(某物……)",并有以下举例：

(22) 这些牲口全是村里的宝贝,死牲口是天大的事。

(23) 有的倒了山墙,设法去填堵。

(24) 捷信中汽车电车鸡翅,地上来往人马。

不难发现,这一类动宾结构都应该视为施事宾语或主事宾语,因为它们都可以做如下句法转换,这些宾语可以转换成主语,却不能做介词"对"或"给"的宾语：

(25) 死牲口——牲口死(了)　　　*对/给牲口死

(26) 倒了山墙——山墙倒了　　　*对/给山墙倒

(27) 来往人马——人马来往　　　*对/给人马来往

将孙天琦和孙超所说的"旁格宾语"和我们所说的"非核心论元宾语"作比较,能清晰地看出区别,如图 2.5、图 2.6 所示。

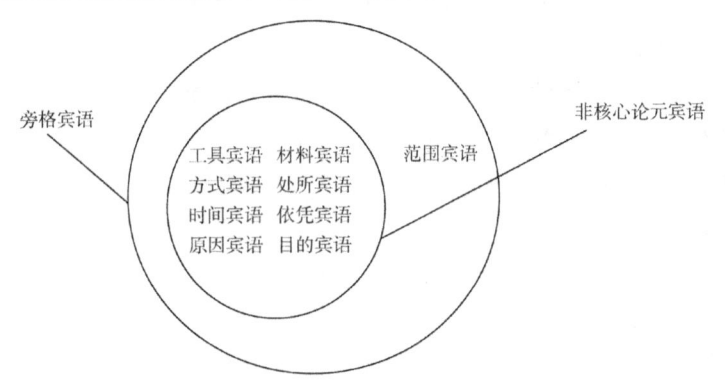

图 2.5　非核心论元宾语与孙天琦的"旁格宾语"关系图

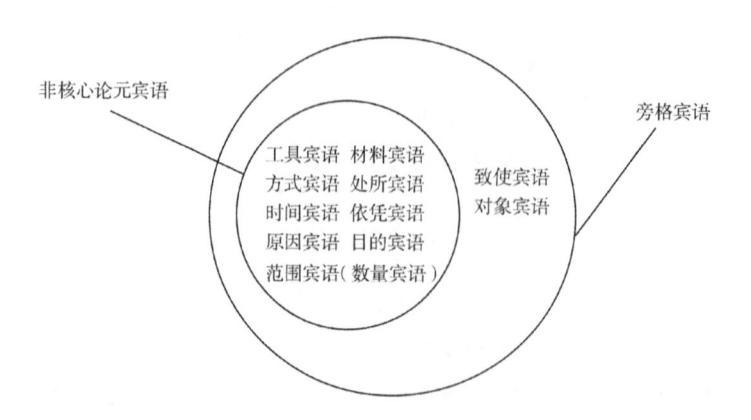

图 2.6 非核心论元宾语与孙超的"旁格宾语"关系图

2.4 非核心论元宾语的语义角色

汉语是轻形态、重意合的语言。在满足语义表达的情况下,受语言经济性原则或其他语用因素的驱动,各种不同类型的论元角色在不借助其他语法手段的情况下都能进入宾语位置,充当动词宾语。这一点与屈折语有很大的不同:

1. 处所论元

闹法庭	吃食堂	睡窑洞	走人行道
跑外圈	查字典	存银行	飞超低空
坐机关	走后门	蹲监狱	唱堂会
闯荡江湖	驰骋文坛	抢滩南京	畅销海内外

2. 方式论元

唱A调	读自费	走正步	寄挂号
写宋体	打双打	绑活扣	存死期
排横版	织平针	游蝶泳	写意识流
洗桑拿	读古音	吃快餐	跳慢三
唱组合	唱双簧	唱苏州评弹	

3. 材料论元

织毛线	缝花布	铺沥青	编柳条
绣丝线	刷石灰	搽香粉	糊报纸
抹酒精	涂药水	刷油漆	包纱布

抹口红	打绷带	喂奶粉	填沙子

4. 工具论元

推推子	舔舌头	抽鞭子	打板子
捅刀子	扇扇子	看显微镜	烤手炉
写毛笔	盖毯子	抽烟斗	变扑克牌
跳伞	聊QQ	吹电扇	堵沙袋

5. 原因论元

休病假	养病	愁婚事	逃荒
哭嫁	缩水	抓痒痒	哭周瑜
养伤	看病	催债	逃票
晕船	跑通告		

6. 目的论元

躲清静	哄睡觉	考驾照	闹独立
闹离婚	跑销售	跑贷款	考研究生
赶文章	拉选票	说媳妇	活动名额
量水温	办护照	查背景	搜查逃犯

7. 时间论元

查夜	守夜	陪夜	打更
踢下半场	休礼拜一	打后半场	值礼拜天
打春			

8. 范围论元

卖三块钱	跑一公里	吃(了)两千	打半斤(酒)

9. 依凭论元

吃父母	吃劳保	吃利息	吃老本
吃公家	吃皇粮		

2.5 小结

本章主要对非核心论元和非核心论元宾语进行了界定。我们在总结前贤研究成果的基础上,首先对动词的论元进行了归纳和整理,将非核心论元归纳为三大类九小类,它们分别是凭借论元:工具论元、材料论元、方式论元;根由论元:原因论元、目的论元、依凭论元;环境论元:时间论元、处所论元和范围论元。论元的核心与非核心身份的认定不能仅仅根据宾语的语义内容,而应该根据动词、宾语及其两者之间的语义关系而定。处所论元不一定就是非核心论元,事物性名词也不一定就是核心论元。论元的核心与非核心地位是由具体动词的词义规定的,同样的,名词性成分对不同的动词来说其论元角色、核心与非核心地位是不一样的。

非核心论元宾语是非核心论元在某些语义、语用表达需要的驱动下占据了宾语位置成为非核心论元宾语。在对大量语料进行收集和整理后,我们将非核心论元宾语分为工具、材料、方式、原因、目的、依凭、时间、处所、范围九类。

第三章

"动词+非核心论元宾语"构式的鉴定、分类及特点

构式语法兴起于20世纪80年代后期,它是认知语言学理论、框架语言学的发展和延伸。构式"construction"的本义是"构造""建造"。这个术语在结构主义语言学家的著述里就已出现过,但结构主义语言学家所谓的"construction",主要指的是句法上的结构体,并不指形式和意义的配对,也并不包含词和语素这样的结构单位。构式语法则认为构式的意义并不是各组成部分意义的简单相加,而是构式的句法格式有某种自身独立的意义。构式小至语素,大至句子,词、短语、介乎词和短语之间的短语词(如固定词组、惯用语)等都是构式包括的结构单位。

传统语言学研究范式由于不承认构式自身的意义,所有构式本身具有的独特特征都被归结于个别词项,词条(lexical entries)成了所有独特性的最后避难所,因此造成动词意义的扩张、动词论元结构随着句子的不同而变化不定。构式语法研究的优点正是在于将结构的意义和词汇的意义区分开来,避免了将结构意义强加于动词身上而造成动词意义的扩张和动词论元结构的不确定。因此,利用构式语法理论来研究"动词+非核心论元宾语"为我们提供了新的视角和方法。

3.1 "动词+非核心论元宾语"构式的鉴定

对于构式的判定,Goldberg提出:"如果语法中存在的其他构式的知识不能完全预测某个构式的一个或多个特征,那么该构式在语法中独立存在:C是一个构式当且仅当C是一个形式-意义的配对<Fi, Si>,且C的形式(Fi)或意义

(Si)的某些方面不能从 C 的构成成分或其他先前已有的构式中得到完全预测。……如果短语型式的形式或意义的某些方面不能从其构成成分的特征或其他构式中得到完全预测,那么该短语型式是一个构式。"[1]因此,按照 Goldberg 的观点,要判定"动词+非核心论元宾语"是不是一个构式,需要从以下两个方面来观察：

1) "动词+非核心论元宾语"是一个形式与意义的配对,它既有相对稳定的语法结构形式,也有属于整个构式的构式意义。

2) "动词+非核心论元宾语"的构式意义既不等于构件——"动词"和"非核心论元宾语"两方面意义的简单加合,也无法从其他已经存在的构式中得到预测。

那么,"动词+非核心论元宾语"是不是一个合格的构式呢？我们认为,应该从形式和意义两个方面来进行鉴定。

3.1.1 "动词+非核心论元宾语"构式的形式鉴定

根据构式语法理论,构式可以分为实体构式和图式构式。语素、词、复合词、习语等词汇上已经固定的构式都是实体构式,而"动词+非核心论元宾语"这类构式并不只有唯一的实例,它是抽象性、范畴化都很高的语法构式。它是一种开放的、填充式的图式构式,在满足要求的情况下,它具有较强的类推性和能产性。这个构式由"动词"和"非核心论元宾语"两个构件组成,凡满足前一个构件为动词,后一个构件为非核心论元宾语且语义上合法自足的结构组合都可以成为该构式的一个实例。动词是比较显见也容易判定的构件,因此对该构式来说,形式鉴定的主要标准就集中在后一个构件上。判定是否为该构式的两个基本标准：(1)动词后的名词为宾语而非其他成分；(2)宾语为动词的非核心论元。因此,我们参照以上两个基本标准,对以下几类动宾结构进行形式鉴定和分析。

A 组：放桌上　　落家里　　躺地上　　绑电线杆上
　　　挂墙上　　贴衣服上　写手心里　堆角落里
B 组：吃一碗　　喝两盅　　瞪两眼　　吸一鼻子
　　　抽一鞭子　呼一巴掌　打一拳头　敲一榔头
C 组：喝米酒　　吃面包　　回南京　　去北京

---

[1] GOLDBERG A E. Constructions: a construction grammar approach to argument structure[M]. Chicago: The University of Chicago Press, 1995.

第三章 "动词+非核心论元宾语"构式的鉴定、分类及特点

	编竹篮	织毛衣	批评学生	动员群众
D组:	抽烟斗	唱A调	写钢笔	包牛皮纸
	读自费	关监狱	跑销售	缩水

A组中的结构实际上是"动词+在/到+处所名词+方位词"。由于"在/到"在语流中常常发生脱落,原结构变为"动词+处所名词+方位词",介词脱落后的结构和"动词+处所宾语"结构非常相似,所以两者容易发生混淆。而事实上,"(在/到)+处所名词+方位词"构成处所短语,对动词所处的位置进行补充说明,是动词的处所补语,因此这一类结构并不属于"动词+非核心论元宾语"构式。

B组中的结构为"动词+数词+借用量词"。由于在这类结构中量词都为名词借用而来,因此在形式上难免被误解为动宾结构。实际上,这里的数词和量词构成了数量结构,它们一起修饰动词,表示动作的数量。比如,"吃大碗"中"大碗"是动作"吃"的工具,而"吃一碗"中"一碗"则是动作"吃"的数量,它们都是补充说明动作数量的数量补语。因此,这一类结构也不属于"动词+非核心论元宾语"的实体构式。

C组中,比较容易判断的是,"米酒"和"面包"是"喝"和"吃"的受事,是动作的核心论元。"南京""北京"是"回""去"的处所论元。由于"回""去"是典型趋向动词,在其词汇语义框架中"处所"是其必有语义内容,因此"回南京"和"去北京"中"南京"和"北京"虽然都是处所宾语,但它们都是核心论元。"竹篮"和"毛衣"分别是动作"编"和"织"的结果,为结果论元,属于客体论元的一种,也是动词的核心论元。"学生"和"群众"分别是"批评"和"动员"的对象,它们都是客体论元,是动词的必有论元、核心论元。因此,C组所有的结构虽然都是动宾结构,但由于宾语都是动词的核心论元,所以它们也不属于"动词+非核心论元宾语"的实体构式。

D组中,动词"抽"的核心论元宾语应该是"香烟""雪茄"之类表示烟草类的受事论元,因为它们是受动作直接影响和作用的客体。但在"抽烟斗"这个动宾结构中,受事宾语被删略,表示工具的非核心论元"烟斗"占据了核心论元的宾语位置,成为工具宾语。

动词"唱"的核心论元宾语应该为同源宾语"歌"或者受事宾语"民歌"等,但"唱A调"的意思是"按照A调(的方式)来唱",因此方式论元占据了核心论元的宾语位置成为方式宾语。

动词"写"的核心论元宾语应该是"字""汉字""标题""标语"一类的表示结果

045

的论元。在"写钢笔"中"钢笔"是动作"写"所使用的工具,为非核心论元,但"钢笔"占据了宾语的位置,成为工具宾语。

动词"包"的词汇义是"用纸、布或其他薄片把东西裹起来",根据其词汇语义框架,其核心论元宾语应该是"书""礼物""点心"等受事类宾语,或者"饺子""包子"等结果类宾语。但表示材料的非核心论元"牛皮纸"抢占了宾语的位置,成为材料宾语,表示"用牛皮纸包(书、杂志、词典等)"。

动词"读"的核心论元宾语应该是"报纸""课文""书"这样的受事宾语,表示动作直接作用的客体。在动宾结构"读自费"中,"自费"是一种就读的方式,与"公费"相对。方式论元占据了受事宾语的位置成为方式宾语。

动词"关"的核心论元宾语应该是"犯人""猴子""老虎"一类的受事宾语,表示受到动作直接影响的客体。在动宾结构"关监狱"中,"监狱"并不是"关"的受事,而是受到动作"关"作用和影响的客体最后所处的场所,它是动词的处所论元。它占据了受事宾语的位置,成为处所宾语。

动词"跑"是不及物动词,它是施事论元做出的自主动作,但没有直接作用和影响的对象或客体,因此它是一个一元动词,只有一个核心论元,即施事论元。"跑销售"中"销售"是"跑"的目的论元,表示"为了销售而跑"。"跑"的论元结构发生了增元,由一个一元动词变成了一个二元动词,"销售"为目的宾语。

动词"缩"也是不及物动词,它是主事论元发生的不自主动作[①],对其他客体没有直接作用和影响。它是一个一元动词,其核心论元为主事论元。例如,"这块布缩了一大截","这块布"为主事论元,是"缩"的必有论元、核心论元;数量短语"一大截"表示"缩"的数量,是"缩"的数量补语。在"缩水"这个动宾结构中,布料"缩"了是因为遇"水","水"是"缩"的原因论元,在"缩水"这个动宾结构中,"缩"的论元结构发生了增元,由一个一元论元变成了一个二元论元,主事和原因同时成为它的论元。

综合以上分析,从形式鉴定上来看,A组为"动词+处所补语"结构,B组为"动词+数量补语"结构,C组为"动词+核心论元宾语"结构,D组为"动词+非核心论元宾语"结构。

[①] "缩"在不同的情况下,它的自主性会有转变。在"这块布缩水了"中,"缩"是不自主动词;在"他把头从窗外缩回来"中,"缩"是一个自主动词。

3.1.2 "动词+非核心论元宾语"构式的意义鉴定

"动词+非核心论元宾语"各实体构式由于构式化程度的不同,因此在构式义的体现上也不同。某些构式的构式化程度相当高,基本完成了构式化进程,实现了形式和新意义的配对。这一类构式有各自独立的构式义。

[动词+方式宾语] 唱高调

原义:用很高的调子去唱。

引申义:指说不切实际的漂亮话或只说得好听而不去做。

[动词+方式宾语] 走过场

原义:戏曲中角色出场后不停留,穿过舞台从另一侧下场。

引申义:形容办事只是在形式上过一下,并不做实事。

[动词+处所宾语] 爬格子

原义:无。

引申义:比喻勤奋地写作。

[动词+工具宾语] 泼污水

原义:用污水泼。

引申义:比喻造谣中伤,恶毒污蔑。

[动词+处所宾语] 蹚浑水

原义:在浑水里蹚。

引申义:比喻跟着别人干坏事。

[动词+方式宾语] 栽跟头

原义:摔倒、摔跤。

引申义:比喻失败或出丑。

在语言使用中,这一类构式都发展出了新的意义。这些新的意义既不能根据其他构式得到预测,也不能从其构成成分中推知,是属于整个结构的意义,因此这些新意义都是构式义。

"动词+非核心论元宾语"构式中还存在着数量最为庞大的一类实体构式,它们处于构式化的发展进程中,还没有完成构式化的过程。它们最能体现"动词+非核心论元宾语"构式的句法语义特征,它们的整体构式义也集中体现在这类构式上。

3.1.2.1 "动词+非核心论元宾语"构式的"选择及排除"义

我们在对大量语料的观察中发现,"动词+非核心论元宾语"的实体构式中,大部分构式的宾语都来自一个语义场。这个语义场里有数量不等的一些成员,这些成员所指称的概念与动词通常存在一种常规关系。比如,说到"写字"这个事件,我们会联想到的"写字工具"是{钢笔、铅笔、圆珠笔、毛笔};说到"唱歌"这个事件,我们会联想到的"歌唱形式"是{民族、美声、流行}。动词与宾语的这种常规关系是人们在长期的社会实践中认知并总结出来的。这种常规关系同时也是全社会共同了解并接受的,已经成为社会百科知识的组成部分。当人们进行语言表达的时候,一旦这个语义场内的某个成员被选择,那么就意味着其他成员被排除了。

(1)"怎么就不能做?!家里什么都有,锅碗瓢盆火,可到头来,整天<u>吃食堂</u>,一年三百六十五天地<u>吃食堂</u>!"(处所宾语 CCL)

(2)"如果将剩余的钱都<u>存了死期</u>,万一某日我突然死了,钱不就取不出了?"(方式宾语 CCL)

(3)面馆吃面"大碗 3 元,小碗 6 元",男子<u>吃了大碗</u>后结账时傻眼了。(工具宾语 CCL)

(4)为什么我踢前锋,而带球不如我的人要去踢首发,一整个上半场,水平和我一样的<u>踢下半场</u>,而我却只能踢最后十分钟甚至只有五分钟,为什么教练要这样安排。(时间宾语 百度搜索)

(5)全家人都爱吃饺子,尤其爱<u>吃韭菜馅</u>,无意中发现韭菜薹作为饺子馅比韭菜更加美味。(材料宾语 百度搜索)

(6)有的人家只许孩子<u>吃 6 块钱 8 块钱</u>。(范围宾语 CCL)

(7)好在吴佩珍是压得起的,她的人生任务不如王琦瑶来的重,有一点<u>吃老本</u>,也有一点不计较,本是一身轻,也是为王琦瑶分担的意思。(依凭宾语)

(8)小张:我也是没办法,谁跟钱有仇呀!你们上班上学不在家,爷爷天天给我做工作,我实在受不了啦——算啦,每月花五块钱<u>买个清静</u>吧。(目的宾语)

(9)姚明:还是应该说一些感谢的话,那次电话我跟李指导沟通很久。当时,我还在美国<u>养脚伤</u>,他是因为肝炎住院了。(原因宾语)

例(1)中,"吃食堂",意思是"在食堂吃"[①],吃饭的常见场所有很多,如家、饭馆儿、路边摊儿等,"吃食堂"是在常规就餐场所"家、食堂、饭馆儿、路边摊儿"等

[①] 关于"吃食堂",学界有许多不同的看法,有的认为它是处所宾语,"食堂"是"吃"的处所;有的认为"吃食堂"不一定是在食堂吃,也有可能是在食堂买饭回家吃,因此是方式宾语;还有的认为"食堂"是转喻,"食堂"转指"食堂的饭菜",因此它是受事宾语。我们认为,无论是"在食堂吃",还是"在食堂买饭回家吃",这里的"食堂"强调的是"制作出饭菜的场所",并不专指"吃"这个动作发生的场所,而是指与"吃"相关涉的场所。因此,我们认为"吃食堂"是处所宾语。

第三章 "动词+非核心论元宾语"构式的鉴定、分类及特点

可能的就餐场所中的一个主动或被动选择。对中国人来说,最常规的吃饭场所应该是"家","在家吃饭"是我们对"吃饭场所"的默认值。在{家、食堂、饭馆儿、路边摊儿}这个"吃饭场所"的语义场中,一旦"食堂"被选定,就意味着对其他成员的排除。长期以来,由于人们对食堂饭菜形成的"简单、没油水、没营养"的普遍认知,"吃食堂"还有一种对食堂饭菜持"否定""不喜欢""不认可"的情感态度。例(2)中,"存死期"表示"按死期的方式存(款)"。"死期"在这里是方式宾语。"活期""死期"是两种不同的存款方式,在"存款方式"这个语义场里只有两个成员,那就是{活期、死期},对其中一种方式的选定就是对另一种方式的否定。例(3)中,"碗"是我们常用的餐具,如果按"碗"的尺寸大小来区分,在"碗(按大小分)"这个语义场内有{大碗、小碗}两个成员。对"大碗"的选择就是对"小碗"的排除。例(4)中,对于足球比赛的赛时来说,可以按时间段分为上半场和下半场,在"足球比赛赛时{上半场、下半场}"这个语义场内,两个成员身份一致、地位平等,被选择的资格相当。但当动词选择了其中一个成员时,也意味着排除了另一个成员。句末还有一个时间宾语"踢最后十分钟",这里动词和时间宾语的组合就是临时性的,动宾组合的结构和意义都比较自由、松散。但"选择及排除"义依然是存在的,因为对某个时间的选择就是对其他时间的排除。例(5)中,按中国的传统习惯,饺子可以包不同的馅儿,但比较常见、比较家常的饺子馅儿有"韭菜馅儿、白菜馅儿、芹菜馅儿"等,但是不同家庭也有自己特别喜欢的种类、特别的馅儿,因此"饺子馅儿"这个语义场是一个半开放的义场,以"韭菜馅儿、白菜馅儿、芹菜馅儿"等这些最常见、最周知、最受欢迎的馅儿类为其中的固定成员,也有"丝瓜馅儿、茴香馅儿、胡萝卜馅儿"等比较随机的成员。除此之外,还有其他可能出现的馅儿类为潜在成员。当我们说"想吃韭菜馅儿"的时候,就意味着某种选择,也意味着对其他馅儿类的排除。例(6)中,动词"吃"搭配了不同的范围宾语——"6块钱""8块钱","钱的数量"这个语义场是一个无限开放的语义场,理论上说,任何一个数字都有资格成为其中的一个合法成员。数量的无穷性决定了这个语义场的无穷性。动词可以和其中任何一个成员进行搭配组合,但动词对其中某一个成员的选择也意味着对其他成员的排除。例(7)中,"吃老本"是依凭宾语,这里"吃"发生了隐喻,表示"生活"的意思,整个动宾结构表示的是"依靠老本生活"。这里比较特殊的是,"老本"所在的语义场内只有它一个成员。

从例(1)到例(7),无论是时间、处所、范围,还是方式、工具、材料、依凭,如果按主客观的性质来看,这些宾语都是客观性比较强的宾语,都指称客观性的事物或现象,我们能根据自身所拥有的社会百科知识,认识到这些客观事物和现象的

049

属性、类别、范围以及与其相似的事物和与其相对的事物，进而认识到它们在语言中所在的层级以及语义场。而例(8)"买个清静"和例(9)中的"养脚伤"分别为目的宾语和原因宾语，它们都是主观性较强的宾语。目的宾语是比原因宾语主观性更强一些的宾语，是完全主观意识和判断的表现。原因宾语则可以分为主观原因和客观原因，在主观性上比目的宾语要弱一些。由于主观因素的非客体性、非外显性、难认知性、不可预测性等特点，目的宾语和原因宾语的"选择及排除"义较弱。由于它们不在一个客观的语义场内，我们很难推知它们排除的对象是什么，但"主观选择或被动选择"的意义仍然存在。比如，"买个清静"就是"主动选择"的目的，而"养脚伤"则是"被动选择"的原因。

我们还发现某些"动词＋非核心论元宾语"构式常常可以用在表示对举的并列选择结构中，表示不同主体的不同选择或者同一主体可能存在的多种选择。在口语化的表达中，动词甚至可以省略。例如：

(10) a：你们吃筷子还是吃叉子？

b：我吃筷子，他吃叉子。

(11) a：不好意思，我真的不会喝酒。

b：那你喝小杯，我喝大杯怎么样？够朋友吧？

(12) a：这几封信怎么寄？

b：这封寄挂号，那封寄特快。

(13) a：就一张床啊？咱们今晚怎么睡？

b：我睡沙发，你睡床吧。

(14) a：这么些钱放家里不安全，还是存银行吧，存死期或者活期都行。

b：死期的利息稍微高一点儿，还是存死期吧。

从句法语义来说，对举、并列通常表示不同的事物存在不同的情况或者对不同的事物有不同的选择。以上"动词＋非核心论元宾语"在并列选择句中的高频使用恰恰也从另一个角度证明了"动词＋非核心论元宾语"有"选择(其中一项)并排除(其他项)"的构式意义。

可以看出，"动词＋非核心论元宾语"这个形式包含有"(在某个可选项集合中)选择(其中一项)并排除(其他项)"的意义，它是统辖整个结构的意义。这个意义不是由两部分构件意义叠加而得的，也无法从其他已经存在的构式中预测，这个意义随结构的存在而存在。不过必须指出的是，该构式义的突显随着构式的构式化程度以及构式宾语的主客观性而有所不同。

3.1.2.2 "动词＋非核心论元宾语"构式的"弱动作"义

"动词＋非核心论元宾语"构式虽然由动词作为短语核心,但在很多情况下,整个动宾结构动词本身的动作意义较弱,动宾结构的整体事件意义较强。由于宾语是非核心论元通过移位占据了核心论元的位置,使得句子的语义重心更是集中在宾语上,弱化了动词的动作义。

（15）里屋的双层床搬到外屋东北角,三民睡下铺,五民睡上铺。（处所宾语）

（16）于文娟："买手机花钱,买完打手机也花钱,你不怕破费呀？"（工具宾语）

（17）上海人恋家,但瞿莉考大学,毅然考到北京,就是为了摆脱上海的母党。（目的宾语）

（18）这真是有点做人的胆子的,是不怕丢脸的胆子,放着人不做却去做鬼的胆子,唱反调的胆子。这东方巴黎遍布远东的神奇传说,剥开壳看,其实就是流言的芯子。（方式宾语）

（19）也许是这楼涂着白色水砂石的外墙和大面积使用的玻璃使它看上去十分轻巧,很像飞机那种一使劲就能飞起来的东西。（材料宾语）

（20）张大民跪在床脚,像急等着跑百米,又像刚刚跑完了马拉松,百感交集,眼神儿像做梦一样。（范围宾语）

以上各例中,动词"睡""打""考""唱""涂""跑"这几个动词在句子中动作意义非常弱,它们既不表示某一次的具体动作,也不表示正在进行的动作。动宾结构的动作性弱,整体事件性强。

3.2 "动词＋非核心论元宾语"构式的分类

由于"动词＋非核心论元宾语"语义类型繁多,其语言实例更是复杂多样,因此虽然它们在语法形式上都是动宾结构,但它们之间仍有各自的特点和区别。按照动词和宾语的性质和特点,我们可以对"动词＋非核心论元宾语"构式进行分类。

3.2.1 按动词的性质分

从动词的性质来看,按动词的及物与不及物性,"动词＋非核心论元宾语"构式可以分成两种情况:一种是"及物动词＋非核心论元宾语",另一种是"不及物动词+非核心论元宾语"。根据及物动词的句法语义特点，施事或主事论元通常充当其主语成分，而受事、对象、结果论元通常充当其宾语成分。当受事、对象、结果等核心论元之外的其他非核心论元占据宾语位置，与动词构成动宾搭配，则成为"及物动词+非核心论元宾语"构式。例如：

  喝大杯 切小刀 教大学 读自费 唱堂会
  存银行 洗凉水 盛大碗 打板子 包牛皮纸

以上各例中，工具、处所、方式、材料等非核心论元占据了宾语位置，动词的核心论元删略、非核心论元占位，但论元结构并没有发生增元。

不及物动词的句法语义特点是施事或主事等主体论元充当其主语成分，动作并不直接作用或影响其他客体。例如，从动词"走""跑""睡""飞""闹"的基本词汇意义来看，它们都为不及物动词，动作没有直接作用和影响的受事或对象，也不产生任何成品样的结果，因此它们通常都没有受事、对象、结果类客体论元作宾语。当它们受到某些语用原因的驱动，工具、处所、方式、原因、时间、目的等非核心论元占据宾语的位置时，成了非核心论元宾语，原来一元的动词论元结构发生了论元增元，成为一个二元的动词，例如：

  走便道 跑经费 睡窑洞 闹法庭
  哭长城 闹通宵 坐沙发 飞超低空

3.2.2 按宾语的特点分

在第二章中，我们已经讨论过非核心论元宾语的语义类型，归纳整理的非核心论元共九种：处所、时间、工具、材料、方式、依凭、范围、原因、目的。这九种非核心论元都可以充任宾语。按照宾语的主客观性，我们又可以把九类非核心论元宾语分为主观性宾语和客观性宾语两类。处所、时间、工具、材料、方式、范围、依凭论元具有客观性，其所指是客观世界具体存在的事物。原因、目的论元则具有主观性，它们不是客观世界具体存在的事物，而是人脑主观认识的反映。

客观非核心论元宾语的所指是客观世界具体存在的事物，它们的存在不随主观意识而转移。人们在长期的生活实践中，形成对客观事物及事物之间各种联系的认知，这些认知像一个知识仓库一样储存在我们的大脑之中。比如，说到"切"，我们会自然联想到"切"常用的工具是"刀"。说到"吃"，我们会自然联想到"吃"的工具是"筷子""刀叉""勺子"等常见就餐工具，"吃"的场所是"家""食堂""饭馆""路边摊儿"等常规的就餐场所。说到"喝"，我们会自然联想到"喝"的工具有"杯子""碗"等常见工具。由于动作与客观非核心论元的所指存在着事理逻辑上的常规联系,一说到某个动作,我们就会自然联想到与其相关的某些客体,因此客观非核心论元宾语具有现实性、可预测性的特点。

主观非核心论元包括原因和目的两种,它们是人的主观意识的反映。比如,"哭嫁""跑销售"中原因宾语"嫁"和目的宾语"销售"根据具体情况的不同,随着人的主观意志的转移,动作的原因和目的都会发生变化。说到动作"跑",我们很难把它与某个具体的原因或目的联系起来,因为根据情况的不同,随着主体的不同,动作的原因和目的都会产生变化,因此,主观非核心论元宾语具有主观性、不可预测性的特点。

3.2.3 按动词与宾语之间有无常规关系分

在人类的社会实践活动中,伴随着生产和生活活动的开展,人们形成了对客观世界的丰富认知。这些认知不但包括对客观事物的认知,还包括对事物之间各种联系的认知。事物之间的联系是多种多样的。有些事物之间的联系是偶然的、随机的,如一个人在野外露营,准备吃饭的时候他发现没有带筷子,于是他找来两根细木棍充当筷子,那么"吃(饭)"这个动作与这个动作所使用的工具"木棍"之间的联系是偶然的、随机的、非常规的,通常不具有重复性,那么"吃(饭)"和"木棍"之间的联系便不会沉淀、固定下来。也有一些事物,它们会频繁地同时出现在一个生产或生活的场景内,一旦发生事件 A,那么事物 B、C、D 就一定会出现在这个场景内。由于事件 A 是日常生产生活里不断重复发生的事情,在这个场景内 B、C、D 就会多次反复出现,那么 A 和 B、C、D 的联系就不断地得到刺激、强化,最终 A 和 B、C、D 之间的关系就会被沉淀、固定下来,形成一种规约性的常规关系。比如,"筷子"是我们日常生活中最常见、最常用的吃饭工具,用筷子吃饭是中国人传承了几千年的文化习惯。在"吃饭"的生活场景里,"筷子"是伴随这个场景出现而必然出现的客观事物。由于两者之间的依存关系,"吃"这个动作和"筷子"之间的联系逐渐稳定、固定下来,形成了有规约意义的常规关系。当人们说"吃饭"的时候,脑子里想到的"吃饭工具"一定是"筷子",而不会是"木棍""石头""绳子"这些东西;说到"吃饭",脑子里想到的"吃饭场所"一定是"家"[①]"食堂""馆子""路边摊儿""大排档"等,而不会想到"办公室"

[①] 在生活中,我们也不说"吃家",这是因为"家"是最常规、最普遍的吃饭场所。它是作为一种社会百科知识存在于人们的认知中的,是已知信息、旧信息。宾语是句子中自然焦点所在的位置,它突显的是新信息、未知信息,因此通常不说"吃家"。

"图书馆""阳台"这些地方,这正是因为前者和"吃饭"建立起了常规联系,而后者则没有。

当然,客观世界是不断发展变化的。旧事物、旧现象不断消失,新事物、新现象不断出现。伴随着客观事物的发展变化,事物之间的联系也在发生变化。在未与西方社会打交道之时,在中国人的认知里"吃饭工具"大概只有"筷子"等。但当西方社会的文化思想、生活方式传入中国后,"刀叉"作为西方人常用的"吃饭工具"也进入了中国人的日常生活。原来"吃饭"这个活动只与"筷子"发生常规关系,现在它与"刀叉"也逐渐建立起了常规关系。那么,"吃饭工具"这个范畴里原来只有一个典型成员——"筷子"[①],现在这个范畴里有了两个典型成员——"筷子""刀叉"。当人们说起"吃饭"这个活动时,头脑里就会同时激活"筷子"和"刀叉"这两种"吃饭工具"。同样地,以前人们通过火车出行通常有慢车、普快、直快、快速、直达、特快六种选择,也就是在"火车(类型)"这个范畴内有六个典型成员,它们是{慢车、普快、直快、快车、直达、特快}。人们在选择火车出行时,头脑里自然会想到这几种火车类型,这几种火车类型与"坐火车出行"这个事件建立起了必然的常规联系。然而随着生产技术的提高、社会的发展,动车、高铁等更快速的列车被生产出来,并广泛运用于我们的生活。这些新事物与我们的日常生活如此密切,逐渐成为人们日常生活中最常见、最普及的事物。另外,随着技术的发展,生产生活节奏的加快,慢车因为已经不适应现代生活的节奏而慢慢地退出了人们的生活,全国各地的慢车已基本取消。因此,在"火车(类型)"这个范畴里,其成员不断地在调整,现在其中的典型成员是{普快、直快、快车、直达、特快、城际快速、动车、高铁}。与"坐火车出行"这个事件发生直接常规关系的便是以上范畴内的成员。可以看到,随着社会的发展,由于新事物的产生、旧事物的消亡,事物之间发生常规联系的客体在发生着变化。这种变化一是体现在数量上,发生常规联系的客体数量有增减变化;二是体现在实体上,发生常规联系的客体有更替换代。

更需要指出的是,可能与某个事件发生相同常规联系的客体并不是唯一的。在同一个概念范畴内,所有的成员对事件来说其作用和价值功能都是一样的。它们都是动作可供选择的对象。它们的名词性指称成分形成一个词语的聚合,成为可以与动词搭配组合的变量。

---

① "碗""盘子"也是吃饭需要的工具,严格地说,它们属于"吃饭工具"范畴中的"盛饭工具",为了行文方便,我们这里不把它们和"筷子""刀叉"一起讨论。

语言是客观世界的反映。事件与客体之间要建立起常规联系，则事件与客体必须是确定的，只有确定的事件与事物之间才能建立起常规联系。比如，作为"火车类交通工具"所指的对象是确定的，它们才能与"乘火车出行"这个事件建立起常规联系。"吃饭工具"具体所指的对象是确定的，如"刀叉""筷子""勺子""碗""盘子"，它们才能与"吃饭"这个事件建立起常规联系。常见的"写字工具"有"钢笔""毛笔""圆珠笔""铅笔"等，这些指称对象也是确定的，它们才能与"写字"这个事件建立起常规联系。但是生活中有一些动作或事件所涉及的客体并不是确定的，那么就无法建立起常规联系。比如，"挡（住事物）"这个动作，它所使用的工具不是确定的，而是随机的，你可以用手去挡，也可以用身体去挡，还可以用一块布去挡、用一条毛毯去挡。以下语料可以反映"挡"所使用的工具的随机性：

（21）哎，然后给挡上，<u>挡上木板</u>、<u>石板</u>、<u>砖</u>都行，挡上，然后拿土一埋。（CCL）

（22）一定是赵元庚娶新奶奶。规矩都乱了，哪里要<u>挡四块毡子</u>呢？

可以看到，"遮挡工具"这个范畴内的成员是不确定的。正是由于范畴内成员的不确定性，动作"挡"无法和一个或几个确定的对象建立联系，因此，当我们说到"挡"这个动作时，无法直接联想到某个工具类的具体事物。动词"挡"没有与任何"遮挡工具"建立起常规联系。

一般来说，事件与客体建立起了常规联系后，两者之间的语义距离就非常近，语义联想是快速、直接的，如"吃食堂""写毛笔""寄挂号"。如果事件没有与任何确定客体建立起常规关系，两者之间的关系需要通过具体的语境来确立，那么两者之间的语义距离就很远，两者之间不存在直接的语义联想关系。

3.3 "动词＋非核心论元宾语"构式的特点

"动词＋非核心论元宾语"构式在整体上体现出不同于其他构式的特点。

3.3.1 "动词＋非核心论元宾语"构式的层级性

我们所说的"动词＋非核心论元宾语"构式的层级性其实包含了两层含义：一是"动词＋非核心论元宾语"这个语法结构的层级性；二是"动词＋非核心论元宾语"构式实例的构式化层级性。

3.3.1.1 "动词+非核心论元宾语"构式的结构层级

"动词+非核心论元宾语"构式是一个开放的、填充性的图式构式。无论从前一个构件看，还是从后一个构件看，它们都存在着多种的可能和选择，两者之间也存在着多种搭配组合可能。从动词来看，就有及物与不及物的分类；从宾语来看，又有处所、时间、工具、材料、方式、原因、目的、范围、依凭等不同的语义类型。因此，从语法结构来看，"动词+非核心论元宾语"构式不是凝固、定型的结构，而是一个开放的、有层级的系统（图3.1）。

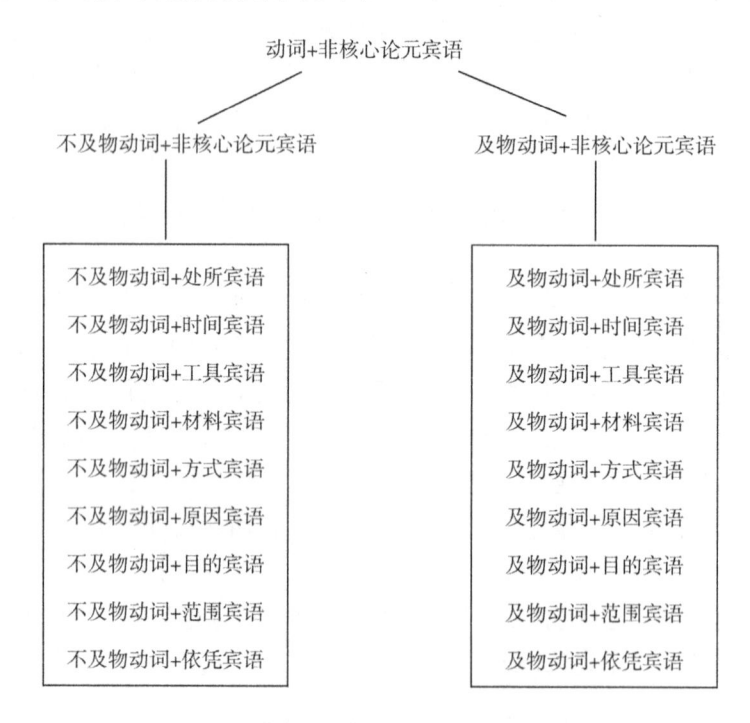

```
                    动词+非核心论元宾语
                   /                    \
    不及物动词+非核心论元宾语          及物动词+非核心论元宾语

    ┌─────────────────────┐         ┌─────────────────────┐
    │ 不及物动词+处所宾语  │         │  及物动词+处所宾语   │
    │ 不及物动词+时间宾语  │         │  及物动词+时间宾语   │
    │ 不及物动词+工具宾语  │         │  及物动词+工具宾语   │
    │ 不及物动词+材料宾语  │         │  及物动词+材料宾语   │
    │ 不及物动词+方式宾语  │         │  及物动词+方式宾语   │
    │ 不及物动词+原因宾语  │         │  及物动词+原因宾语   │
    │ 不及物动词+目的宾语  │         │  及物动词+目的宾语   │
    │ 不及物动词+范围宾语  │         │  及物动词+范围宾语   │
    │ 不及物动词+依凭宾语  │         │  及物动词+依凭宾语   │
    └─────────────────────┘         └─────────────────────┘
```

图 3.1 "动词+非核心论元宾语"体系图

从图 3.1 中可以看到，位于构式层级最顶端的是"动词+非核心论元宾语"构式，它统辖着所有不同结构类型的构式形式。在不及物和及物动词的层级下，又因为宾语语义类型的不同而细分为不同语义类型的非核心论元宾语。整个系统层级清楚，类别明晰。

3.3.1.2 "动词+非核心论元宾语"构式的构式化层级

文旭、杨旭指出，"一个构式取得独立的意义后，会与现有词汇成分融合，出现部分或全部的图式构式，构式组配有语义化倾向，并沿着意义连续体产生新构式。新构式的出现伴随着'新形式－新意义'的配对。Traugott 和 Trousdale(2013:22)把这种'新形式－新意义'的配对看作构式化[①]。可见,构式一经产生,它并不处于一个静止停滞的状态,而是伴随着人们的使用,处于一个渐变、发展的动态过程之中。构式化实现的标志就是"新形式－新意义"配对的出现。

本小节我们所说的"动词＋非核心论元宾语"的构式化层级主要是指构式的各种具体实例的构式化程度等级。在不断的语言使用中,不同的构式实例呈现出不同的构式化等级。有的实例在长期的人类生活中,不断被大范围地、高频地使用,产生出超出其字面意义之外的新的意义,这种新的意义和固定的词汇化形式的结合已经非常凝固、稳定,基本实现了构式化的过程,具有极高的构式化程度,如"走后门""跑龙套"等。有的虽然使用频率也非常高,但仍然没有产生出新的构式意义,动词和宾语的结合比较松散、自由,构式化过程没有完成,构式化程度不高,如"写毛笔""寄挂号"等。还有的实例属于使用者出于修辞或者其他语言表达的需要,临时对某个动词和宾语进行搭配使用,动词和宾语的结构非常松散、随意,甚至在脱离具体语境的情况下,这些动宾组合并不成立。比如下面这些句子:

(23) 春有水仙、夏有玫瑰、秋有菊花、冬有康乃馨,探病人、访亲友、祝生日、贺开张,上海市民每天都离不开鲜花。(CCL)

(24) 近战具体说就是"三打、三不打"和"三多打、三少打"的原则。即放到有效射程内打,打临近、不打临远,打主攻、不打伴攻,打低空、不打高空;多打近头(俯冲机)、少打追尾(临远机),多打威胁大的、少打威胁小的,多打短点射、少打长点射。(CCL)

"祝生日""打临近""打临远"如果单独看起来,这样的动宾搭配是不成立的,但是在句子中,由于具体语境内容的补充、限定,这些搭配不但合法,而且语义也是完整的。这一类构式动宾之间的搭配组合是偶发的、有的甚至是一过性的,不具有重现性,动宾结构松散,没有进入构式化的进程之中。

按构式化程度的高低,我们可以把这些"动词＋非核心论元宾语"的实例分为三个等级,见表3.1。

[①] 文旭,杨旭.构式化:历时构式语法研究的新路径[J].现代外语,2016,39(6):731-741.

表 3.1　"动词＋非核心论元宾语"构式的构式化等级

程度等级	实例
Ⅰ级	走后门　泼冷水　吃小灶　唱反调　打游击　唱高调 开小差　扣帽子　跑龙套　坐冷板凳
Ⅱ级	吃食堂　寄挂号　唱美声　写毛笔　存死期　读自费　跑长途
Ⅲ级	走四环　洗木盆　挡木板　翻相片①

Ⅰ级"动词＋非核心论元宾语"构式的实例具有最高的构式化等级,图式构式的两个空槽内填入的词汇已经固定化,而且两者的结合也相当牢固。在长期的使用中,逐渐产生出的新意义与形式的结合越来越凝固,形成了意义和形式的新配对。对任意一个构件的细小变动,都将导致构式的不成立、不合法。例如,"走后门"不能变成"跑后门",新搭配不成立、不合法。相比较于"走后门","走前门"却只有构成成分的加合意义,并不拥有超越构成成分之上的属于构式的意义。因此,这一类"动词＋非核心论元宾语"实例中动宾结构的融合度最高,已经实现了词汇化或者说呈现出词汇化的趋势,构件不能被拆分、替换,构式拥有统辖整个结构的构式义,构式化程度最高。

Ⅱ级"动词＋非核心论元宾语"构式的实例具有中等的构式化等级。在日常的语言使用中,这些动宾结构常常以固定搭配的形式成组、成块出现,并被频繁使用。但动词和宾语的组合并不十分凝固,构件可以被拆分、替换。比如,相对于"吃食堂",我们也常常说"吃馆子""吃路边摊儿"等;相对于"寄挂号",我们也常常使用"寄平信""寄特快"等;相对于"吃筷子",我们也可以说"吃刀叉""吃勺子""吃叉子"等。这些实体构式在长期使用中都没产生出新的属于构式的意义,没有实现"新意义—新形式"的配对,因此它们的构式化程度中等。

Ⅲ级"动词＋非核心论元宾语"构式的实例具有最低的构式化等级。这些动宾搭配并不以固定搭配的形式出现,它们的搭配组合具有一定的偶发性和随意性。它们很多是在具体的语言环境下,根据不同的语义表达需要而临时组成的,甚至有的是一过性的搭配组合。动词和宾语的组合非常松散,在不同语境下会出现不同的搭配组合。比如,"洗木盆"就是一个临时的组配,它是在具体的场景下才会出现,如果一个人洗衣服时,面前有木盆和塑料盆两个选择,那么就可以问:"你洗木盆还是塑料盆?""走四环"也是在具体的生活情境下,说话人根据眼

---

①　"翻相片"这里的意思不是指"翻看相片",而是指"在一堆书籍、杂物中翻找相片"。

前的具体情景而进行的临时表达。这类实例搭配组合非常不稳定，也没有属于构式的专有意义，它们的构式化程度最低。

正如前文所述，语法结构并不是处于一个静止不动的状态，而是随着社会和语言的发展变化，处于一个不断变化的动态过程中。某些现在看来构式化程度很低的实例，随着语言和社会的发展变化，其构式化程度可能会发生改变。以"吃食堂"为例，它就是伴随着社会政治经济新现象的出现而出现的。1958年以后，"食堂"作为单位、机构、学校为其工作人员、师生开办的公共就餐场所出现在社会中，新的词语组合"吃食堂"也随之产生。由于食堂是大锅饭，饭菜和烹饪技术都非常简单，因此"吃食堂"在长期的使用中，逐渐有了"饭菜简单""不合胃口""没有营养"的言外之意。再以"跑龙套"为例，"龙套"的本来意思是"传统戏曲中成队的随从或兵卒所穿的戏装，因绣有龙纹而得名"。"跑龙套"则是指"戏曲演员在戏中扮演随从、兵卒一类的小角色"。随着"跑龙套"在生活中被人们频繁使用，它的语义范围从戏曲领域投射到了生活中其他领域，并逐渐发展出"在人手下做无关紧要的小事情"的新意义。它从最初的动宾自由搭配结构逐渐发展成一个构式化程度很高的实体构式。

3.3.2 "动词＋非核心论元宾语"构式的类推性和能产性

"动词＋非核心论元宾语"构式的类推性和能产性与该构式的构式化程度呈负相关的关系。构式化程度越高，构式的类推性和能产性越低；构式化程度越低，构式的类推性和能产性越高。

构式化等级为Ⅰ级的构式实例构式化程度最高，动宾搭配已经凝固化，生成的结构稳定的动宾结构在长期的使用中已经产生了新的构式意义。动宾组合的任意一方都不能随意被拆分、替换，一旦被拆分、替换，新的形式便不成立、不合法。这一等级的构式实例是不能被类推的，能产性极低。

构式化等级为Ⅱ级和Ⅲ级的构式实例都可以进行不同程度的类推，能产性较高。

"动词＋非核心论元宾语"的类推能力和能产性是由宾语所在语义场的范围大小决定的。以动词"吃"为例，除去核心论元宾语，"吃"可以和工具宾语、处所宾语、范围宾语、材料宾语、方式宾语、目的宾语等非核心论元进行搭配组合。表3.2是对"吃"和不同语义类型非核心论元宾语的实例类推的整理归纳。

表 3.2 "吃+非核心论元宾语"的实例类推

"吃"+非核心论元宾语	实例	宾语所在语义场
"吃"+处所宾语	吃食堂、吃馆子、吃大排档、吃路边摊儿……	就餐场所:{食堂、馆子、大排档、路边摊儿……}
"吃"+工具宾语	吃筷子、吃刀叉、吃勺子、吃调羹…… 吃大碗、吃小碗 吃碗、吃盘子	餐具:{筷子、刀叉、勺子(调羹)……} 餐具:{大碗、小碗} 餐具:{碗、盘子}
"吃"+材料宾语	吃韭菜馅儿、吃白菜馅儿、吃荠菜馅儿、吃芹菜馅儿…… 吃猪肉馅儿、吃牛肉馅儿、吃羊肉馅儿……	饺子食材:{韭菜馅儿、白菜馅儿、荠菜馅儿、芹菜馅儿……} 饺子食材:{猪肉馅儿、牛肉馅儿、羊肉馅儿……}
"吃"+方式宾语	吃大锅、吃小灶 吃包伙 吃点餐、吃自助 吃水煮、吃红烧、吃清蒸、吃干煸……	吃饭方式:{大锅、小灶} 吃饭方式:{包伙} 就餐方式:{点餐、自助} 烹饪方式:{水煮、红烧、清蒸、干煸……}
"吃"+范围宾语	(两个人)吃了三百……	餐费范围:{三百、四百、两百五……}
"吃"+目的宾语	吃气氛、吃格调、吃环境、吃新鲜……	就餐目的:{气氛、格调、环境、新鲜……}

从表 3.2 中可以看出,可以类推的非核心论元宾语通常属于一个语义场,语义场的规模大小不一。有的语义场是开放的义场,义场内的成员无法穷尽列举,如"餐费范围"义场,这个义场内的成员可以是任何一个数字,而数字是无穷尽的。虽然一餐饭不太可能吃出"十亿""百亿"的价格,但不能否认的是,这些数字和动词搭配的资格仍然是合法的。有一些语义场是半开放的,按照我们目前的认知,语义场内的成员是可以穷尽的,但随着社会的发展,新事物、新现象的出现,语义场的规模有不断扩大的可能。比如,"烹饪方式"义场,我们可以穷尽列举目前人类拥有的烹饪方式,但不可否认的是,随着社会的发展,新的烹饪方式有可能会不断出现,那么这个语义场的范围也会不断扩大。还有一些语义场是封闭的,如"餐具"这个义场,在具体的环境下,当我们面对的是只有"大碗"和"小碗"两种选择时,这个义场就是封闭的。比如,在盛饭时,说话人问:"你吃大碗还是吃小碗?"在这个语境下,听话人只有"大碗"和"小碗"两种选择,因此工具宾语的语义场是封闭的。

在同一个语义场内,每个成员的身份都是平等的、相同的,彼此之间的关系是对立的、互斥的,每一个成员进入"动词+非核心论元宾语"句法槽内的能力和资格也是平等的。一个语义场内有多少个成员,就有多少种搭配组合的可能。由于语义场大小不一,因此"动词+非核心论元宾语"构式的类推能力和能产性也是不一样的。有的构式可以进行无限类推,有的构式只能有限类推。Ⅱ级和Ⅲ级构式的类推能力和能产性很强,Ⅰ级构式基本不能类推。

3.3.3 "动词＋非核心论元宾语"构式的形义不对称性

"动词＋非核心论元宾语"构式的形义不对称主要是针对Ⅰ级构式而言。这一级别构式的构式化程度最高,动宾的结合非常凝固,词化程度很高。在长期的使用中,已经有新的构式意义产生。这个新的构式意义既不能从已有的某些构式中预测得知,也不能从构成成分的意义中推测得知,是属于整个结构的新意义。

"走后门"的最早来源有两个版本,但无论哪个版本,其最初的本源意义都是"从后门进入"的意思。这个阶段该结构的形式和意义是对称的,意义可以由构成成分的意义推知。随着这个动词搭配在语言生活中的广泛使用,其本源意义发生了推演、转移,逐渐发展出了"比喻用托人情、行贿等不正当的手段,通过内部关系达到某种目的"的新意义。在长期的广泛、高频的使用中,新意义和形式的结合越来越紧密,并逐渐凝固下来。在这个阶段,"走后门"的意义已经无法从构成成分的意义来推知了,形式和意义变得不对称。

"打游击"中"游击"是指"游击战",这是我党创造的一种非正规、不固定、灵活机动的作战方式。"打游击"最初的本源意义就是"用游击战的方式打击敌人"。本源意义是可以由动宾结构的构成成分和两者的语义关系推知出来的。随着这个词的广泛使用,人们把它从一个概念领域投射到另一个概念领域,由此发展出"比喻没有固定地点的工作或活动"的新意义。新意义和形式的结合逐渐凝固,词汇化程度越来越高。这时,"打游击"的意义也已经无法根据构成成分及其相互语义关系来推知了,形式和意义便不再对称。

虽然形义和意义的不对称性主要体现在Ⅰ级构式中,但语言是不断发展变化的,Ⅱ级、Ⅲ级构式有可能会发展为Ⅰ级构式,它们的形式和意义也有可能变得不再对称。

3.3.4 "动词＋非核心论元宾语"构式的发展性

虽然"动词＋非核心论元宾语"构式的形义不对称通常只是Ⅰ级构式存在的特点,但我们认为从形义的对称到形义的不对称是构式发展的趋势之一,虽然这个过程也许会特别漫长。"走后门""打游击""泼冷水""扣帽子"这些动宾搭配在出现之初,其形式和意义都是对称的,伴随着这些词语广泛、高频的使用,其本源意义发生了推演、引申、转移，逐渐产生出了新意义。因此，Ⅱ级和Ⅲ级的构式实例虽然现在看来形义都是对称的，但随着社会和语言的发展、变动，在长期的语言使用中，其中一些动宾构式的构式化程度会越来越高，形式和意义的对称也会逐渐走向不对称。当然我们要说明的是，从形式的对称到不对称这并不是一条必然之路。

"动词＋非核心论元宾语"构式的发展体现在形式和意义两个方面。

3.3.4.1 "动词＋非核心论元宾语"构式形式上的发展

许多"动词＋非核心论元宾语"构式都有极强的类推性。这个类推是基于宾语处于一个语义场内，语义场内有多个成员，各成员都具有相同的进入"动词＋（非核心论元宾语）"这个语法槽内的资格。但"动词＋非核心论元宾语"还存在一种类推，它并不是基于宾语处于一个语义场的前提，而是单纯根据宾语的结构形式进行的结构仿拟类推。

(25) 在本场比赛中，薛明打出了背飞、背溜、背错这些二传身后的战术球，也打了短平快、时间差、拉三和近体快这些身前的战术球，快攻战术明显增多。(CCL)

(26) 之所以如此，一是目前银行电子化网络还难以普及，极少数人专钻现代化水平不高的空子，打时间差；二是钻法律的空子。(CCL)

(27) 开学路过学校有技巧 支招：打时间差和打空间差(CCL)

(28) 农业部门希望广大生产者关注价格行情，在市场信号的引导下，通过打时间差、空间差，填补市场空白，增加种菜收益。(CCL)

(29) 仇和举例说，搞经济工作实际就是"打三差"——打空间差，打时间差，打信息差。(CCL)

(30) 这是肃州农民充分发挥自身优势，围绕市场做文章，打"时间差"、"空间差"、"技术差"，闯出致富增收特色路的一个缩影。(CCL)

"时间差"本来是一个排球运动技战术名词，主要指队员进攻时，利用对方拦网队员起跳时间的误差，达到突破对方拦网目的的一种打法。"打时间差"是指排球比赛中采取利用"时间差"这样一种打法，"时间差"是方式宾语，它和"打短平快""打背溜""打近体快"等都表示排球运动的各种"技战术打法"。随着这个词语在日常语言生活中的频繁出现和使用，它的使用范围也逐渐由体育领域向其他生活领域转移，渐渐引申出"利用两个时间点之间存在空隙的机会去做某事"。这个意义已经与本源意义有一些差距了。更值得注意的是，随着这个动宾组合在新的概念领域的使用，人们又仿照"打时间差"宾语的结构形式仿拟类推出了"打空间差""打信息差""打技术差"这样的新组合形式。"打时间差"的形式发展图如图3.2所示。

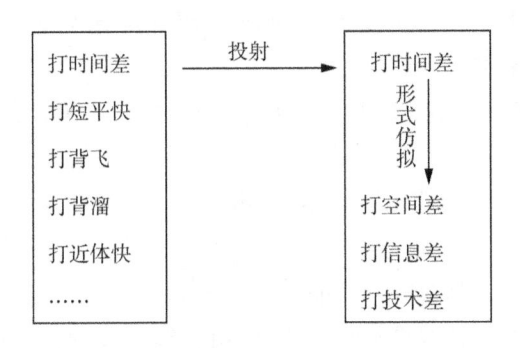

图 3.2 "打时间差"形式仿拟发展图

3.3.4.2 "动词＋非核心论元宾语"构式意义上的发展

在大多数情况下,时间宾语"踢下半场"其形式和意义是对称的,表示"在下半场的时间段踢(球)"。然而我们也发现,这个动宾结构也逐渐发生了推演和引申,由一个概念域投射到另一个概念域里,其意义也逐渐发生改变。例如:

(31) 房地产开踢下半场(网易新闻标题)

(32) 踢好经济"下半场"要跨越旧有增长模式(中国经济网新闻标题)

(33) 互联网下半场怎么踢？将是后真相时代和虚拟现实时代(腾讯新闻标题)

(34) 乐观不抱怨,踢好人生下半场(搜狐教育网页)

(35) 重磅反腐要踢下半场,2015用啥战术？(传送门网页)

(36) 如何踢赢下半场？看看美团点评CEO王兴怎么说。(百度搜索)

从以上各例可以看出,"踢下半场"本来是一个足球领域的用语。在日常的语言生活中,其使用范围已经从专业词汇领域扩大到了普通词汇领域。其本源意义也发生了推演、引申、隐喻,由原来的"在下半场的时间段踢"引申为"做下半段时间的事情"。从目前来看,这个意义和形式的结合还比较松散,句法使用上也比较灵活,构式化程度并不太高。但不可否认的是,意义的转移已经开始,随着时间的推移以及使用的日渐频繁、广泛,"踢下半场"的构式化程度的演进仍将继续。

"开小差"最初的意义是"军人脱离队伍私自逃跑"。由于频繁地使用,它的意义也发生了推演、引申,从源概念域投射到其他概念域,逐渐发展出"擅自离开工作岗位或逃避任务的行为"的意思。

(37) 部队第二次攻打长沙时,由于敌我力量异常悬殊,官兵伤亡惨重,一些意志薄弱者开小差,脱离部队。(BCC)

(38) 即使你没撞到北方佬手里,那儿的树林里也尽是掉队和开小差的士兵,南军和北军的都有。(BCC)

(39) 斯基多和他们商定,先忍耐下来,等待这船靠岸,之后便集体开小差。(BCC)

(40) 她呢,则在元帅夫人到后不久,离开了蓝色长沙发;这是从她那个平时的小圈子里开小差啊。(BCC)

例(37)、例(38)都是"开小差"的原意,例(39)、例(40)则是其意义发生了引申,从原来的特定概念领域投射到了生活其他领域。然而"开小差"意义的发展并没有就此结束。

(41) 当然,这一系列动作,都得争分夺秒,干净利索,一环扣一环,容不得思想开小差。(BCC)

(42) 米勒小姐讲课和问你问题时,你看来一点儿都没开小差。(BCC)

(43) 面对一个"开小差"的丈夫,你的婚姻还要继续吗?(BCC)

"开小差"的语义继续发展,又发展出"思想不集中、做事不专心"的意思,例(41)、例(42)中的"开小差"体现了这个新意义。例(43)中,"开小差"似乎又有新的发展,指"情感不集中、不专一"(图3.3)。

本源意义	引申义1	引申义2	引申义3
军人脱离队伍私自逃跑	擅自离开工作岗位	思想不集中、做事不专心	情感不集中、不专一

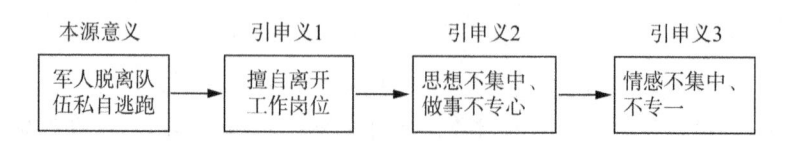

图3.3 "开小差"的语义发展进程图

3.4 小结

本章我们首先对"动词+非核心论元宾语"构式的合法身份进行了鉴定。按照构式语法理论,构式是一组形式和意义的配对,构式的意义无法从构成成分及已经存在的构式中预测、推知。因此,我们分别从形式和意义两个方面对"动词+非核心论元宾语"构式进行了鉴定。"动词+非核心论元宾语"既有自己独立的形式结构,也有"强事件弱动作""选择及排除"的构式意义。这些构式意义无法从其构成成分或已经存在的其他构式中预测、推知,因此,它是一个合法的构式。

在对大量语料进行观察对比的基础上,我们又对"动词＋非核心论元宾语"构式进行了分类。"动词＋非核心论元宾语"构式按动词的词性可分为"及物动词＋非核心论元宾语"和"不及物动词＋非核心论元宾语"两类。"及物动词＋非核心论元宾语"是通过删略核心论元宾语,移位非核心论元宾语来实现的;"不及物动词＋非核心论元宾语"是通过论元结构的增元实现的。"动词＋非核心论元宾语"构式按宾语的主客观性质又可以分为"动词＋主观性非核心论元宾语"和"动词＋客观性非核心论元宾语"两类。前者有"动词＋目的宾语"和"动词＋原因宾语"两种;后者有"动词＋方式宾语""动词＋材料宾语""动词＋工具宾语""动词＋处所宾语""动词＋时间宾语""动词＋范围宾语""动词＋依凭宾语"七种。按动词与宾语是否存在常规关系也可把"动词＋非核心论元宾语"构式分为两类。

"动词＋非核心论元宾语"作为一个独立的构式,还有着区别于其他构式的特点:构式具有层级性,这表现在句法结构和构式化程度两个方面;构式具有较强的类推性和能产性;构式存在一定程度的形义不对称性;构式的构式化程度具有发展性。

第四章

"动词＋非核心论元宾语"构式的句法语义特点

语法形式和意义的对应具有系统性。特定的句法形式对应特定的句法意义,形式上的变动必然会带来意义上的变动,而意义上的变动也必然会在形式上得以体现。"动词＋非核心论元宾语"作为一种独特的搭配组合,在句法形式和句法意义上必然具有不同于其他动宾结构的独特特征。

我们以现当代小说、剧本为语料来源,建立了一个 80 万字左右的文本语料库,对这些文本进行了逐字逐句的鉴别、分析,收集到"动词＋非核心论元宾语"有效语例共计 628 频次。尽管不同语义类型的非核心论元宾语在自建语料库中出现的频次并不均衡,但是不同语义类型的非核心论元宾语在我们的文本库中都有语例出现。

[处所宾语]

(1) 胖洪:(拿着报纸冲进来)小毛登报纸了！小毛登报纸了！

(2) 康伟业、段莉娜不得不经常地去挤公共汽车,去医院看病要排队花钱,还受气。

(3) "瞧过三个医院,都没有病。"

[材料宾语]

(4) 阳光在那上面也显得浓烈,照得红砖墙、红油漆门窗和阳台栏杆处处颜色饱和,人脸也像画了油彩。

(5) 像前几天来工地要账的韩胜利一样,头上缠着绷带,外边戴一冒牌棒球帽。

(6) 她还往石榴树上糊了一层白纸,让树干与墙皮保持近似的颜色。

[方式宾语]

(7) 原先并不以王琦瑶为然的人,这回服气了,倒是原先肯定王琦瑶的,现在反有些不服,存心要唱对台戏的。

(8) 接着她发现方枪枪一直站着丁字步,姿态几乎和他对面的陈南燕如出一辙。

(9) 我抖得像个桑巴舞女演员,牙齿为周身韵律打着节拍。

[工具宾语]

(10) 夏东海:好好洗洗,打点儿肥皂,脏的。

(11) "别说你了,有时我都想再干两件漂亮活儿。"铁梨花抽着烟袋说道。

(12) 她的心本来是高的,只是受了现实的限制,她不得不时时泼自己的冷水。

[依凭宾语]

(13) 好在吴佩珍是压得起的,她的人生任务不如王琦瑶来的重,有一点吃老本,也有一点不计较,本是一身轻,也是为王琦瑶分担的意思。

(14) "一个家庭有一个吃皇粮的就不怕了。你说是不是?"

[原因宾语]

(15) 他回肠荡气地笑了几声,说:"女人哭嫁呗,算啥新鲜事?爹妈养一场,那可得哭哭!……"

(16) 姚明:还是应该说一些感谢的话,那次电话我跟李指导沟通很久。当时,我还在美国养脚伤,他是因为肝炎住院了。

(17) 他自觉这种惺忪迷念的心绪,完全像填词里所写幽闺伤春的情境。

[目的宾语]

(18) 瘸腿兵真要露出丘八本色了:"你这是骗钱不是?老子们打日本小鬼子,脑袋没丢丢了胳膊腿,到了后方你还敢榨我们拿命换的几个钱?"

(19) "妈总想盘个店面过来,开个木器行,妈帮你照应,你只管做活。看见合适的人家,给你说个媳妇……"

(20) 主持人:怎么突然想起来考电影学院呢?

[时间宾语]

(21) 张树过满月那天,张大民做了一锅卤,请全家吃了一顿捞面条。

(22) 女生吃着吃着面条,又哭了:"沈老师,刚才在上铺,我背着您给她们发了一封短信,说您查夜来了。"

(23) 就是坐月子的时候尽可能地喝汤少吃主食,然后等到月子过后慢慢的,反正那个小孩嘛,他那个量大了,慢慢你自己也会开始瘦下来的。

[范围宾语]

(24) 张大民跪在床脚,像急等着跑百米,又像刚刚跑完了马拉松,百感交集,眼神儿像做梦一样。

(25) 云芳,我帮你算一笔账,你不吃饭,每天可以省3块钱,现在你已经省了9块钱了。

(26) 我的童年比较凄惨,我爹信奉不打不成才,想赖床,打;竟敢考第二,打;钢琴考级前曲子弹不顺,打。

虽然我们搜集到的语料中非核心论元宾语的语义类型丰富,但这些不同语义类型的非核心论元宾语出现频次并不均衡,有些类型之间差距极大。其中以处所宾语出现频次最高,依凭宾语出现频次最低。根据收集到的语料,我们将各类型非核心论元宾语的出现频次分类统计,如表4.1所示。

表4.1 基于自建语料库的不同语义类型非核心论元宾语出现频次统计表

语义类型	处所宾语	材料宾语	方式宾语	工具宾语	依凭宾语	原因宾语	目的宾语	范围宾语	时间宾语	合计
数量	219	37	76	126	2	46	97	12	13	628
占比	35%	5.9%	12.1%	20%	0.3%	7.3%	15.4%	1.9%	2.1%	100%

这些"动词+非核心论元宾语"语例中有一些在文本中以完全相同的动宾原式[①]重复出现了多次,有的以"动词+宾语的扩展式"出现,但从动宾组合来看,仍然应该视为相同的"动词+非核心论元宾语"结构,例如:

(27) 我们建议他留院观察,如果情况没有恶化就出院,如果恶化就开刀。

(28) 大师兄说:"对不起。我错怪你了。不过,我依旧觉得,她没必要开这一刀。"

(29) 现在大家都想搞临床,成为"一把刀"。我是开了一辈子刀的人,对肝癌病人也只能是开一个救活一个。

(30) 那家医院的医生,对待病患的处理也不能说是错误,因为他短期内的确缓解了病人的痛苦,虽然还有开第二刀的可能。

以上例子中后三例虽然宾语有不同程度的扩展,但从动宾结构来看,仍然都是动作动词"开"和宾语"刀"组合而成的动宾结构,名词性论元"刀"表示动作所使用的工具,所以它们都是相同的动宾组合。

某些"动词+非核心论元宾语"实体构式由于话语重复等多种原因,在我们统计的文本中出现的次数非常之多,我们认为这样不能反映各种类型构式在语言使用中真实的分布情况,因此,又对所有的语料进行鉴别、整理,将动宾结构相

---

① 这里的"动宾原式"是指该动宾结构只由动词和没有扩展的宾语构成,如"吃食堂""洗淋浴"等。

同的语料仅取一例保留,统计出不同类型的非核心论元宾语单例数量如表 4.2 所示。

表 4.2　基于自建语料库的不同语义类型非核心论元宾语单例统计表

语义类型	处所宾语	材料宾语	方式宾语	工具宾语	依凭宾语	原因宾语	目的宾语	范围宾语	时间宾语	合计
数量	152	28	63	63	2	22	77	9	12	428
占比	35.5%	6.5%	14.8%	14.8%	0.5%	5%	18%	2.1%	2.8%	100%

可以看到,在排除掉含有相同动宾结构以及含有相同动宾结构扩展形式的重复语料以后,从各类型非核心论元宾语单例统计的数量来看,有效语料数量最多的依然是处所宾语,其次是目的宾语,再次是工具宾语和方式宾语,其后分别是材料宾语、原因宾语、时间宾语、范围宾语,数量最少的依然是依凭宾语。

4.1　"动词+非核心论元宾语"构式中动词的句法语义特点

我们以自建语料库为基础,对"动词+非核心论元宾语"构式及构件进行了观察。通过语料和数量分析,我们发现在"动词+非核心论元宾语"构式中,动词在句法、语义上有如下一些特征。

4.1.1　动词多为单音节动作动词

动词的音节数对动词带宾语的能力以及动词带何种类型的宾语有着重要影响,甚至有些时候决定着动词能否带宾语。比如,单音节动词"跑"和双音节动词"奔跑"意思完全相同,但它们带宾语的能力却完全不一样。

跑:[同源]跑步
　　[施事]跑了几个犯人　　跑了只兔子
　　[处所]跑外圈　　跑码头　　跑船
　　[结果]跑了第一名　　跑了个冠军
　　[致使]跑马　　跑骆驼
　　[方式]跑马拉松　　跑接力　　跑单帮
　　[目的]跑贷款　　跑名额　　跑选票　　跑买卖
奔跑:[同源]*奔跑步
　　　[施事]*奔跑了几个犯人 *奔跑了只兔子

[处所]*奔跑外圈　　*奔跑码头　　*奔跑船
[结果]*奔跑了第一名　*奔跑了个冠军
[致使]*奔跑马　　*奔跑骆驼
[方式]*奔跑马拉松　　*奔跑接力　　*奔跑单帮
[目的]*奔跑贷款　　*奔跑名额　　*奔跑选票　*奔跑买卖

单音节动词"跑"能带多种语义类型的宾语,而双音节动词"奔跑"却不能带任何类型的宾语。这两个动词从词性、词义上看完全是相同的,而带宾语的能力却如此不同,正是受到了音节数的影响。

又如,单音节动词"唱"和双音节动词"歌唱"意思基本相同,但这两个动词带宾语的能力却完全不一样。

唱:[同源]唱歌
　　[受事]唱《小星星》
　　[方式]唱美声　唱二重唱　唱咏叹调
　　[处所]唱堂会　唱酒吧

歌唱:[同源]*歌唱歌
　　　[受事]*歌唱《小星星》
　　　[方式]*歌唱美声　*歌唱二重唱　*歌唱咏叹调
　　　[处所]*歌唱堂会
　　　[目的]歌唱祖国　歌唱她失去的爱情

可以看到,单音节动词"唱"和双音节动词"歌唱"都有带宾语的能力,但两者可以搭配的宾语类型和宾语类型的数量却完全不同。那么,动词和非核心论元宾语搭配时,会不会也受到动词音节数的影响呢?我们对自建语料库中所有"动词+非核心论元宾语"结构中动词的音节数进行了分类和统计,得到的数据如表4.3所示。

表4.3　基于自建语料库的"动词+非核心论元宾语"构式动词音节数分类统计

语义类型	处所宾语	材料宾语	方式宾语	工具宾语	依凭宾语	原因宾语	目的宾语	范围宾语	时间宾语	合计	占比
单音节	137	28	63	63	2	22	65	9	12	401	94%
双音节	15	0	0	0	0	0	12	0	0	27	6%
合计	152	28	63	63	2	22	77	9	12	428	100%

我们又将所有"动词+非核心论元宾语"实体构式综合在一起进行统计,得到动词的单双音节数总量如表4.4所示。

表 4.4　基于自建语料库的"动词+非核心论元宾语"构式动词音节数总量统计

"动词+非核心论元宾语"	单音节动词+非核心论元宾语	双音节动词+非核心论元宾语
数量	401	27
占比	94%	6%

通过数据可以看出,在我们收集的"动词+非核心论元宾语"结构中,不同语义类型的实例构式都以单音节动词为主。材料、方式、工具、依凭、原因、范围、时间这七类"动词+非核心论元宾语"结构都未见有"双音节动词+非核心论元宾语"的语例。只有处所宾语 152 条语料中有 15 条、目的宾语 77 条语料中有 12 条。例如:

[**处所宾语**]

(31) 近日,许久未亮相的万科主席王石现身广深区域媒体见面会。

(32) 大学毕业,十年还没混出个模样,十年跳槽十七个公司。

[**目的宾语**]

(33) 刘星:什么叫欲擒故纵啊？哼哼！他们肯定在屋里商量对策呢！嗯？你不会打退堂鼓吧？

(34) 和平:他能轻省得了吗？归置屋子、打扫卫生全归他啦。

从古代汉语到现代汉语,汉语词汇的发展一直呈现出双音节化的趋势。相比较单音节词语,双音节词语的发展趋势其实是对单音节词语多项词义的分流与细化。比如,在《现代汉语词典》中,单音节词"编"有九个义项:①把细长条状的东西交叉组织起来;②把分散的事物按照一定的条理组织起来或按照一定的顺序排列起来;③编辑;④创作(歌词、剧本等);⑤捏造;⑥成本的书(多用于书名);⑦书籍按内容划分的单位,大于"章";⑧编制;⑨姓。双音节化的词语通过前后两个词素义项的叠加限定,实现了多个义项的分流,词义变得单一和狭窄起来。如"编织"只有①的意思,"编排"只有②的意思,"编辑"只有③的意思,"编写"只有④的意思,"编造"只有⑤的意思。双音节词词义的单一化使得与之能搭配的名词也随之减少,单音节动词则因其词义的多样性、包容性以及高容纳度而能与较多种类语义角色的词语搭配,因此在"动词+非核心论元宾语"结构中动词通常为单音节动词。

从韵律的角度上看,"动词+非核心论元宾语"的基式通常表现为"1+2"的韵律形式。冯胜利曾经提出,"一般而言,2+1 是构词形式,而 1+2 则是造语形式",并提出了"右向构词,左向造语"的重要观点。"动词+非核心论元宾语"的结构为典型的动宾短语,且极具类推性,正符合"1+2"的音步"左向造语"的规律,因此"单音节动词+双音节宾语"也更符合汉语的韵律要求。

动词按意义及功能来分,可以分为动作动词、心理动词、存现动词、判断动词、能愿动词和趋向动词六类。每种类型的动词能带名词宾语的能力是不一样的,如能愿动词后面通常只能是动词,表示做某事的能力、意愿或可能性;而判断动词"是"的后面虽然常常是名词性成分,但它们不是动作的受事,也不是对动作的说明,而是对主语的说明。我们仍然以自建语料库为语料来源,对收集到的所有"动词+非核心论元宾语"结构中的动词类型进行了分类统计,得到的数据如表 4.5 所示。

表 4.5　基于自建语料库中"动词+非核心论元宾语"构式动词类型的分布

动词语义类型	动作动词	心理动词	存现动词	趋向动词	能愿动词	判断动词	总计
数量	410	0	4	14	0	0	428
占比	95.8%	0	0.9%	3.3%	0	0	100%

动作动词在总计 428 条的语料中占 410 条,占比高达 95.8%,具有绝对优势。趋向动词和存现动词虽然也有语例,但数量都极少,分别只占 3.3% 和 0.9%。动作动词表示具体动作,一个动作常常会涉及许多不同的方面:动作的施事、受事;动作所采用的工具、材料、方式;动作发生的原因以及意图达到的目的乃至动作关涉的时间、处所等。在具体的语境中,受某种语用因素的驱动,非核心论元有可能占据核心论元的位置,成为非核心论元宾语。可以看到,动作动词丰富的论元结构是非核心论元实现为宾语的前提条件。

心理动词(如"喜欢""讨厌""爱""怕""厌恶"等)虽然可以带名词性宾语,但这些宾语通常为对象类客体宾语,都是核心论元宾语。能愿动词不能直接带名词性成分,只能是述谓动词。判断动词"是"后虽然可以带名词性成分,但其句法功能却不是受动词支配的宾语。因此,这几类动词类型几乎都不能带非核心论元宾语。其他类型的动词(如趋向动词、存现动词等)从语义内容上来看,几乎不直接涉及动作的工具、材料、方式等,从论元类型上来说,它们关涉的论元类型极其有限,因此,动作动词比其他类型的动词更具有带非核心论元宾语的能力和潜质。

4.1.2　动词多为及物动词和非作格动词

一般来说,及物动词是最典型的带宾动词。施事通过动作作用于受事,使受事发生某种程度的改变。施受关系是及物框架所表达的基本语义关系,动宾关系则是及物关系的句法体现。受事宾语是最典型的宾语,是动词的核心论元。然而从事实来看,汉语中不仅受事在句法上能实现为宾语,其他各种语义类型的论元也都能实现为宾语。孙天琦指出,"一种语言的宾语能包容的语义角色越多,说明其及物性的透明度越低"①。汉语是一种及物性透明度相当低的语言。亢世勇曾经对《现代汉语词典》《汉语动词用法词典》进行了穷尽式作业,考察了现代汉语中1 268个常用动词的2 109个义项后发现,能带名词宾语的动词有1 943个,占97.54%;能自由带宾语的动词有1 992个,占94.44%;而不能带宾语的动词有105个,仅占4.98%。"可见,现代汉语常用动词能带宾语的占绝对多数,是不带宾语动词的19倍,是有条件带宾语动词的153倍。"②虽然文章只是从宾语的角度来观察汉语中带宾动词的比例,但是从高达97.54%的比例来看,我们可以确认汉语中不仅及物动词能带宾语,不及物动词同样也能带宾语。动词"落""睡""走"都是不及物动词,动作没有直接作用和影响的对象,后面不带受事宾语。汉语中,它们虽然不能带受事宾语,但却可以带非核心论元宾语,而且这样的动宾组合非常常见、普遍。

(35) 一直等老蔺头上脸上出了汗,两盘肉落了肚,放下筷子,抽烟休息;严格才试探着问:"这两天忙吗?"

(36) 春生:醒得早,这是多年养成的习惯,这也是坚持长期睡水泥管子练出来的。

(37) 鲁豫:内心是很矛盾的,一开始会觉得那还挺好的,就当别人呼喊着那个人的名字,像你跟别人说以前走红毯,人家会喊谁谁谁的名字,可能内心会有小羡慕或者失落。

Perlmutter曾经把不及物动词按其特征的不同分为非宾格动词(unaccusative verbs)和非作格动词(unergative verbs)两类。非宾格动词是无意愿控制动作的动词,如"王冕三岁时死了父亲""家里来了两个客人""河里昨晚沉了一艘船",这类句子多表示非自主控制的情况变化,动词为非宾格动词。非作格动词则是有意愿控制动作的动词,如"监狱里跑了几个犯人""孩子们哭了一大片",其中"跑"和"哭"都是不及物动词,它们是有意愿控制动作的动词,为非作格动词。以这个分类为标准,我们对自建语料库中的动词性质进行了观察和鉴别,并进行

---

① 孙天琦.现代汉语宾语选择问题研究述评[J].汉语学习,2011(3):71-81.
② 亢世勇.现代汉语谓宾动词分类统计研究[J].辽宁师范大学学报(社会科学版),1998(1):37-40.

计量统计,如表 4.6 所示。

表 4.6　自建语料库中"动词+非核心论元宾语"构式动词性质的计量统计

	处所宾语	材料宾语	方式宾语	工具宾语	依凭宾语	原因宾语	目的宾语	范围宾语	时间宾语	总计	占比
及物动词	51	28	54	58	2	9	58	8	4	272	64%
语例	学表演系	画油彩	罚站	打扇子	吃老本	催钱	骗钱	罚一杯	查夜		
非作格动词	93	0	9	5	0	11	19	1	7	145	34%
语例	跑堂儿		站丁字步	跑腿		哭嫁	闹独立	跑百米	过满月		
非宾格动词	8	0	0	0	0	2	0	0	1	11	2%
语例	落地					脱水		省3块钱	熬夜		

在我们收集到的共计 428 条语料中,"及物动词+非核心论元宾语"共计 272 条,占总量的 64%;"非作格动词+非核心论元宾语"共计 145 条,占比 34%。这两类结构共计占比高达 98%。而"非宾格动词+非核心论元宾语"语例 11 条,仅占 2%。

从一定程度上说,动词的句法结构是动词论元结构在句法上的投射。及物动词的词汇论元结构在句法上投射出主宾语的论元位置,宾语的句法位置本身就是存在的。非核心论元受语用驱动,占据核心论元宾语的位置,原来的客体宾语被挤压出表层结构,或者无法与非核心论元宾语共现,如我们可以说"吃食堂",却不能说"吃饭食堂";或者只能话题化,如"西瓜切大刀"。从论元结构和数量上说,及物动词宾语的语法位置本身就是存在的,非核心论元宾语只是论元的占位,论元数量没有增加。不及物动词的论元结构只包含施事或主事,并没有在宾语位置上投射出一个论元位置。非作格动词在深层结构上只有主语,没有宾语;非宾格动词在深层结构上只有宾语,没有主语。因此,由于深层结构上宾语的存在,非宾格动词很难再给一个宾语成分赋格。相反地,非作格动词只有一个域外论元,在深层结构上只有主语,没有宾语,就可能把宾格赋给其他论元。

4.2 "动词+非核心论元宾语"构式中宾语的句法语义特点

4.2.1 非核心论元宾语的受事性强弱

根据典型范畴理论的观点,对及物动词来说,原型施事和原型受事是两个最基本的论元角色。原型施事具有施事的全部典型特征,原型受事具有受事的全部典型特征。两者分别构成论元角色的两端,而其他的论元角色有的具有施事特点多一些,就比较靠近原型施事;有的具有受事特点多一些,就比较靠近原型受事。它们由此形成一个施受关系的连续统。在句法上,原型施事投射到主语位置,原型受事投射到宾语位置。陈平曾经对主题、主语和宾语这三种句子成分与语义角色的配位原则进行过观察和研究,并提出了一条充任主语和宾语的语义角色的优先序列:施事>感事>工具>系事>地点>对象>受事。越靠左边的语义角色越优先实现为主语,与之相反的是,越靠右边的语义角色越优先实现为宾语。从序列中我们可以看到:语义角色的施事性越强,越倾向于成为主语;语义角色的受事性越强,越倾向于成为宾语。从两端向中间,无论是施事性还是受事性都在减弱,充当主语或宾语的倾向性也在减弱,因此在配位上表现出相当的灵活性。

陈平的研究主要是考察了不同语义角色在主题和主宾语位置上的配位。他所构拟出的序列为我们观察非核心论元宾语的受事性强弱提供了参考,但这个序列不仅包括了非核心论元,也包括了核心论元,我们更关心的是在"动词+非核心论元宾语"结构中,原本应该进入状语位置的非核心论元占据宾语位置,受句法位置的影响和浸染,它们都不可避免地具有了不同程度的受事性,但是它们受事性的强弱是否一致呢?我们知道"把"字句的介词宾语通常是最典型的受事宾语,因此我们以"把"字句为例,先拿处所宾语和材料宾语试着两相比较。

[处所宾语]

蹲大狱	*把大狱蹲了
吃馆子	*把馆子吃了
睡里屋	*把里屋睡了

[材料宾语]

| 打蜡 | 把蜡打了 |
| 糊白纸 | 把白纸糊了 |

抹药水　　把药水抹了

"把"字句的介词宾语表示动作处置的对象,具有极强的受事性。在以上非核心论元宾语向"把"字句介词宾语的转换中,处所宾语和材料宾语表现出不同的受事性强弱,因此可以推测不同语义类型的非核心论元宾语在受事性上必然存在着强弱之分。受事性的强弱影响着宾语的可扩展度以及句型之间的变换,因此我们认为,有必要对不同类型的非核心论元宾语进行受事性强弱的观察和检验。

汉语的语法研究一直强调,语义分析必须有形式上的验证。任何语义上的差别都应该能在语法形式上找到相关证据,因此我们希望从形式上去验证非核心论元宾语受事性强弱的不同。袁毓林曾提出判断宾语受事性的一系列语法标准,总共有以下八点:

a. 作基础句的宾语,作双宾语句中的远宾语。

b. 作"把"等介词的宾语,不作"为、对、给、向、替"等介词的宾语。

c. 作"被"字句的主语。

d. 作"V(一)V""V(了)V"等重叠形式的宾语。

e. 作"不 VP"和"没有 VP"等否定形式的宾语。

f. 不作基础句的主语,即由它造成的述宾结构不能转换为相应的主谓结构。

g. 作动词的宾语时,可以左向出位而成为话题,原来的位置上可以是空位,留下的空位也可由续指代词"他"等形式填充;作介词"把"的宾语时,可以左向出位而成为话题,原来的位置上不可以是空位,这个空位必须用续指代词"他"等形式填充。

h. 不作"V-成"一类复合动词的宾语。

宾语满足这些语法指标越多,其受事性越强;满足的语法指标越少,其受事性越弱。运用这八项指标对不同语义角色的宾语进行受事性强弱的检测。以下语例中,合乎指标用"+"表示,记为 1 分;勉强合乎指标,介于合乎与不合乎之间用"○"表示,记为 0.5 分;不合乎指标用"-"表示,不计分。8 条标准总分共计 8 分,按各类型非核心论元宾语的测试得分算出受事性强度百分比。由于即使论元角色相同的宾语仍然存在细微的语义差别,为了达到检测的客观性和准确性,将每个类别选用 3 条语例进行测试,将所测数值平均后作为该种类型宾语的代表数值,并将其与其他类型宾语进行受事性强弱的最终对比。为了减少其他句法成分的干扰和影响,我们采用了没有任何扩展的、最基本的主谓宾句式。

第四章 "动词+非核心论元宾语"构式的句法语义特点

[处所宾语](表 4.7)

(38) 我睡下铺。

a. 我睡他下铺①。(○)　b. *我把下铺睡了。(—)　c. *下铺被我睡了。(—)

d. ? 我睡一睡下铺。　? 我睡了睡下铺。(○)

e. 我不睡下铺。　　我没有睡下铺。(+)

f. *下铺睡。(+)　　g. 下铺我睡了。　　*下铺我把它睡了。(—)

h. *我睡成下铺。(+)

(39) 我教大学。

a. 我教他大学。(○)　b. *我把大学教了。(—)　c. *大学被我教了。(—)

d. 我教一教大学。　我教了教大学。(○)

e. 我不教大学。　　我没有教大学。(+)

f. *大学教。(+)　　g. *大学我教了。　　*大学我把它教了。(—)

h. *我教成大学。(+)

(40)（这些钱）我存银行。

a. 我存他银行。(—)　b. *我把银行存了。(—)　c. *银行被我存了。(—)

d. *我存一存银行。　我存了存银行。(—)

e. (这些钱)我不存银行。　(这些钱)我没有存银行(+)

f. *银行存。(+)　　g. *银行我存了。　　银行我把它存了。(—)

h. *我存成银行。(+)

表 4.7　处所宾语受事性强弱量化表

处所宾语	合乎语法指标	勉强合乎语法指标	总计
睡下铺	3	1	4
教大学	3	1	4
存银行	3	0	3
平均值	3	0.7	3.7

[方式宾语](表 4.8)

(41) 他寄平信。

a. *他寄我平信。(—)　b. *他把平信寄了。(—)　c. *平信被他寄了。(—)

---

① 如果"我睡他下铺"中"他"和"下铺"是"他的下铺"之省略,两者为定中结构,则本句成立。但这里考察的是双宾语句,所以只能视为有条件成立。

"动词+非核心论元宾语"构式的句法语义研究

d. *他寄一寄平信。　　*他寄了寄平信。（一）

e. 他不寄平信。　　他没有寄平信。（＋）

f. *平信寄。（＋）　　g. *平信他寄了。　　*平信他把它寄了。（一）

h. *他寄成平信。（＋）

(42) 他读自费。

a. *他读他自费。（一）　b. *他把自费读了。（一）　c. *自费被他读了。（一）

d. *他读一读自费。　　他读了读自费。（一）

e. 他不读自费。　　他没有读自费。（＋）

f. *自费读①。（＋）　　g. *自费他读了。　　自费他把它读了。（一）

h. *他读成自费。（＋）

(43) 他存活期。

a. *他存我们活期。（一）　　b. *他把活期存了。（一）

c. *活期被他存了。（一）

d. *他存一存活期。　　他存了存活期。（一）

e. 他不存活期。　　他没有存活期。（＋）

f. *活期存（＋）　　g. *活期他存了。　　活期他把它存了。（一）

h. ?他存成活期。（○）

表4.8　方式宾语受事性强弱量化表

方式宾语	合乎语法指标	勉强合乎语法指标	总计
寄平信	3	0	3
读自费	3	0	3
存活期	2	0.5	2.5
平均值	2.7	0.2	2.9

[时间宾语]（表4.9）

(44) 他休礼拜三。

a. *他休我礼拜三。（一）　b. *他把礼拜三休了。（一）

c. *礼拜三被他休了。（一）

d. *他休一休礼拜三。　　*他休了休礼拜三。（一）

e. 他不休礼拜三。　　他没有休礼拜三。（＋）

---

① "自费读"如果是状中结构，则说法成立，如"他自费读了大学。"但按袁毓林提出的语法指标，是将动宾结构转换成主谓结构进行。"自费读"作主谓结构无法成立。

f. ？礼拜三休。（○）

g. 礼拜三他休了。　　礼拜三他把它休了。（—）

h. ？他休成礼拜三。（○）

(45) 我踢上半场。

a. *我踢你上半场。（—）　　b. *我把上半场踢了。（—）

c. *上半场被我踢了。（—）

d. ？我踢一踢上半场。　　？我踢了踢上半场。（○）

e. 我不踢上半场。　　我没有踢上半场。（＋）

f. ？上半场踢。（○）

g. 上半场他踢了。　　上半场他把它踢了。（—）

h. *他踢成上半场。（＋）

(46) 我们游早场。

a. *我们游他早场（—）　　b. *我们把早场游了。（—）

c. *早场被我们游了。（—）

d. ？我们游一游早场。　　我们游了游早场。（○）

e. 我们不游早场。　　我们没有游早场。（＋）

f. *早场游。（—）

g. *早场我们游了。　　早场我们把它游了（—）

h. *我们游成早场。（＋）

表 4.9　时间宾语受事性强弱量化表

时间宾语	合乎语法指标	勉强合乎语法指标	总计
休礼拜三	1	1	2
踢上半场	2	1	3
游早场	2	0.5	2.5
平均值	1.7	0.8	2.5

[工具宾语]（表 4.10）

(47) 他听耳机。

a. *他听他耳机（—）　　b. *他把耳机听了。（—）

c. *耳机被他听了。（—）

d. 他听一听耳机。　　他听了听耳机。（＋）

e. 他不听耳机。　　他没有听耳机。（＋）

f. *耳机听。（+）　　g. *耳机被他听了。　　耳机他把它听了。（—）

h. *他听成耳机。（+）

(48) 我们聊QQ。

a. *我们聊他QQ。（—）　　b. *我们把QQ聊了。（—）

c. *QQ被我们聊了。（—）

d. 我们聊一聊QQ。　　我们聊了聊QQ。（+）

e. 我们不聊QQ。　　我们没有聊QQ。（+）

f. *QQ聊。（+）　　g. *QQ我们聊了。　　*QQ我们把它聊了。（—）

h. *我们聊成QQ。（+）

(49) 我切大刀。

a. *我切他大刀。（—）　　b. 我把大刀切了。（—）

c. 大刀被我切了。（—）

d. 我切一切大刀。　　我切了切大刀。（+）

e. 我不切大刀。　　我没有切大刀。（+）

f. ?大刀切。（○）　　g. *大刀我切了。　　*大刀我把它切了。（—）

h. *我切成大刀。（+）

表4.10　工具宾语受事性强弱量化表

工具宾语	合乎语法指标	勉强合乎语法指标	总计
听耳机	4	0	4
聊QQ	4	0	4
切大刀	3	0.5	3.5
平均值	3.7	0.2	3.9

[材料宾语]（表4.11）

(50) 妈妈织毛线。

a. *妈妈织他毛线。（—）　　b. 妈妈把毛线织了。（+）

c. 毛线被妈妈织了。（+）

d. ?妈妈织一织毛线。　　?妈妈织了织毛线。（○）

e. 妈妈不织毛线。　　妈妈没有织毛线。（+）

f. *毛线织。（+）　　g. 毛线妈妈织了。　　毛线妈妈把它织了。（+）

h. *妈妈织成毛线。（+）

(51) 我们包韭菜馅儿。

a. *我们包他韭菜馅儿。（—）　　b. 我们把韭菜馅儿包了。（+）

c. 韭菜馅儿被我们包了。（+）

d. ?我们包一包韭菜馅儿。　　?我们包了包韭菜馅儿。（○）

e. 我们不包韭菜馅儿。　　我们没有包韭菜馅儿。（+）

f. *韭菜馅儿包。（+）

g. 韭菜馅儿我们包了。　　韭菜馅儿我们把它包了。（+）

h. *我们包成韭菜馅儿。（+）

(52) 妈妈搽药水。

a. *妈妈搽我药水。（—）　　b. 妈妈把药水搽了。（+）

c. 药水被妈妈搽了。（+）

d. 妈妈搽一搽药水。　妈妈搽了搽药水。（+）

e. 妈妈不搽药水。　　妈妈没有搽药水。（+）

f. *药水搽。（+）　　g. 药水妈妈搽了。　　药水妈妈把它搽了。（+）

h. *妈妈搽成药水。（+）

表4.11　材料宾语受事性强弱量化表

材料宾语	合乎语法指标	勉强合乎语法指标	合计
织毛线	6	0.5	6.5
包韭菜馅儿	6	0.5	6.5
搽药水	7	0	7
平均值	6.3	0.3	6.6

[范围宾语]（表4.12）

(53)（苹果）他卖三块钱①。

a. 他卖我三块钱。（+）　　b. *他把三块钱卖了。（—）

c. *三块钱被他卖了。（—）

d. *他卖一卖三块钱。　　*他卖了卖三块钱。（—）

e. 他不卖三块钱。　　他没有卖三块钱。（+）

f. *三块钱卖。（+）　　g. *三块钱他卖了。　　*三块钱他把它卖了。（—）

h. *他卖成三块钱。（+）

---

① 此条没有采用"苹果卖三块钱"的语例，主要考虑到"苹果卖三块钱"为受事主语句。为了尽量避免不同句式对语义影响带来的测试偏差，本书采用"（苹果）他卖三块钱"作为语例与其他句子进行比较。

(54) 他跑二十公里。

a. *他跑了我二十公里。（—） b. *他把二十公里跑了。（—）

c. *二十公里被他跑了。（—）

d. *他跑一跑二十公里。 *他跑了跑二十公里。（—）

e. 他不跑二十公里。 他没有跑二十公里。（＋）

f. *二十公里跑。（＋）

g. 二十公里他跑了。 二十公里他把它跑了。（—）

h. *他跑成二十公里。（＋）

(55) 他步行八百米。

a. 他步行它八百米。（—） b. *他把八百米步行了。（—）

c. *八百米被他步行了。（—）

d. *他步一步行八百米。 他步了步行八百米。（—）

e. 他不步行八百米。 他没有步行八百米。（＋）

f. *八百米步行。（＋）

g. *八百米他步行了。 八百米他把它步行了。（—）

h. *他步行成八百米。（＋）

表 4.12　范围宾语受事性强弱量化表

范围宾语	合乎语法指标	勉强合乎语法指标	总计
卖三块钱	4	0	4
跑二十公里	3	0	3
步行八百米	3	0	3
平均值	3.3	0	3.3

[原因宾语]（表 4.13）

(56) 他躲债。

a. *他躲他债。（—） b. *他把债躲了。（—） c. *债被他躲了。（—）

d. ?他躲一躲债。 他躲了躲债。（○）

e. 他不躲债。 他没有躲债。（＋）

f. *债躲。（＋） g. *债他躲了。 *债他把它躲了。（—）

h. *他躲成债。（＋）

(57) 他养伤。

a. *他养他伤。（—） b. *他把伤养了。（—） c. *伤被他养了。（—）

d. 他养一养伤。　　他养了养伤。(＋)

e. 他不养伤。　　　他没有养伤。(＋)

f. *伤养。(＋)　　g. *伤他养了。　　　*伤他把它养了。(－)

h. *他养成伤。(＋)

(58) 新娘子哭嫁。

a. *新娘子哭他嫁。(－)　　b. *新娘子把嫁哭了。(－)

c. *嫁被新娘子哭了。(－)

d. 新娘子哭一哭嫁。　新娘子哭了哭嫁。(○)

e. 新娘子不哭嫁。　　新娘子没有哭嫁。(＋)

f. *嫁哭。(＋)　　g. *嫁新娘子哭了。　　　*嫁新娘子把它哭了。(－)

h. *新娘子哭成嫁。(＋)

表 4.13　原因宾语受事性强弱量化表

原因宾语	合乎语法指标	勉强合乎语法指标	总计
躲债	3	0.5	3.5
养伤	4	0	4
哭嫁	3	0.5	3.5
平均值	3.3	0.3	3.6

[目的宾语](表 4.14)

(59) 他(出去)躲清静。

a. *他(出去)躲他清静。(－)　　b. *他(出去)把清静躲了。(－)

c. *清静被他(出去)躲了。(－)

d. 他(出去)躲一躲清静。　他(出去)躲了躲清静。(＋)

e. 他不(出去)躲清静。　　他没有(出去)躲清静。(＋)

f. *清静躲。(＋)

g. *清静他(出去)躲了。　　　*清静他(出去)把它躲了。(－)

h. *他躲成清静。(＋)

(60) 我跑销售。

a. *我跑他销售。(－)　　b. *我把销售跑了。(－)

c. *销售被我跑了。(－)

d. 我跑一跑销售。　我跑了跑销售。(＋)

e. 我不跑销售。　　我没有跑销售。(＋)

f. *销售跑。（＋）　　g. *销售我跑了。　　　*销售我把它跑了。（－）

h. *我跑成销售。（＋）

(61) 他们求知识。

a. *他们求他知识。（－）　　　　b. *他们把知识求了。（－）

c. *知识被他们求了。（－）

d. *他们求一求知识。　*他们求了求知识。（－）

e. 他们不求知识。　　他们没有求知识。（○）

f. *知识求。（＋）　　g. *知识他们求了。　　　*知识他们把它求了。（－）

h. *他们求成知识。（＋）

表 4.14　目的宾语受事性强弱量化表

目的宾语	合乎语法指标	勉强合乎语法指标	总计
躲清静	4	0	4
跑销售	4	0	4
求知识	2	0.5	2.5
平均值	3.3	0.2	3.5

[依凭宾语]（表 4.15）

(62) 他吃利息。

a. *他吃它利息。（－）　　　　b. ? 他把利息吃了。（○）

c. ? 利息被他吃了。（○）

d. *他吃一吃利息。　*他吃了吃利息。（－）

e. 他不吃利息。　　他没有吃利息。（＋）

f. *利息吃。（＋）　　g. 利息他吃了。　　　利息他把它吃了。（－）

h. *他吃成利息。（＋）

(63) 他吃老本。

a. *他吃他老本。（－）　　　　b. ? 他把老本吃了。（○）

c. ? 老本被他吃了。（○）

d. *他吃一吃老本。　*他吃了吃老本。（－）

e. 他不吃老本。　　他没有吃老本。（＋）

f. *老本吃。（＋）　　g. *老本他吃了。　　　*老本他把它吃了。（－）

h. *他吃成老本。（＋）

(64) 他们吃公款。

a. *他们吃他公款。(—) b. ?他们把公款吃了。(○)

c. ?公款被他们吃了。(○)

d. *他们吃一吃公款。 *他们吃了吃公款。(—)

e. 他们不吃公款。 他们没有吃公款。(＋)

f. *公款吃。(○)

g. *公款他们吃了。 *公款他们把它吃了。(—)

h. *他们吃成公款。(＋)

表 4.15 依凭宾语受事性强弱量化表

依凭宾语	合乎语法指标	勉强合乎语法指标	总计
吃利息	3	1	4
吃老本	3	1	4
吃公款	2	1.5	3.5
平均值	2.7	1.1	3.8

我们把各组统计出的平均值作为各种宾语类型的参考数值,按 8 分为总分的标准换算成受事性强弱的百分比,再进行各项数据的对比,见表 4.16。

表 4.16 各类型非核心论元宾语受事性强弱程度表

宾语类型	合乎语法指标	勉强合乎语法指标	得分	受事性强弱百分比
材料宾语	6.3	0.3	6.6	82.5%
工具宾语	3.7	0.2	3.9	48.7%
依凭宾语	2.7	1.1	3.8	47.5%
处所宾语	3	0.7	3.7	46.2%
原因宾语	3.3	0.3	3.6	45%
目的宾语	3.3	0.2	3.5	43.7%
范围宾语	3.3	0	3.3	41.2%
方式宾语	2.7	0.2	2.9	36.3%
时间宾语	1.7	0.8	2.5	31.2%

从我们的统计来看,材料宾语合乎七项语法指标,数值最大,受事性最强。时间宾语表明动作发生的时间,为抽象概念,动作无法对其直接作用和影响,属于环境论元,数值最小,受事性最弱。按照我们测试所得的数据,我们可以按不同论元角色宾语的受事性强弱排序,如图 4.1 所示。

```
  +受事性                                          -受事性
◀─────────────────────────────────────────────────▶
材料宾语>工具宾语>依凭宾语>处所宾语>原因宾语>目的宾语>范围宾
语>方式宾语>时间宾语
```

图 4.1　不同论元宾语受事性强弱序列

从现实情况来看,"材料"虽然不是动作完成后实现的结果,但事实上却是"动作"直接作用和影响的对象,比如,"织毛线""编柳条""缝丝线"等。当动作发生时,"毛线""柳条""丝线"是动作"织""编""缝"直接接触并作用的对象,它们因为动作的发生而产生了形态、位置上的改变,因此材料论元受事性极高。时间论元表示动作发生的时间或关涉的时间,它们是外部环境方面的内容,本身也不具有客体性,是抽象意义的概念,不能成为动作作用或影响的对象,因此受事性极弱。材料宾语和时间宾语构成宾语受事强度连续统的两极,越往左受事性越强,客体性越强;越往右受事性越弱,抽象性越强。工具宾语、依凭宾语、处所宾语、原因宾语、目的宾语、范围宾语、方式宾语因受事性强弱的不同由强至弱分布在连续统的中间。宾语受事性强弱的不同对宾语的可扩展度有直接的影响。

4.2.2　非核心论元宾语的可扩展程度

我们在前文已经讨论过,"动词+非核心论元宾语"构式有[+强事件弱动作][+选择及排除]的构式义。构式中的动词虽然大都是动作动词,但从构式整体意义看,具体动作性弱,整体事态性强。动作并不表示某个特定时间里发生的某一次具体的行为,它所蕴含的"选择及排除"之义也不是针对某个具体的对象而言的,因此大部分非核心论元宾语并不指某个具体的事物或对象,而是某类事物或概念的抽象集合,通常具有类的意义。其类属意义强,而个体特征意义弱,因此在构式的很多实例中,我们发现宾语通常都是光杆名词。

(65) [处所]66 岁的主任医师郑志英,在<u>看门诊</u>的同时,还提着药箱上门为 7 名行动不便的老人看病。(CCL)

(66) [工具]本来是喜洋洋地去登记,事情办得也非常顺利,办事处的工作人员简直是毫不负责地扯了证、<u>盖了章</u>,连我们带去的各种手续都没仔细看一眼。

(67) [方式]这真里是有点做人的胆子的,是不怕丢脸的胆子,放着人不做却去做鬼的胆子,<u>唱反调</u>的胆子。这东方巴黎遍布远东的神奇传说,剥开壳看,

第四章 "动词+非核心论元宾语"构式的句法语义特点

其实就是流言的芯子。

(68)[原因]他回肠荡气地笑了几声,说:"女人<u>哭嫁</u>呗,算啥新鲜事?爹妈养一场,那可得哭哭!"……

(69)[时间]就是<u>坐月子</u>的时候尽可能地喝汤少吃主食,然后等到月子过后慢慢的,反正那个小孩嘛,他那个量大了,慢慢你自己也会开始瘦下来的。

(70)[目的]姆妈要她们嫁好人家,男先生策反她们<u>闹独立</u>,洋牧师煽动她们皈依主。

(71)[范围]辛楣嚷道:"岂有此理!说这种话非<u>罚一杯</u>不可!"

(72)[依凭]伍先生说:来的时候带了些钱,存在银行<u>吃利息</u>。香港人管这叫:吃"孤寒钱"。(CCL)

(73)[材料]他最擅长用外国话演说,响亮流利的美国话像天心里转滚的雷,<u>擦了油</u>,打上蜡,一滑就是半个上空。

沈家煊也曾经指出过句法组合中的光杆普通名词多数是通指性的,不指称个体事物,作宾语时尤其如此,例如:

(74)他不常抽<u>烟</u>。

(75)后面又来<u>车</u>了。

(76)人离不开<u>水</u>。

例(65)到例(73)这些例子中宾语都是光杆名词,它们都表示事物的类意义,并不表示具体的个体。它们都无法随意扩展,一旦在前面添加数量、指示、性状描写类成分,句法结构则不成立,或者语义内容发生改变。

[处所]看门诊——*看一个门诊　*看这个门诊　*看治病救人的门诊
[工具]盖章——盖一个章　?盖这个章　?盖结婚的章
[方式]唱反调——*唱一首反调　*唱这首反调　*唱令人讨厌的反调
[原因]哭嫁——*哭一个嫁　*哭那个嫁　*哭撕心裂肺的嫁
[时间]坐月子——*坐一个月子　*坐这个月子　*坐难熬的月子
[目的]闹独立——*闹一个独立　*闹这个独立　*闹激烈的独立
[范围]罚一杯——*罚一个一杯　*罚这个一杯　*罚不多的一杯
[依凭]吃利息——*吃一个利息　*吃这个利息　*吃增加的利息
[材料]擦油——　擦一种油　　擦这种油　　擦护肤的油

除材料宾语以外,以上非核心论元在添加上数量、指示、性状描写修饰限定成分后句法和语义基本都不成立。其中,"盖章"虽然可以扩展为"盖一个章",但这里宾语"章"已经发生了语法转喻。原来"盖章"中的"章"是工具论元,表示"用

087

图章盖",而"盖一个章"中的"章"则已经转指了"图章盖在纸上的印记",我们还可以说"盖两个章""盖几个章"等,此时它是结果论元,具有较强的受事性特征,因此它可以受数量结构的修饰。材料宾语本身就是动词直接作用和影响的对象,受事性最强、客体性最强,因此前面通常可以有数量、指示、描写性成分修饰限定。非核心论元宾语前极少能添加数量、指示、性状类修饰限定成分,正是因为表示类意义的宾语和表示有定或具体性状的修饰限定成分语义上不兼容,因此两者无法进行搭配组合。

另一方面,我们也注意到,宾语的可扩展性也是需要具体分析的。在某一些具体的语言环境中,宾语也可以进行有限的扩展。例如:

(77) 出了宿舍区,严守一小心地问:"费老,我们是<u>走激情的平安大道</u>,还是<u>走理性的四环路</u>?"

(78) 就这样,我<u>坐了三年的冷板凳</u>了,在公司已经被挤压的没有了呼吸的空间。(百度搜索)

(79) 由于社会需要不同层次的人才,我国大多数青年不可能也不需要都进入大学学习,所以不一定都上大学,<u>走这个"独木桥"</u>,而可以走通过职业教育、成人教育的成才之路。

从上面的三个例子,我们可以看到,宾语的扩展存在三种不同的情况:一是描写修饰性成分的添加;二是准定语的添加;三是虚指的定指成分的添加。

1. 描写修饰性成分的添加

这一类情况主要是通过对宾语添加描写修饰性成分从而实现对宾语语义内容的补充说明。这些描写修饰成分从形状、数量、情态、性质等多个方面大大扩充了宾语的语义内容。

(80) 张二民越来越古怪了,大脸浓妆艳抹,像<u>扑了三层没加水的淀粉</u>,眉毛又粗又黑,像两条毛毛虫,一犯犟毛毛虫就一耸一耸地动起来了。

(81) 而开了春的一天,徐孝甫带着凤儿乘了两站路火车,又<u>赶了十多里旱路</u>,说是要见一个老家开封来的乡亲。

(82) 或许她不该坐火车,还是像前一次寻找天赐时那样<u>走背静的路</u>为好。

2. 准定语的添加

朱德熙指出,述宾结构本身是不能再带宾语的,但是从意念上说,述宾结构可以有受事。要让受事出现在句子中,可以采用这样的办法:让受事作为准定语出现,如"说他的坏话"。在"动词+扩展的非核心论元宾语"结构中,我们发现有一类扩展的宾语,从语义上来说,宾语前添加的成分与宾语并没有直接的语义关

系,它们实际上是动词的补语成分,语义上指向动词。但从句法关系上看,它们却应该被分析为名词宾语的定语成分。例如:

(83) 可是李敬原仍然一见面就问:"坐了大半年的机关,习惯了吗?"(CCL)

(84) 舍儿在他大伯家养了几个月的病,对农村生活是了解的,所以开口就骂钱三文吹牛,老不死的是讨巧卖乖混饭吃!(CCL)

从语义指向来看,例(83)中"大半年"与"机关"并没有直接的语义关系,"大半年的机关"这样的定中结构在句法语义上也是不成立的。在深层语义上它指向动词"坐",表示动作持续的时间。但是从句法分析上来看,由于介词"的"的存在,"大半年的"被分析为名词宾语的修饰成分,与名词宾语构成定中结构,这个定中结构整体充当了动词"坐"的宾语。我们用层次分析法和语义指向分析法可以对其进行说明,如图 4.2 所示。

图 4.2 "坐了大半年的机关"句法层次分析和语义指向分析图

从语义指向上来看,例(84)中"几个月"和"病"虽然在事理逻辑上有一定的关联度,但是从句法上来看,"几个月的病"也不是完全合法的搭配。在语义指向上,"几个月"指向动词"养",表示"养(病)的时间长度"。在句法关系上,由于介词"的"的存在,"几个月"被分析为名词宾语"病"的定语成分,它们构成的定中结构充当"养"的宾语(图 4.3)。

图 4.3 "养了几个月的病"句法层次分析和语义指向分析图

3. 表虚指的定指成分的添加

有些时候非核心论元宾语前添加了"这个""这样"一类的指示代词。但是和真正的指示代词"这个"和"那个"相比,添加在非核心论元宾语前的这类指示代词的意义已经非常虚化,并不表示确定指示的事物。

(85) 谁来唱这个白脸?(百度搜索)

(86) 那时,唱出这样的反调,得有多大的胆识和大无畏的精神?(CCL)

张伯江、方梅在对"这""那"的研究中就曾经指出"这""那"存在着虚化的情况。在一些情况下,它们由原来的表示指示意义的"这/那"虚化成为定指标记、通指标记、无指标记和表性状程度的标记。我们认为,事实上"这个/那个"也存在同样的虚化情况。在例(85)和例(86)中,它们的意义已经比较虚化,并不特指某个具体的"白脸"和某个具体的"反调",在这里"这个"和"这样"是回指前文所提到的内容。例(85)中,上文提到的是面对常年不在一起生活因而不太听话的孩子,夫妻双方决定要一个扮演慈爱的角色,一个扮演严厉的角色,"这个白脸"正是回指上文中谁来扮演严厉角色的这部分内容。例(86)中,"这样"也是回指上文中某个人所作出的"离经叛道"的行为。

可以看到,在"动词+非核心论元宾语"构式中,添加在非核心论元前面的指示代词并不表示定指某个具体的事物,而是常常回指上文中所提到的事情或内容。这一点与我们前面所说的非核心论元宾语通常表示类意义不表示具体的事物是同一事实不同方面的表现。

另外,值得说明的是,有的时候,指示代词"这个"作为虚化的话语标记,在说话人思维和表达出现顿滞的时候起着延续话轮、使对话持续进行,避免表达中断和交际尴尬的作用,如例(79)中的"这个"。

我们认为,宾语的可扩展度与三个方面的因素密切相关,它们分别是构式的构式化程度、宾语的受事性强弱以及特殊的语用目的。

4.2.2.1 构式的构式化程度与宾语的可扩展度相关

前文我们已经论述过,"动词+非核心论元宾语"按构式化程度的高低可以分为三级。Ⅰ级构式构式化程度最高,如"坐冷板凳""吃小灶""唱白脸""跑龙套"等。这类构式在长期广泛、高频的使用中已经非常凝固,是一种介于词和语之间的结构。动词和宾语的结合非常紧密,两者无论在句法上还是语义上都已经高度融合。最重要的是这类构式已经产生了超越字面义之外的新构式义。Ⅱ级构式构式化程度中等,动宾之间常常成对、成块出现,两者之间结构稳定,但还没有产生新的构式义。Ⅲ级构式结构松散,动宾搭配比较随意、自由。"动词+非核心论元宾语"的可扩展程度与其构式化的程度呈现负相关的关系。构式化程度越高,构式的可扩展度越低;构式化程度越低,构式的可扩展度越高。

第四章 "动词+非核心论元宾语"构式的句法语义特点

(87) a. 第一场比赛后,所有的记者和媒体工作者都看见我<u>坐冷板凳</u>,镜头就再也不对准我了。

b. *第一场比赛后,所有的记者和媒体工作者都看见我坐了一个冷板凳,镜头就再也不对准我了。

c. *第一场比赛后,所有的记者和媒体工作者都看见我坐这个冷板凳,镜头就再也不对准我了。

d. *第一场比赛后,所有的记者和媒体工作者都看见我坐无人问津的冷板凳,镜头就再也不对准我了。

(88) a. 在农村工作中,他按规定可以享受<u>吃小灶</u>的待遇,但他仍和其他同志同吃同住。

b. *在农村工作中,他按规定可以享受吃一个小灶的待遇,但他仍和其他同志同吃同住。

c. *在农村工作中,他按规定可以享受吃那个小灶的待遇,但他仍和其他同志同吃同住。

d. *在农村工作中,他按规定可以享受吃领导干部的小灶的待遇,但他仍和其他同志同吃同住。

例(87)、例(88)两组中a句都是来自语料库的合法句子。"坐冷板凳""吃小灶"都是已经高度构式化的惯用习语,其内在含义不能通过字面义来推知,已经产生了超越字面义的构式义。例(87)、例(88)两组中b、c、d各句都对宾语进行了不同形式的扩展,但无一例外这些扩展后的句子都不成立。这正是因为Ⅰ级构式动词和宾语具有极强的凝固性,基本都已经凝固成了固定常用的惯用语结构,成为一个凝固的语块。动宾组合紧密,一般不能随意添加其他的成分。但另一方面,正如前文所述,在某些时候它们也可以进行有限的扩展,如在添加准定语的情况下,宾语可以实现一定的扩展。例(87)中,"坐冷板凳"可以扩展为"坐了三年的冷板凳"。

Ⅱ级"动词+非核心论元宾语"构式如"教大学""洗淋浴""读委培""吃食堂"等,构式中动词和宾语虽然没有凝固成惯用语,也没有产生新的构式义,但动词和宾语的组合特别稳定、常见。大部分情况下宾语也不能扩展。

(89) a. 五岁开始练毛笔字,十岁开始写千字文,每天全文写一遍,只写<u>楷书</u>,到三十五岁,共写了三十年楷书。

*b. 五岁开始练毛笔字,十岁开始写千字文,每天全文写一遍,只写一个楷书,到三十五岁,共写了三十年楷书。

091

? c. 五岁开始练毛笔字,十岁开始写千字文,每天全文写一遍,只写这个楷书,到三十五岁,共写了三十年楷书。

d. 五岁开始练毛笔字,十岁开始写千字文,每天全文写一遍,只写工整的楷书,到三十五岁,共写了三十年楷书。

(90) a. 胖洪:(拿着报纸冲进来)小毛登报纸了!小毛登报纸了!

b. *胖洪:(拿着报纸冲进来)小毛登一个报纸了!小毛登一个报纸了!

c. *胖洪:(拿着报纸冲进来)小毛登这家报纸了!小毛登这家报纸了!

d. *胖洪:(拿着报纸冲进来)小毛登最有知名度的报纸了!小毛登最有知名度的报纸了!

(91) a. 洗淋浴比盆浴用水少,擦肥皂时关上水龙头,冲洗时间也不要太长。

b. 洗一个淋浴比盆浴用水少,擦肥皂时关上水龙头,冲洗时间也不要太长。

c. *洗这个淋浴比盆浴用水少,擦肥皂时关上水龙头,冲洗时间也不要太长。

d. *洗舒服的淋浴比盆浴用水少,擦肥皂时关上水龙头,冲洗时间也不要太长。

例(89)到例(91)中,当我们对 a 句中的宾语进行扩展后,绝大部分仍然不成立。这一级构式动宾组合关系虽然较为松散,没有完全凝固,但两者之间的组合是高频出现的,两者之间的搭配、选限关系较为稳定。这类动宾组合之间虽然在具体语言环境下,可以添加一些成分,但也只能进行有限的扩展。

Ⅲ级"动词+非核心论元宾语"构式通常是在具体语境下出于具体表达需要而进行的动宾组配,这类动宾短语往往具有临时性、偶发性甚至一过性的特点。动宾之间的结合非常自由、松散,因此宾语常常可以进行一定程度比较自由的扩展。

(92) a. 我的课本包牛皮纸吧。

b. 我的课本包一张牛皮纸吧。

c. 我的课本包这张牛皮纸吧。

d. 我的课本包厚实点儿的牛皮纸吧。

(93) a. 这次从机场出来走了三环,仅用半个小时就到了。

b. ?这次从机场出来走了一条三环,仅用半个小时就到了。

c. 这次从机场出来走了那个三环,仅用半个小时就到了。

d. 这次从机场出来走了车少的三环,仅用半个小时就到了。

从以上两组例句中可以看到,Ⅲ级构式动宾之间的关系比较松散,宾语可以比较自由地受到数量、指示、性状类成分的修饰限定。

"动词＋非核心论元宾语"构式的构式化程度不同,动宾之间结构的紧密度便不同。Ⅰ级构式构式化程度最高,动宾组合从句法到语义都相当凝固,已经有新的构式义产生,因此宾语极少能进行扩展。Ⅱ级构式构式化程度比较高,动宾之间的选限关系比较稳定、常规,但两者之间的结构较Ⅰ级构式还是相对松散的,在具体的语境中某些宾语可以进行有限的扩展。Ⅲ级构式通常是在具体语义表达的环境下,动词和宾语进行的临时组配,动词和宾语的关系非常自由和松散,宾语可以进行比较自由的扩展。

4.2.2.2 宾语受事性强弱对宾语可扩展度的影响

不同语义类型的宾语受事性强弱存在不同。我们用袁毓林提出的八条检验宾语受事性的句法标准对这九种非核心论元宾语进行了检验,发现非核心论元宾语在受事性强弱上存在这样一个序列:

材料宾语＞工具宾语＞依凭宾语＞处所宾语＞原因宾语＞目的宾语＞范围宾语＞方式宾语＞时间宾语

在序列中,越往左的语义角色在宾语位置上受事性程度越高,越往右的语义角色在宾语位置上受事性程度越低。非核心论元宾语受事性越强,它的句法特点就越接近受事宾语。材料宾语受事性最强,因此它与受事宾语的句法特点最为相似。宾语可以自由扩展,可以受数量结构修饰恰恰是典型受事型宾语的普遍特征。宾语能否受到数量结构的限制修饰,关系到宾语的指称对象和其受事性质。材料宾语因为最接近受事宾语,因此在宾语的句法特点上表现出与受事宾语极为相同的特点。时间宾语受事性最弱,表示的是抽象范畴的概念,因此它与受事性宾语的句法特点差距最大。

宾语的受事性强弱直接影响着宾语的可扩展度。宾语受事性越强,其指称对象越具体、越客观,可以进行计量和修饰;宾语受事性越弱,其指称对象越抽象、越主观,通常难以计量和修饰。我们对不同语义类型的宾语进行了扩展,这些宾语表现出了不同的可扩展度。

[**材料宾语**]

(94) 医生给他包了纱布。

　　医生给他包了一块纱布。

　　医生给他包了这几块纱布。

　　医生给他包了好几层厚厚的纱布。

(95) 妈妈给我涂了药水。

妈妈给我涂了一点儿药水。

妈妈给我涂了这种药水。

妈妈给我涂了消毒止血的药水。

从上面的例子可以看到,材料宾语受事性很强,它们是受动作直接影响和作用的客体。指称对象通常为具体、客观的事物,这些事物有边界、可计量,因此通常可以受到数量结构和其他性状描写类成分的修饰和限定,可扩展度最高。

[工具宾语]

(96) 你要是再不听话,爸爸就要打板子了。

　　*你要是再不听话,爸爸就要打一个板子了。

　　*你要是再不听话,爸爸就要打这个板子了。

　　*你要是再不听话,爸爸就要打疼死人的板子了。

(97) 我要吃大碗。

　　*我要吃一个大碗。

　　我要吃那个大碗。

　　我要吃好看的大碗①。

　　我要吃这个好看的大碗。

工具宾语的受事性比较强,这和"工具"概念的客体性、事物性有关。但和材料宾语相比,它的抽象性意义稍强一些。这和"工具"的语义特点有一定的关系。杉村博文在其对"捆绳子"这类宾语的研究中发现,"典型的工具宾语含有方式要素,而方式是一种不可计数的抽象化范畴,因而从语义配合上说,工具宾语与数量成分是相斥的,两者不能在同一个结构中存共现是很自然的事情。不能加数量词语不是某些工具的特别之处,而是工具宾语的共同特性"②。

从我们收集到的语料来看,"工具"其实还可以细分为两类。一类是动作结束后,"工具"虽然没有成为"制成品"的一部分,但却附着在了受事客体之上,如"捆绳子""盖被子""堵沙袋"等。另一类是动作结束后,"工具"仍然独立存在,没有附着于任何事物之上,如"写毛笔""吃大碗""吹电扇"等。前者实际上是和受事类宾语一样受动作直接支配和作用的客体,这些客体因为动作的发生而产生了某种持久的位移。后者却并不是受动作直接影响的客体,它们并没有因为动

---

① 这个句子和下面一个句子在具体的语境中都是成立的。比如,当面对一个好看的大碗和一个不好看的小碗的选择时,就可以说"我要吃好看的大碗""我要吃那个好看的大碗。"

② 杉村博文."VN"形式里的"现象"和"事例"[J].汉语学报,2006(1):59-63.

作的发生而产生某种持久的位移,也没有因动作的发生产生某种形态的变化,因此前者的受事性要强于后者,前者的可扩展度也大于后者。

[**依凭宾语**]

(98) 他把钱存到银行吃利息。

　　*他把钱存到银行吃一个利息。

　　他把钱存到银行吃那个利息。

　　他把钱存到银行吃微薄的利息。

(99) 虽然已经30多岁了,但他一直住在家里吃父母。

　　*虽然已经30多岁了,但他一直住在家里吃一对父母。

　　*虽然已经30多岁了,但他一直住在家里吃这对父母。

　　虽然已经30多岁了,但他一直住在家里吃自己的父母。

在上面的语例中,我们发现依凭宾语能有限地受指示性成分的修饰限定,可以受某些形容词的修饰,可扩展度比较有限。这跟依凭宾语的语义特点有关。依凭宾语表示动作的依据和凭借,"依据"和"凭借"的对象有可能是比较客观的事物,也有可能是比较抽象的概念。上面两个例子中,"吃"的不同依凭"利息"和"父母"相比,"吃父母"所体现的依凭关系就比"吃利息"所体现的依凭关系更抽象。"利息"虽是一个抽象概念,但它所指称的对象仍有一定的客观性,"利息"是指"钱存在银行里或借给别人而获得的本金以外的收入"。"利息"是"吃"的"经济来源",是具体的、客观的、关系直接的。而"父母"与"吃"的关系却不是直接的,语义上它是必须在理解"父母"与"子女"的特殊亲缘关系、父母对子女的抚养关系的基础上,才能理解在"吃"(即生活)上后者对前者的依靠关系,因此"吃父母"比"吃利息"的语义更抽象。受事性、客体性更强的依凭宾语尚能被指示、形容词性成分修饰限定,而表示抽象关系的依凭宾语却不能受数量、指示性成分修饰。

[**处所宾语**]

(100) 最近太忙了,他一直吃食堂。

　　*最近太忙了,他一直吃一个食堂。

　　*最近太忙了,他一直吃那间食堂。

　　*最近太忙了,他一直吃方便的食堂。

(101) 因为抢劫,他蹲了监狱。

　　*因为抢劫,他蹲了一个监狱。

　　*因为抢劫,他蹲了这个监狱。

　　*因为抢劫,他蹲了围墙高耸的监狱。

处所宾语的客观性比较强，但受事性较弱。它们通常是动作发生的地点性背景信息，不是动作直接作用的对象。大多不能受数量、指示、修饰性成分的限制。但必须说明的是，一般来说，当我们在谈论语义角色的时候，"处所"一词的语义外延相对来说比较模糊。不同的人对它有不同的理解，有的人认为，凡是表示处所、位置甚至某个事物身上某个部位的词都是表示处所的词；而有的人则认为，它仅仅表示动作发生的场所。正是因为"处所"范畴边界的模糊，所以才有很多关于处所宾语的争议。比如，《汉语动词用法词典》中将"摸兜儿/摸口袋"也视为处所宾语，因为"兜儿"和"口袋"是衣服上的某个位置。然而我们从动作与客体的关系来看，"兜儿"和"口袋"并不是动作发生的场所，而是动作直接作用的客体对象。这里我们暂不讨论"摸兜儿/摸口袋"是处所宾语还是受事宾语，我们想说明的是，处所是一个边界模糊的范畴，范畴内有一组具有某些像似性的概念。范畴中心是典型的"处所"，具有最多的像似性特征，处所性最强，受事性最弱；范畴边缘是非典型的"处所"，具有某一个或某些像似性特征，处所性最弱，受事性较强。

[原因宾语]

(102) 他最近在家养<u>病</u>。

　　* 他最近在家养一个病。

　　* 他最近在家养那个病。

　　* 他最近在家养慢性病。

(103) 为了讨吉利，女人结婚时得哭<u>嫁</u>。

　　* 为了讨吉利，女人结婚时得哭一个嫁。

　　* 为了讨吉利，女人结婚时得哭这个嫁。

　　* 为了讨吉利，女人结婚时得哭撕心裂肺的嫁。

[目的宾语]

(104) 保险业务员跑<u>业绩</u>。

　　* 保险业务员跑一个业绩。

　　* 保险业务员跑这个业绩。

　　* 保险业务员跑骄人的业绩。

(105) 他们在排<u>电影票</u>。

　　* 他们在排几张电影票。

　　* 他们在排这些电影票。

　　* 他们在排大热的电影票。

目的宾语和原因宾语客体性减弱，主观性和抽象性增强，由于宾语表示的概念的抽象性特征,无法计数和计量,因此它们通常不受数量结构的修饰,也只能非常有限地接受指示成分和其他成分的修饰,生成的句子通常需要在一定的上下文中才能成立。

[范围宾语]

(106) 苹果卖三块钱。

　　*苹果卖一个三块钱。

　　*苹果卖这个三块钱。

　　*苹果卖便宜的三块钱。

(107) 轨道偏离了二十米。

　　*轨道偏离了一个二十米。

　　*轨道偏离了这个二十米。

　　*轨道偏离了很大的二十米。

[方式宾语]

(108) 这场比赛他打前锋。

　　*这场比赛他打一个前锋。

　　*这场比赛他打这个前锋。

　　*这场比赛他打最要紧的前锋。

(109) 我游蛙泳。

　　*我游一个蛙泳。

　　*我游这个蛙泳。

　　*我游轻松的蛙泳。

[时间宾语]

(110) 班主任老师要来查夜。

　　*班主任老师要来查一个夜。

　　*班主任老师要来查这个夜。

　　*班主任老师要来查今天晚上的这个夜。

(111) 他只打了上半场。

　　*他只打了一个上半场。

　　*他只打了这个上半场。

　　*他只打了紧张的上半场。

范围宾语、方式宾语、时间宾语所表示的概念越来越抽象,不能再受数量短语和指示成分的修饰和限定。这是由抽象概念难以计量、难以划定边界的特点所决定的。

能受数量、指示、形容词性成分的修饰限定是受事性客体宾语的普遍特征。从材料宾语到时间宾语,宾语的受事性特征呈递减的趋势。随着受事性强度的下降,宾语的可扩展度也随之下降。宾语的可扩展度与宾语的受事性强弱呈现正相关的关系。

4.2.2.3 出于特殊语用目的的临时扩展

在语言表达中,有的时候人们不但希望能表达出自己的基本意思,还希望通过对语言进行不同程度的修饰从而达到或生动、或诙谐、或轻松活泼、或严肃庄重的表达效果。"动词＋非核心论元宾语"各个实例构式中,由于动词是固定的,所以人们常常通过对宾语进行某种形式的扩展来达到自己期望的语用效果。

(112) 出了宿舍区,严守一小心地问:"费老,我们是<u>走激情的平安大道</u>,还是<u>走理性的四环路</u>?"

(113) 八个轿夫<u>跨着"一二一"的操步</u>,从目瞪口呆、脏得一模一样的面孔前面走过。

(114) 然后我午夜梦回的时候,我发现,<u>骂几句平常不敢骂的粗话</u>,我能体会是挺痛快的,真的。

例(112)中,动宾结构的基式分别是"走大道""走四环路",但说话人在当时的交际环境下,临时对宾语进行了修饰性的扩展,意图制造轻松诙谐的表达效果,以缓解紧张凝重的气氛。例(113)中,动宾结构的基式是"跨着操步",但作者对"操步"进行了描写性的扩展。"一二一的操步"不仅突出了行伍出身的轿夫动作整齐划一、举止训练有素的特点,还给读者带来听觉的想象。对宾语的描写性扩展提升了语言表达的形象性和生动性。例(114)中,"骂粗话"是动宾结构的基式,用"几句平常不敢骂的"修饰限定宾语"粗话",意在表现和突出说话人平时谨小慎微、谨言慎行的性格特征。

为了提升语言的表达效果,说话人可以对宾语进行某种形式的扩展。我们也可以看到,对宾语进行描写、修饰性扩展的动宾构式基本都是Ⅲ级"动词＋非核心论元宾语"构式。这类构式本身结构比较松散,动宾之间比较自由,比起Ⅰ级和Ⅱ级构式更容易插入其他成分。另外,这种扩展多是出于临时的语用目的进行的,具有偶发性、一过性的特点。

4.2.3 非核心论元宾语的概念层次范畴

"动词＋非核心论元宾语"的实例构式从宾语的长度来看,我们可以把它们分为基式和扩展式两类。比如,动词＋材料宾语"擦护肤霜"是基式,"擦过了期的护肤霜"则是扩展式。扩展式是在基式宾语的基础上进行的一定形式的扩展,是对宾语的描写或限定,但真正的宾语还是基式结构中的宾语。本节的观察和研究则是针对基式结构中的宾语进行的。

陆俭明提出过这样的疑问:为什么"吃食堂"可以说,而"吃勺园七号楼餐厅"却不可以说?为什么"吃全聚德"可以说,而"吃前门的全聚德"却不可以说?这里面既有不同语义类型的非核心论元宾语可扩展度不一样的影响,也有该构式对宾语概念范畴的要求。

"范畴化"是人类认识世界的一种基本认知方式。人们通过对包罗万象的客观世界进行对比、概括和分类,实现了对客观世界在认识上的划分。Rosch 和 Mervis 将范畴分为三个主要层次:上义层次(Superordinate Level,如 furniture 等)、基本层次(Basic Level,如 chair 等)和下义层次(Subordinate Level,如 armchair, dining chair 等)。各个层次在地位上并不是平等的,其中基本层次与其他层次相比较而言,在认知上和语言上有更显著的特点。

一般来说,上义层次范畴的概念由于过于概括和抽象,在人们的头脑中缺乏视觉原型,因此无法在人们的认知中形成一个完整的心智意象。比如,说到"家具",我们的头脑里很难形成一个具体、清楚的意象。"桌子"是家具,那么"椅子"是不是?"沙发"是不是?因此,"家具"这个概念并不能对应一个具体清晰的视觉原型。在概念范畴的三个层级中,事物之间类与类的差别,只有基本层次范畴的概念是最容易被感知的。马清华指出,基本层次概念是"对环境的最经济的分割","是心理上最显著的,而且可能是儿童最早学习到的分类单位"。"具体事物概念的基本抽象层次携带了最大信息量,具有最高的线索有效性(cue validity),并且与别的事物间有着最大的不同。"[①]他还提出了三条衡量是否是基本层次概念的标准:基本层次概念比上位层次概念更能够图像化(imageable),更具直感,下属成员的相似点较多;基本层次概念更容易区别;基本层次概念可以用身体动作描述出来。在基本范畴层次中,各范畴都有一个基本原型,这些原型都以一个完整的意象图式普遍存在于人们的认知中。当人们说到上位层次概念"水果"时,我们的头脑里很难有一个具体可辨的意象,但当我们说到基本层次范畴概念"苹果"时,我们的头脑里就有一个清楚的、确定的心智意象,而且"苹果"与"梨""香蕉"等其他水果之间的区别也十分清晰。基本层级范畴把客观世界切割成了

---

① 马清华.文化语义学[M].南昌:江西人民出版社,2000.

不同范围,范畴内的各成员具有家族像似性,但各范畴之间的差别是非常容易辨认和区分的。基本层次范畴概念是最容易被感知、学习和使用的。

相比较基本层次范畴概念,下义层次范畴的概念在划分上更为细化。人们在理解这些概念的时候,需要具有更丰富的俗世百科知识。比如,"搪瓷碗"和"塑料碗"两个概念,我们不仅需要知道在基本层次范畴概念"碗"的基础上,还需要知道"搪瓷"和"塑料"两种材质的差别。又如,"白纸"和"红纸"两个概念,我们不仅要知道基本层次范畴"纸"的概念,还需要理解颜色词"白"和"红"所代表的概念。另外,还有一些下义层次概念,在感知和理解的时候可能不仅需要具备俗世百科知识,还要具备更专精的专业知识。比如,对大多数人来说,很容易分辨也普遍清楚"狗"和"鸡"的差别,但如果没有专业背景知识或者相关生活经验,则很难辨别"牧羊犬"和"秋田犬"的不同,更难区分"德国牧羊犬"与"苏格兰牧羊犬"。因此,在缺乏相关知识的背景下,对于某些下义层次概念,人们也很难在认知上形成一个完整的意象图式。

在"动词+非核心论元宾语"构式中,构式蕴含[+选择及排除][+强事件弱动作]等语义特征,动作对工具、材料、时间、处所、方式等方面有选择之义。在"动词+非核心论元宾语"构式适用的语境中,人们通常是在同属一类但又各有差异的若干客观对象之间做出选择。比如,"寄特快""寄挂号""寄平信"中,"快递""挂号""平信"同是寄信方式,但彼此又存在差异。差异的存在是进行选择的前提。在概念范畴的三个基本等级中,上义层次范畴概念由于内涵及外延过广,缺乏视觉原型,不能形成一个完整的心智意象,因此很难与其他概念形成差异和对比,这类概念词汇很难进入"动词+非核心论元宾语"构式中。基本层次概念和下义层次概念表示的客观对象有清晰可辨的形象,它们与其他事物之间的差别也非常清楚,因此这两类概念词汇常常可以进入"动词+非核心论元宾语"构式之中(表4.17)。

表4.17 "动词+非核心论元宾语"构式中宾语的概念层次范畴

动词+非核心 论元宾语	动词+上义层次 概念词汇	动词+基本层次 概念词汇	动词+下义层次 概念词汇
动词+工具论元	*吃餐具	吃筷子	吃铁筷子
动词+材料论元	*包(包书)材料	*包纸	包牛皮纸
动词+方式论元	*唱歌唱方式	唱美声	
动词+原因论元		救火	救大火
动词+目的论元		考执照	考驾驶执照

续表

动词+非核心论元宾语	动词+上义层次概念词汇	动词+基本层次概念词汇	动词+下义层次概念词汇
动词+处所论元	*睡家具	睡床	睡小床
动词+依凭论元	*吃亲属	吃父母	
动词+范围论元	?卖钱①		卖三块钱
动词+时间论元	*值时间	*值星期	值星期天

当"动词+非核心论元宾语"构式中宾语表示对某一类对象的选择时，宾语以基本层次范畴词汇为主，如"寄挂号""睡沙发""抹口红"等。当在具体的语言环境中，人们需要根据同一类事物的不同差别进行分辨和选择的时候，宾语通常为下义层次范畴词汇。比如，通常来说，我们饮酒的工具当然是杯子，但如果在具体的场景中，人们面对的是大杯和小杯的选择时，就会有"我喝大杯、你喝小杯"的表达；甚至如果当他们面对的是塑料杯、纸杯、玻璃杯的选择时，也会有"我喝塑料杯、你喝玻璃杯"的表达。"大杯""小杯""塑料杯""纸杯""玻璃杯"都为基本层次范畴词汇"杯子"的下义层次范畴词汇。这一类"动词+非核心论元宾语"构式通常为Ⅲ级构式。由于Ⅲ级"动词+非核心论元宾语"构式组合的自由和随意性，在具体的对话场景中，只要符合我们的常规认知、满足语义表达的需要，许多下义层次范畴的概念都可以进入Ⅲ级"动词+非核心论元宾语"构式中。例如：

处所宾语：跑里圈　跑外圈　走大道　走小道

工具宾语：切大刀　切小刀　吃大碗　吃小碗

方式宾语：包大包　包小包　打小组赛　打个人赛

下义层次范畴是寄生依附于基本层次范畴的。相比较基本层次范畴而言，这个层次的范畴增加了一些特别的、具体的属性。这个层次的词汇通常为复合词，表现为"前偏后正"的偏正结构或者说定中结构。从认知上来看，实际上为"种差+属"的结构。后面一个语素的概念属于基本层次范畴，前面一个语素的概念则体现了不同"种"之间的差别和个体特征。在具体的语言环境下，当可供选择的对象直接呈现在说话人面前，由于客观对象属于同一种类，却存在一些具体差别，需要说话人对对象进行清晰区分并根据具体差别进行

---

① 在"这些报纸拿出去卖钱吧"中，"卖钱"是合法的动宾结构，但这里"卖钱"中宾语的语义类型发生了转变，"钱"并不是范围宾语，而是目的宾语。

选择的时候,宾语常常表现为下义层次范畴词汇。比如,当对话双方都明确知道选择对象有大、小之分,且必须要在"大""小"之中作出选择时,宾语就通常为下义层次范畴词汇,也就是偏正结构的复合词。如"切大刀""切小刀","喝大碗""喝小碗","吃大盘""吃小盘","走大路""走小路","睡大房间""睡小房间","包大包""包小包"。实际上,这种情况正是构式义"选择及排除"在真实语境中的典型体现。

4.3 "动词+非核心论元宾语"构式整体的句法语义特点

"动词+非核心论元宾语"作为一个完整的构式,在句法、语义上表现出一些整体的特征。特别是Ⅰ级和Ⅱ级构式,它们句法和语义的结合已经非常常规、稳固,整体性的特征更强,它们常常作为组块的语料出现在句子中,在句子中的位置和功能非常灵活、自由。

4.3.1 "动词+非核心论元宾语"的句法功能

"动词+非核心论元宾语"结构和一般的动宾结构一样,在句子中的位置非常灵活,能充任主语、谓语、宾语、定语、状语、补语等多种语法功能。

充当主语:

(115) 这次<u>试镜头</u>变成她们两人的伤心事,都怀有一些失败感的。

(116) <u>尿裤子</u>于我是家常便饭,并不以为耻。

(117) 你是不是觉得,我最近这段时间<u>看普通门诊</u>是为了多捞病源?

充当述谓成分:

(118) 余人<u>坐</u>了一回<u>咖啡馆</u>,鲍小姐提议上跳舞厅。

(119) 这舅子身上起码<u>裹</u>了<u>二丈红缎子</u>!

(120) 接着她发现方枪枪一直<u>站着丁字步</u>,姿态几乎和他对面的陈南燕如出一辙。

充当状语:

(121) 她阅读得十分认真和细致,<u>蹲厕所</u>①都在用红蓝铅笔划重点。

(122) 他刚刚换下岗,正和其他两名哨兵排成"品"字形,<u>踢着正步</u>向克里姆林宫走去。(CCL)

---

① "蹲厕所"这里应为"蹲厕所的时候",是动词的时间状语。

第四章 "动词＋非核心论元宾语"构式的句法语义特点

(123)"你别勉强。"她坐回床边,跷着二郎腿继续嗑瓜子。"我不是有意考验你,你别害怕。"

充当定语:

(124)偶尔遇到走夜路的人也不禁闻声回头。

(125)也许是这楼涂着白色水砂石的外墙和大面积使用的玻璃使它看上去十分轻巧,很像飞机那种一使劲就能飞起来的东西。

(126)她说你怎么了,蒋丽莉,今天是你的生日,你唱主角的日子,怎么不高兴了。

充当宾语:

(127)购汇之后光靠存银行,行吗?(CCL)

(128)瘸腿兵转身,朝大伙扬扬手里的信纸:"我写给我那四世同堂的一家子的信,跟这两封一模一样!这小丫头片子,学什么不好,学骗钱!"

充当补语:

(129)第一次和警察一起执行任务,他居然吓得尿裤子。(百度搜索)

(130)都挺好:苏明成不听劝坚决要投资,朱丽气得闹离婚。(百度搜索)

从以上例子中,我们可以看到"动词＋非核心论元宾语"构式的句法位置十分灵活、自由,受句法牵绊较少,可以充任各种类型的句法成分。

"动词＋非核心论元宾语"与"动词＋核心论元宾语"在句法表现上也有不一样的地方。由于非核心论元宾语不是动作的受事,因此在"把"字句、被动句以及关系化提取操作上与"动词＋核心论元宾语"表现出不一样的方面。

1. "动词＋非核心论元宾语"构式不能转换成被动句

吃苹果——苹果被吃了	[处所宾语]吃食堂——*食堂被吃了
踢足球——足球被踢走了	[时间宾语]踢上半场——*上半场被踢了
打孩子——孩子被打了	[工具宾语]打板子——*板子被打了
存钱——钱被存进银行了	[方式宾语]存活期——*活期被存了
糊窗户——窗户被糊起来了	[材料宾语]糊白纸——白纸被糊(在窗户上)了
吃面包——面包被吃了	[依凭宾语]吃父母——*父母被吃了
催我——我被妈妈催	[原因宾语]催债——*债被催了
卖水果——水果被卖完了	[范围宾语]卖三块钱——*三块钱被卖了
哄孩子——孩子被哄(睡)了	[目的宾语]哄睡觉——*睡觉被哄了

103

2. "动词+非核心论元宾语"构式不能转换成把字句

吃苹果——我把苹果吃了　　　　[处所宾语]吃食堂——*我把食堂吃了
踢足球——他把足球踢坏了　　　[时间宾语]踢上半场——*他把上半场踢了
打孩子——那个醉汉把孩子打了　[工具宾语]打板子——*我把板子打了一下
存钱——我把钱存进银行了　　　[方式宾语]存活期——*我把活期存进银行了
糊窗户——我把窗户糊起来了　　[材料宾语]糊白纸——我把白纸糊起来了
吃面包——他把面包吃了　　　　[依凭宾语]吃父母——*他把父母吃了
催我——他把我催了好几遍　　　[原因宾语]催债——*他把债催了好几遍
卖水果——他把水果卖完了　　　[范围宾语]卖三块钱——*他把三块钱卖完了
哄孩子——妈妈把孩子哄睡了　　[目的宾语]哄睡觉——*妈妈把睡觉哄了

3. "动词+非核心论元宾语"构式的问答形式不一致

对于核心论元宾语,我们通常用"什么""谁"来提问,疑问形式和陈述形式的句法结构一致。例如:

——吃什么?　　　　　　　　　——告诉谁?
——吃饺子。　　　　　　　　　——告诉他。

非核心论元虽然处于宾语位置,由于它们不表示动作作用的客体或者关涉的对象,因此一般不能用"什么""谁"来提问,通常需要借助介词和疑问副词作动词状语来提问。

吃苹果——吃什么　　　[处所宾语]*吃什么——吃食堂——在哪儿吃
踢足球——踢什么　　　[时间宾语]*踢什么——踢上半场——踢哪一场
打孩子——打谁　　　　[工具宾语]*打什么——打板子——用什么打
存钱——存什么　　　　[方式宾语]*存什么——存活期——怎么存
糊窗户——糊什么　　　[材料宾语]糊什么——糊白纸——用什么糊
吃面包——吃什么　　　[依凭宾语]*吃谁——吃父母——靠谁吃(饭)
催孩子——催谁　　　　[原因宾语]*催什么——催债——为什么催
卖水果——卖什么　　　[范围宾语]*卖什么——卖三块钱——卖多少钱
哄孩子——哄谁　　　　[目的宾语]*哄什么——哄睡觉——为什么哄

除了范围宾语和时间宾语的疑问形式仍然可以是动宾结构外,其他大部分类型的非核心论元的疑问形式通常得由介词引导非核心论元作状语或者由疑问副词来实现。

104

4. "动词＋非核心论元宾语"通常不能名物化

"动词＋核心论元宾语"结构通常可以借助结构助词"的"实现由动词述谓结构向名词结构的名物化转变,这种转变使述谓结构变成一个名词性结构,成为指称性成分。"动词＋非核心论元宾语"则通常不能实现这种转变。

吃苹果——吃的苹果	[处所宾语]吃什么——*吃的食堂
踢足球——踢的足球	[时间宾语]踢上半球——*踢的上半场
打孩子——(他)打的孩子	[工具宾语]打什么——*打的板子
存钱——存的钱	[方式宾语]存活期——*存的活期
糊窗户——糊的窗户	[材料宾语]糊白纸——糊的白纸
吃面包——吃的面包	[依凭宾语]吃父母——*吃的父母
催孩子——(被)催的孩子	[原因宾语]*催什么——催的债
卖水果——卖的水果	[范围宾语]卖三块钱——*卖的三块钱
哄孩子——哄的孩子	[目的宾语]哄睡觉——*哄的睡觉

可以看到,基本上"动词＋非核心论元宾语"都不能借助结构助词"的"实现向名物化的转变。值得注意的是,在具体的语言环境中,特别是自然、真实的口语化环境中,有一种"动词＋的＋宾语"结构实际上是陈述句的省略,并不是动宾结构的名物化,例如:

——你打(他)的(工具)是戒尺还是板子?
——打(他的工具)(是)板子。
——那些钱你存的是活期还是死期?
——存(钱的方式)(是)活期。

4.3.2 "动词＋非核心论元宾语"的句法结构

一般来说,Ⅲ级构式因为常常是出于某种特殊语用目的而临时进行的动宾搭配,具有偶发性甚至一过性的特点,动词和宾语无论音节数还是宾语的扩展度都比较自由,并不表现出规律性的整体特征。相对来说,Ⅰ级、Ⅱ级构式动宾组合稳固、常规,常常组块出现,在句法结构上则比较规则,呈现出比较规律的特征。

4.3.2.1 "动词＋非核心论元宾语"构式的韵律特征

在对自建语料库的所有"动词＋非核心论元宾语"实体构式的统计中,动词为单音节的构式占比达 94%,双音节仅占 6%。可见,在"动词＋非核心论元宾语"构式中,单音节动词具有绝对优势。从宾语的音节数来看,以双音节名词居多，构成"1＋2"的韵律音步，这非常符合冯胜利提出的汉语"右向构词、左向造语"的音步特征。当然，"1＋2"的音节构造并不能反映"动词＋非核心论元宾语"的整体韵律面貌，在"动词＋非核心论元宾语"中"1＋3""2＋2""2＋3"的音节构造也有表现。

1."单音节动词＋单音节名词"

[方式]唱K　　　　罚站　　　　提成
[工具]跳伞　　　　缝针　　　　打针
[材料]刷漆　　　　抹粉　　　　上药
[处所]扫街　　　　查岗　　　　接站
[时间]敲更　　　　起夜　　　　查夜
[依凭](靠山)吃山,(靠水)吃水
[原因]休假　　　　逃婚　　　　哭嫁
[目的]说和　　　　捂汗　　　　跑官

2."单音节动词＋双音节名词"

[方式]打快攻　　　走猫步　　　唱A调
[工具]喝小盅　　　围围巾　　　打戒尺
[材料]刷眉粉　　　抹腮红　　　绣丝线
[处所]闹法庭　　　走小路　　　跳窗户
[时间]值夜班　　　坐月子　　　过百天
[依凭]吃皇粮　　　吃父母　　　吃老本
[原因]休病假　　　愁婚事　　　养脚伤
[目的]说婆家　　　查背景　　　量温度
[范围]喝五杯　　　买二两　　　卖一百

3."单音节动词＋三音节名词"

[方式]打短平快　　写意识流　　走中国风
[工具]变扑克牌　　看显微镜　　写签字笔
[材料]抹护肤霜　　包牛皮纸　　刷石灰粉
[处所]走人行道　　飞超低空
[时间]休礼拜一　　打下半场　　踢后半场
[依凭]吃孤寒钱　　吃救济款　　吃养老金
[目的]考研究生　　考驾驶证　　查病原体
[范围]卖三块五　　吃三千块　　跑五公里

4."双音节动词＋双音节名词"
[工具]救济粮食　　赔偿物资①　　招待饭食
[材料]编织丝线
[处所]抢滩南京　　插足金融　　闯荡江湖
[时间]倒退十年
[原因]操心婚事　　发愁销路　　后悔结婚
[目的]兑换美元　　搜查逃犯　　活动名额
5."双音节动词＋三音节名词"
[处所]做客演播室　夜游玄武湖　大战台儿庄

"动词＋非核心论元宾语"的音节结构还是比较多样的,当然还是以"单音节动词＋双音节名词"为主。"双音节动词＋三音节名词"在新闻标题中出现较多,主要是为了满足新闻标题需要形式简洁、焦点信息突出的要求。

4.3.2.2　离合词形式的"动词＋非核心论元宾语"构式

无论是"单音节动词＋双音节名词"还是"单音节动词＋三音节名词",它们都是词和词的搭配组合,是短语形式的语法结构。在"单音节动词＋单音节名词"形式中,有一些动宾结构形式上比较松散、自由,仍然属于短语形式,如"跳楼""跳墙""打枪"。但是也有些动宾结构词化程度比较高,从形式看很像一个双音节词,经常以成词的形式出现,如"逃婚""哭嫁""起夜"等。但事实上,这些结构还没有完全完成词化过程,而是介于词和语之间,为离合词。比如,"求签","求"的对象是"佛祖、菩萨","签"是"求"的目的宾语。我们还可以对宾语进行扩展,如"求一支签""求上上签"等。又如,"查夜","查"的对象是"学生/病人"等,"夜"是"查"的时间,为时间宾语,但是两者之间也可以插入其他成分,如"宿管老师查完夜就锁门了"。"动词＋非核心论元宾语"中存在着不少离合词形式的结构实例。

[**处所宾语**]

(131) 任保良在洛水坐牢时,刘跃进已娶了老婆。

(132) 大门口有士兵站岗,院子里头绿化得像公园,一幢幢带了一点西洋风格的小楼错落在浓荫之中。

[**材料宾语**]

(133) 也不能说是掺了假,心都是一颗诚心,认的都是真。

---

① 这里的"赔偿物资"是动宾结构,不是定中结构,指的是"用物资赔偿"。

(134) 即使批评界自身恐怕也难以问心无愧就此往自己脸上贴金。(CCL)

[方式宾语]

(135) 科里今天去赔钱，一万块，带着伤痛和耻辱。

(136) 总之你推销得越多，我给你提成就越多。(CCL)

[工具宾语]

(137) 我们不但能治，而且不用开刀。(CCL)

(138) 众人眼睛都直了，哗哗鼓掌叫好，大呼小叫地要与林珠敬酒干杯。

[时间宾语]

(139) 女生吃着吃着面条，又哭了："沈老师，刚才在上铺，我背着您给她们发了一封短信，说您查夜来了。"

(140) 许多球迷为购得一张球票，熬更守夜去排队。(CCL)

[原因宾语]

(141) 贾玲大声对杜梅抱怨："怎么搞的？我回家休趟假，你就匆匆忙忙把自己嫁出去了，也不等我把关，将来吃亏怨谁？"

(142) 他们没有中途打发老梅回武汉，而是三个人共同出完了宜昌、重庆、上海、北京的差。

[目的宾语]

(143) 两个女人关上房门之后，费墨仰起一脸鼻涕说："还是农业社会好哇。那个时候，一切都靠走路。上京赶考，几年不归，回来你说什么都是成立的。"

(144) 来俊臣根据逼供的材料，胡乱定了狄仁杰的案，对他的防范也就不那么严密了。(CCL)

在我们收集到的语料中，处所、材料、工具、方式、时间、原因、目的这七种"动词＋非核心论元宾语"实例构式中都发现了不少离合词语例。依凭和范围未见离合词形式的语例，但这也有可能和我们收集语料的范围和规模有关。这些离合词形式的实例语料，不但语义类型丰富，而且数量也并不少(表4.18)。

表4.18 自建语料库中离合词形式的"动词＋非核心论元宾语"构式数量统计

	处所	材料	工具	方式	时间	原因	目的
离合词	22	3	16	5	5	18	12
各类总数	152	28	63	63	12	22	77
占比	14%	11%	25%	8%	42%	82%	16%

离合词形式的"动词＋非核心论元宾语"构式是语言表达经济性原则和汉语语义意合性特点两股力量的合力作用。

语言表达的经济性原则要求尽量用最省力的方式来达到最大的语言表达效果。以"查夜"为例,如果我们说"(在)晚上查(宿舍、病房……)",无论是对说话人来说还是听话人来说,都是一种冗长且耗时耗力的表达。说话人需要花较多的时间和精力进行语言的组织或信息的编码,听话人也需要花较多的时间和精力进行解码。美国语言学家齐夫通过大量的数据统计和个例分析,提出了"省力原则"的概念。他指出,每一个人的运动(广义的)无论属于什么类型,都受到一个简单的基本原则的制约,这个原则就是"省力原则"。这个原则体现在语言上就是用尽可能经济、省力的语言表达形式去表达尽可能丰富的语义内容。在"查夜"一词出现的具体语境中,"检查"的对象是听说双方都已知的信息,而需要强调的信息却是时间信息"(不是白天而是)夜(晚)",因此在这个对话语境中,"检查"和"夜晚"是两个需要表达的重点信息,其他的都是冗余的或者双方已知的背景信息。

另外,汉语是讲究意合的语言。相较印欧语系的语言,因为缺少形态的变化,汉语对信息的编码在形式上存在着一种"粗略"化的表现。只要前后两个概念符合我们认知中的某种常规关系,便可大而化之地直接"拼合"在一起,不需要任何形式化的标记。在"查夜"一词的具体语境中,只有"检查"和"夜晚"是信息传递的焦点,其他的编码形式又不符合语言的经济原则,因此这两个信息便直接拼合在一起,成为"查夜"一词。

4.3.2.3 "动宾＋宾"式的"动词＋非核心论元宾语"构式及构式的嵌套

"动宾＋宾"结构是指"支配式动词＋宾语"的结构,如"登陆上海""控股两家企业""落户浦东新区"等,这种结构一直是语法学界关注的热点。由于这类结构往往见诸报纸标题,而且该结构不具普遍类推性(如我们不能说"献丑观众""打工公司""吃饭食堂""唱歌美声"),因此较早关注到这一语法现象的邢公畹认为"汉语的动宾式动词除去少数有特定意义的而外,一律不能再带宾语"[①]。邢公畹所说的"少数有特定意义的"动词的含义有些模糊,"特定意义"是指什么样的意义?什么样的动词又是"有特定意义的"动词?事实上,随着时间的验证,我们发现"动宾＋宾"式结构的使用不仅比较频繁,而且语义内容也比较丰富。

---

① 邢公畹.一种似乎要流行开来的可疑句式——动宾式动词＋宾语[J].语文建设,1997(4):21-24.

(145) 致电——奥巴马致电九国元首(新浪新闻)(对象宾语)

(146) 惊艳——"三江之源 大美青海"惊艳世界①(受事宾语)

(147) 约谈——市场监管总局约谈奔驰(《现代快报》)(与事宾语)

(148) 助力——5G助力实时遥控手术(《现代快报》)(受事宾语)

(149) 追尾——追尾化学品车,遭酸液夺命(《扬子晚报》)(对象宾语)

(150) 抢眼——被诉、辞职、参选,抢眼马英九(《现代快报》)(主事宾语)

我们在语料的搜集和鉴别中,发现不仅核心论元可以充当"动宾+宾"结构的宾语,非核心论元同样也可以充当它们的宾语。

[处所宾语]

(151) 落户——香洲区领导在巨人落户珠海之后便紧锣密鼓地造访与视察。(CCL)

(152) 打卡——游港珠澳大桥:"打卡"港澳旅游新地标(《扬子晚报》)

[目的宾语]

(153) 备战——那年夏天,我随国家队到达拉斯训练,备战亚洲锦标赛。(CCL)

[范围宾语]

(154) 敛财——多年来,王、贾、孙等人仗着各种"关系",打着托运站的幌子,勾结不法分子,垄断市场,持枪行凶,先后作案140多起,非法敛财780多万元,但是却一直没人敢碰他们。(CCL)

(155) 捐款——沃尔顿家族还曾在2002年向阿肯色大学捐款3亿美元,创下了美国一所公立大学接受捐款最高的纪录。(CCL)

(156) 跻身——有关专家预测,今明两年我国电话网总规模将跻身世界八强。(CCL)

[时间宾语]

(157) 获刑——财政部原副部长张少春 受贿6698万元一审获刑15年(《扬子晚报》)

[原因宾语]

(158) 老年人不要懊恼过去,也不要担忧未来。(CCL)

再进一步分析这类"动宾+宾"结构,我们发现支配式动宾动词不仅能带非

---

① "惊艳世界"中"世界"虽然是一个处所意义词,但从它和动词的语义关系来看,"世界"已经发生了语法转喻,转指"世界上的人们",所以这里我们认为"世界"是受事宾语。

核心论元宾语,更有一类特殊的结构,它们实现了"动词+非核心论元宾语"的嵌套。如果把"动宾+宾"结构写为"动宾₁+宾₂",我们所说的"动词+非核心论元宾语"的嵌套结构是指外面大的动宾结构中宾₂为支配式动词的非核心论元,在这个大动宾结构中嵌套了一个小的动宾结构,在这个小的动宾结构中,宾₁也为动词的非核心论元宾语。

动宾_目的 + 宾_目的

(159) 备战——正在备战亚运期间,钟焕娣遇到了一些客观困难,如果是常人,肯定会丧失信心躺倒不干了,"有一段时间她几乎睡不着觉,迷迷糊糊的"。(CCL)

动宾_处所 + 宾_处所

(160) 记者眼中的"两弹精神":你愿意为祖国付出什么?——蹲点两弹城的记者手记(《南方周末》)

(161) 2019首场双日赛登陆上海 12000勇士齐聚赛场尽释潜能(《中国日报网》)

(162) 你随时可以去坐台门诊,问题是,得有病人点你的名儿。

动宾_方式 + 宾_范围

(163) 此外,法国也提出了四十二条,又另索赔款一百万两。(CCL)

(164) 时间虽然还早,但总不能这样在门口罚站一整天吧?(BCC)

一般来说,从不同语义类型名词论元实现为宾语的优先等级来看,受事论元毫无疑问是优先等级最高的一类。当受事论元实现为宾语后,其他语义类型的论元就通常不得不由介词引导或者单独充当句子的状语,表示动作的时间、处所、方式、工具等。比如,当语义表达内容既有"吃"的受事"饺子"又有吃的处所"饭馆儿"时,在没有其他语用因素影响的情况下,受事论元必然优先占据宾语位置,"饭馆儿"只能由介词引导成为处所状语。我们只能说"我们在饭馆儿吃饺子",而不能说"我们吃饺子饭馆儿",也不能说"我们吃饭馆儿饺子"。"动宾₁+宾₂"结构却一反常规用法,在宾语后面紧接宾语,表现出一种语法特异性。

刘大为曾经也对这种语法现象进行了深入的关注,在更广泛的语料基础上,他提出动宾动词能否带宾语,"主要是要看是否满足了这样两个条件:(a)具有带宾语的语义要求;(b)具有较高的词化程度。前者提供了宾语的语义基础,后者则从机制上保证了这种基础能通过语法表现出来"[①]。前人的调查和我们自己

[①] 刘大为.关于动宾带宾现象的一些思考(上)[J].语文建设,1998(1):22-26.

的语料调查都发现,这类超常结构频繁地出现在新闻语言中,尤其是新闻标题中。我们认为,"动宾+宾"式结构的出现不仅是出于语义要求,更主要还是出于语用的需要。这主要跟新闻语言的特点有非常直接的关系,甚至可以说是新闻语言的特点决定了这类超常结构的广泛使用。新闻报道由于时间有限、篇幅有限,不允许出现臃肿啰嗦的语言,新闻语言必须简洁明了,直达文意。新闻标题肩负的使命更为重大,它不仅要简明扼要概括出整条新闻的主要内容,还要清楚醒目,能吸引人眼球。一个完整的新闻事件包括了事件发生的时间、地点、人物、方式、原因等要素,但这些要素对于新闻事件的价值等级是不一样的。对某个具体的新闻事件来说,有时候人物是最重要的信息,有最高的信息传递价值,如某个政要即将访问中国,那么人物是这个新闻事件中最需要传达的信息;如某个体育盛事最终票选决定在某地举办,那么地点信息就是这个新闻事件中最有信息价值的要素。这体现在新闻标题的表达中,前者必须有"事件主体"在标题中体现,而后者则要求"事件涉及的地点"必须在标题中体现。

另外,从句子的焦点位置来看,在 SVO 语言中句子的自然焦点位置落在宾语上。在常规的句法结构中,受事论元位于宾语位置,处所论元位于状语位置,因此受事论元是全句的自然焦点,而处所状语则不是。当一个新闻事件中"地点(处所)信息"是最具信息传播价值的要素时,交际语用提出了要强调、突显该信息的需求。状语位置不是自然焦点所在的位置,而书面语也不能通过重音来突显焦点,语言的经济性原则又要求用尽可能简省的形式表达尽可能丰富的意思,因此"动宾+宾"式结构的使用便应时而生。我们可以比较下面两组语料:

(165) a. 迪斯尼<u>落户上海</u>。　　　　b. 迪斯尼在上海落户。
(166) a. 宋祖英<u>亮相台北小巨蛋</u>。　b. 宋祖英在台北小巨蛋亮相。
(167) a. 网络贷款如何<u>抢滩校园</u>?　　b. 网络贷款如何在校园抢滩?
(168) a. 中秋夜偕友人<u>赏月玄武湖</u>。　b. 中秋夜偕友人在玄武湖赏月。

这四组新闻标题中,如果不借助逻辑重音或其他手段,其常规焦点都落在了句末。b 组例句是各句法成分最常规的配位结构,受事性成分位于句末,处所性成分由状语引导成为处所状语。由于宾语才是自然焦点,因此需要突显的地点处所信息在句法上得不到实现。a 组例句中在语用的驱动下,处所论元突破常规占据宾语位置,成为句子的自然焦点,通过句法手段达到了突显焦点信息的语用目的。

如果说语用需求和焦点突显是"动宾+宾"结构产生的前提条件,那么动宾结构的词汇化则为需求的实现提供了可能。双音节化是汉语词汇发展的趋势，一些通常成对出现、搭配组合稳定的动宾结构由于使用的频繁，逐渐出现词化的趋势，甚至一部分已经凝固成词。原来宾语的语义内容和动词的语义内容逐渐融合。从形式上看，原宾语与动词的结合，成为一个双音节词性质的结构，使得宾语位置显得虚空，为其他类型的论元进入宾语位置提供了句法可能。

4.3.3 "动词＋非核心论元宾语"的句法表现

一般来说，非核心论元的常规配位是状语位置，但当它们占据宾语位置成为非核心论元宾语后，它们与其他状语的选限关系是一种什么样的情况值得我们关注。

一般来说，状语按其语义可以分为限制性的和描写性的两大类。描写性状语是描摹性的，有的时候是对动作情况的描写，有的时候是对施事样貌情状的描写，还有的是对受事样貌情状的描写。我们在前面已经讨论过"动词＋非核心论元宾语"构式有[＋强事件弱动作][＋选择及排除]的语义特征。该构式通常并不表示某一个、某一次具体的动作，也不表示正在进行的动作。整个结构动词的意义弱化，而宾语的意义突显，整体事态意义突显。描写性状语通常是描写动作或施事、受事的情态和样貌的，只有具体的动作和场景才能成为可细致描写的对象，表示泛指的动作因为指称对象的模糊性，而无法进行具体的描写。"动词＋客体宾语"可以表示某一个或某一次具体的动作，因此它们可以受描写性状语修饰，而"动词＋非核心论元宾语"通常并不表示具体的动作，因此它们很难受描写性状语修饰。动词"吃"语义丰沛、论元结构丰富，我们以"吃"为例，对它和不同语义类型的宾语形成的动宾结构在与情态状语的结合能力上进行如下对比。

描写性状语＋动词＋受事宾语：

吃面条——他喜滋滋地吃了一碗面条。（状语指向施事）
　　　　他飞快地吃了一碗面条。（状语指向动词）
　　　　他香喷喷地吃了一碗面条。（状语指向宾语）

描写性状语＋动词＋工具宾语：

吃筷子——*他喜滋滋地吃了筷子。
　　　　*他飞快地吃了筷子。
　　　　*他香喷喷地吃了筷子。

描写性状语＋动词＋处所宾语：

吃食堂 ——＊他喜滋滋地吃了食堂。

＊他飞快地吃了食堂。

＊他香喷喷地吃了食堂。

描写性状语＋动词＋方式宾语：

吃自助 ——＊他们喜滋滋地吃了自助。

＊他们飞快地吃了自助。

＊他们香喷喷地吃了自助。

描写性状语＋动词＋目的宾语：

吃情调 ——＊他们喜滋滋地吃了情调。

＊他们飞快地吃了情调。

＊他们香喷喷地吃了情调。

描写性状语＋动词＋材料宾语：

吃韭菜馅儿——＊他们喜滋滋地吃了韭菜馅儿。

＊他们飞快地吃了韭菜馅儿。

＊他们香喷喷地吃了韭菜馅儿。

在上面的例子中，无论语义指向施事、受事还是动作的描写性状语，虽然它们都可以修饰"动词＋受事类核心论元宾语"，但却无一例外地都不能修饰"动词＋非核心论元宾语"结构，这正是"动词＋非核心论元宾语"结构表示整体的事件而不表示具体的动作的有力证明。

限制性状语主要用来表示时间、处所、程度、否定、方式、手段、目的、范围、对象、数量、语气等。这类状语因为表示抽象的概念范畴，因此它们既可以表示对某个具体动作的限定，也可以表示对某类事件的限定。

限制性状语(表频次)＋动词＋宾语：

(169) 他又吃了一个苹果。(受事宾语)

(170) 啊？今天又吃食堂啊？(处所宾语)

限制性状语(表否定)＋动词＋宾语：

(171) 她没擦脸。(受事宾语)

(172) 她没擦口红。(材料宾语)

为了将我们的观察建立在更充分、更扎实的基础之上，我们也在自建的语料库中进行了逐一筛查，对有状语修饰的"动词＋非核心论元宾语"结构的状语进行甄别，收集到有状语修饰的"动词＋非核心论元宾语"构式的语料共计313例，其中绝大部分是表示方式、程度、否定、范围、语气等的限制性状语,较少有情态状语修饰构式的情况(表4.19、表4.20)。

表4.19 自建语料库中"动词＋非核心论元宾语"构式状语性质分类统计

语义类型	处所宾语	材料宾语	方式宾语	工具宾语	依凭宾语	时间宾语	原因宾语	目的宾语	范围宾语	总计
状语	113	14	31	75	1	7	16	47	9	313
描写性状语	4	1	3	10	0	0	0	2	0	20
限制性状语	109	13	28	65	1	7	16	45	9	293

表4.20 自建语料库中"动词＋非核心论元宾语"构式两种性质状语总量统计

语义类型	描写性状语	限制性状语	总计
数量	20	293	313
占比	6%	94%	100%

根据统计数据可以看出,受整体语义内容的影响和限制,"动词＋非核心论元宾语"主要受限制性状语的修饰,较少情况下能受描写性状语的修饰。限制性状语无论从形式上看还是从语义上看,都非常丰富多样,我们按语义内容可以将修饰"动词＋非核心论元宾语"的状语作细分,见表4.21。

表4.21 限制性状语修饰"动词＋非核心论元宾语"的情况描写

状语类型	状语语义内容	例句
限制性状语	表否定	检查被褥发现方枪枪没尿床,还夸他:真能干,真了不起,真看不出你。
	表处所	任保良在洛水坐牢时,刘跃进已娶了老婆。
	表方式	2009年,他以姚老板的身份入主上海男篮队,就是要为这支历史悠久的团队带来新生。
	表时间	春生:醒得早,这是多年养成的习惯,这也是坚持长期睡水泥管子练出来的。
	表对象	我抖得像个桑巴舞女演员,牙齿为周身韵律打着节拍。
	表关涉	我的童年比较凄惨,我爹信奉不打不成才,想赖床,打;竟敢考第二,打;钢琴考级前曲子弹不顺,打。

续表

状语类型	状语语义内容	例句
限制性状语	表目的	马赛上船以后,发现二等舱只有他一个中国人,寂寞无聊得很,三等的中国学生觉得他也是学生而<u>摆阔</u>坐二等,对他有点儿敌视。
	表原因	北方扬沙浮尘<u>为何</u>止步江苏
	表程度	好在吴佩珍是压得起的,她的人生任务不如王琦瑶来的重,<u>有一点</u>吃老本,也有一点不计较,本是一身轻,也是为王琦瑶分担的意思。
	表协同	牛得草眼好时,刘跃进<u>随娘</u>走姥姥家,牛得草不大理人,刘跃进有些怵他。
	表语气	我的童年比较凄惨,我爹信奉不打不成才,想赖床,打;<u>竟敢</u>考第二,打;钢琴考级前曲子弹不顺,打。
	表能愿	你接触那么多犯罪的案例,比如说像你刚才说的,一些可恨的人,<u>想</u>扇巴掌的,我觉得对你的心理会很有影响的。
	表频次	张副官眼看要来脾气了,却<u>又</u>赔上一个笑脸。
	表范围	第二天早晨,方枪枪被自己的尿憋醒,发现全班小朋友<u>都</u>起了床,穿好衣服在地下玩。
描写性状语	描写主语	我坚持到片子放到三分之二时实在坚持不住了,<u>昂然</u>退场。
	描写动作	那暗是像深渊一样,扔一座山下去,也<u>悄无声息</u>地沉了底。

在限制性状语中,处所是事件的背景性信息,任何事件的发生、情况的出现都必然处于某个处所环境下,因此处所状语修饰该构式是极为常见的。除此之外,事件发生也牵涉到该事件发生的范围、方式、频次、程度、说话人的主观意愿等方面的语义内容。限制性状语正好在这些语义方面满足了完整表述事件的需求。描写性的状语是极少能修饰"动词+非核心论元宾语"结构的,这与该构式通常不确指某个具体动作而泛指某类事件有关。一般来说,从语义指向来看,描写性状语可以指向主语,也可以指向动词,但却不能指向宾语。

状语语义指向主语的:

(173) 本来是喜洋洋地去登记,事情办得也非常顺利,办事处的工作人员简直是<u>毫不负责</u>地扯了证、盖了章,连我们带去的各种手续都没仔细看一眼。

(174) 张燕生<u>无畏</u>地瞪眼睛又嚷:阿姨不让自己下床。

(175) 我坚持到片子放到三分之二时实在坚持不住了,<u>昂然</u>退场。

(176) 现在见沈雪问起,只好<u>支吾</u>着打掩护:"噢,下午录节目时关的,一直忘了开。谁呀?"

状语语义指向动词的:

(177) "谁来了?"我<u>哗哗</u>往前翻报纸头版。

(178) 大奶奶李淡云从她自己屋偷偷看凤儿,发现她只要误以为是一个人独处,总是呆呆的,手在腿上轻轻拍着板眼,心里似乎在唱曲消磨。

(179) 大奶奶李淡云站在丈夫后面,不紧不慢地替丈夫打扇子。

(180) 老门房装着要追击,在原地重重地跺脚,一边喊:"老总! 偷你手表的贼要跑了! 快开枪啊! ……"

在搜集到的这些描写性状语修饰"动词+非核心论元宾语"构式的语料中,有些状语语义指向了主语,有些状语语义指向了动词,却没有一例是指向宾语的。这正是由该构式的整体意义决定的。"动词+非核心论元宾语"的结构中,虽然动词绝大部分都是表示动作义的动作动词,但由于受语义语用驱动,受事类宾语隐没,方式、工具、材料、目的、原因、处所、时间、范围意义的非核心论元强势占据了宾语位置。这种非常规的占位使得占位论元成为语义焦点,动词反而在其阴影之下,动作意义弱化。由于整个结构突显的是宾语的意义,这些宾语表现的是动作的处所、工具、材料、时间、依凭、方式、范围等,却不是动作的受事或对象,因此描写宾语状态、样貌的状语就无法与之搭配组合了。

另外,我们也看到,限制性状语和描写性状语对"动词+非核心论元宾语"结构来说并不是冲突、互斥的,很多时候可以同时出现修饰该结构。

(181) 大奶奶李淡云站在丈夫后面,[不紧不慢地][替丈夫]打扇子。
　　　　　　　　　　　　　　　　　　　[描写]　　　　[限制]

(182) "谁来了?"我[哗哗][往前]翻报纸头版。
　　　　　　　　　　[描写][限制]

(183) 曲筱绡正[在灯火通明的小会议室里],[与两个客户]
　　　　　　　　　　[限制]　　　　　　　　　[限制]
[手舞足蹈、眉飞色舞地]谈价。
　　[描写]

(184) 一路上,我[不住嘴地][给她]喂好话,解除她的各种顾虑。
　　　　　　　　　[描写]　　[限制]

4.4 "动词+非核心论元宾语"构式的构式压制和惯性压制

"构式压制"(Construction Coercion)是为解决构式与词汇(主要是动词)之间的接口问题而提出的观点。早期许多语言学理论都是"以动词为中心"来审视和分析句子结构的。这些理论认为,动词是句子的核心,动词的语义特征向上渗透到句法表层结构,从而决定句子的语义特征。动词的论元结构实际上体现了句子的论元结构,动词的论元角色与句子的论元角色呈现映射关系。"动词中心

117

说"在一定程度上正确地反映了动词语义特征与表层句法结构之间的紧密关系，但也存在较大局限，因为它无法对所有语言事实进行解释。比如，Goldberg 曾用下面的例子来说明这个问题。

(185) He sneezed the napkin off the table.

(186) She baked him a cake.

(187) Dan talked himself blue in the face.

按照动词本身的语义特征，"sneeze"是一个不及物动词，为一价动词，必有论元为施事论元；"bake"为二价动词，必有论元为施事、结果论元；"talk"为一价动词，必有论元为施事论元。在以上例子中，例(185)中的"sneeze"成为一个三价动词，分别带上了主事、受事和处所论元，表示"X 通过打喷嚏致使 Y 移向 Z"。例(186)中，"bake"进入双宾结构，成为一个三价动词，"him"和"a cake"分别是"bake"的间宾和直宾，表示"给予及转移"之义。例(187)中"talk"也成为一个三价动词，分别带上了施事、与事和结果论元，表示"X 通过说话致使 Y 变成 Z"。可见，按照"动词中心说"的理论，动词的论元结构变得不确定起来，也很难解释为什么在不同的句子里动词的论元结构不一致。而对于这些问题，构式语法提出的"构式压制"观显然更具有解释力。"构式压制"观认为，构式自身有独立于构件(主要是动词)的意义。构式义和动词义存在一致和不一致两种情况，当构式义与动词义一致时，动词的语义特征映射为句法表层结构，动词的论元结构和句子的论元结构保持一致。当构式义和动词义不一致的时候，构式义作为一种强势义，将会迫使动词改变论元结构和语义特征，最终使得两者取得和谐一致。Michaelis 将压制原则(the Overriding Principle)明确定义为如果一个词项与它的形态句法环境在语义上互不兼容或出现误配，这个词项的意义就应顺应它所嵌入的构式义。因此以上三例中，如果将"X 致使 Y 移向 Z""X 致使 Y 领有 Z""X 致使 Y 变成 Z"的意义视为构式义而不是词汇义，那么就不会出现不同情况下动词论元结构不一致的情况，词汇的语义特征在不同情况下可以保持一致。在以上三种情况下，构式对动词产生了压制，改变了动词的论元结构，使动词实现了增元，但是必须指出的是，这些增加的论元是作为构式的论元而非动词的论元允准的。

事实上，汉语学界早有这样的思想，"词无定类，入句显类"的说法跟"构式压制"的精神在一定程度上是相通的。王寅曾经指出，"词汇与构式间的关系，犹如液体和容器间的关系，当我们把液体装在某一特定形状的容器中间时，液体就被'压制'成了瓶子的形状。同样，当我们把词汇'装入'某特定的构式之中时，词语必然要在一定程度上受制于构式整体的影响。而词汇投射原则认为句法仅提供词语组合的规则,不对词语意义产生影响,也不为整个句子添加任何意义,这显然有悖于语言事实"①。"动词＋非核心论元宾语"作为一个形义相配的独立存在的构式,也对动词存在着构式压制的情况。

4.4.1 "动词＋非核心论元宾语"的构式压制

Goldberg 认为,一方面动词的参与者角色可以在语义上与构式的论元角色熔合,另一方面构式规定了哪些参与者角色可以被侧重。参与者角色与论元角色的熔合通常由"语义角色一致"和"对应原则"两个原则决定。如果符合这两个原则,那么动词的参与者角色就可以与构式的论元角色熔合。但是事实的情况可能也存在另外一面。动词的参与者角色与构式的论元角色不一致,那么就会出现角色误配(Mismatches of Roles)的情况。角色误配有两种情况,一是侧重误配,一是角色数量误配。侧重误配指的是构式可以把被侧重的地位强加给原本不需要被侧重的角色。角色数量误配则是指构式可以增加并非由动词提供的角色。

如果按照动词的及物与不及物性,我们可以把"动词＋非核心论元宾语"组配的动宾结构分为两类。

第一类:及物动词＋非核心论元宾语。

(188) 我想假如不是朋友的邀请,我会不会掏大把的钱来这儿<u>洗桑拿</u>,享受一番奢侈的休闲!

(189) 我从楼上的窗户看到你咬牙切齿地在<u>刷油漆</u>,笑得肚子痛。

(190) 宝宝断奶后怎么<u>哄睡觉</u>?(百度网页)

(191) 小军官扑了个空,向岗兵们脊梁上乱<u>抽鞭子</u>,愤愤地骂:"真他娘的没用!咱们又得多站几天岗!"

(192) 他们看也不看<u>望远镜</u>,就肯定"这玩意儿并不十分可靠"。

第二类:不及物动词＋非核心论元宾语。

(193) 从工人到厂长,到市委领导,不论职务怎么变,爱<u>跑基层</u>、喜欢思考却一点没变。

(194) 这正如一个壮年人,不要<u>睡摇篮</u>,便认为睡摇篮是要不得的事。

(195) 你的作词都是<u>走中国风</u>的,那这些词的灵感来源于哪儿?(BCC)

---

① 王寅.构式压制、词汇压制和惯性压制[J].外语与外语教学,2009(12):5-9.

我们认为,"动词+非核心论元宾语"构式中,"及物动词+非核心论元宾语"是侧重误配的体现,而"不及物动词+非核心论元宾语"是角色数量误配的体现。

4.4.1.1 "及物动词+非核心论元宾语"与侧重误配

Goldberg曾经以"mail"为例来说明侧重误配的情况。"mail"有三个参与者角色:施事、受事、对象,其中有两个是被侧重的。

mail＜mailer　mailed　mailee＞

当mail与双及物构式整合时,构式可以把被侧重的角色强加给"收信人(mailee)",其复合熔合结构如图4.4所示。图中实线表示构式角色和参与者角色必须熔合,虚线表示由不必与构式熔合的,亦即由构式提供的角色。

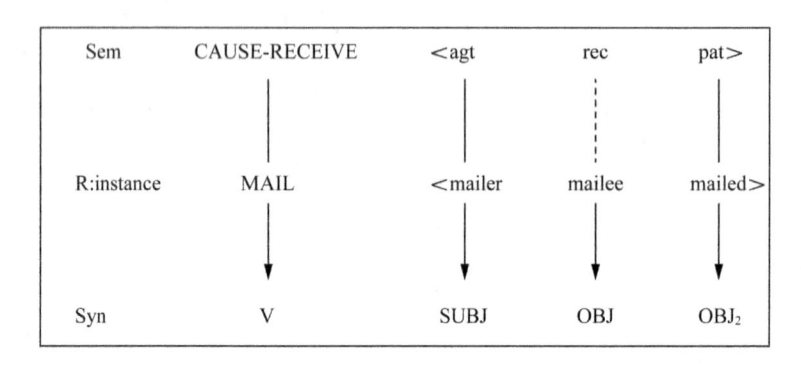

Sem	CAUSE-RECEIVE	＜agt	rec	pat＞
R:instance	MAIL	＜mailer	mailee	mailed＞
Syn	V	SUBJ	OBJ	OBJ₂

图 4.4　复合熔合构式:双及物+mail

对于及物动词来说,其应该被侧重的参与者角色是施事与受事。工具、材料、方式、时间、处所等都是不必被侧重的参与者角色。但在"动词+非核心论元宾语"构式中,除了施事以外,另一个被侧重的参与者角色正是工具、材料、方式、时间、处所等论元。这些本不应该被侧重的参与者角色之所以得到侧重,正是构式压制的结果,构式可以把被侧重的地位强加给不需要被侧重的参与者角色。

需要指出的是,英语中双及物构式可以使原本不需要被侧重的参与者角色得到侧重的同时,原本被侧重的角色仍然能得到侧重。例如:

(196) He mailed a letter to me.

(197) He mailed me a letter.

对于动词"mail"来说,只有两个必有参与者角色"mailer"和"mailed","mailee"通常以附加语的形式出现。当动词与双及物构式整合时,构式的论元结构对动词的论元结构进行了压制,将被侧重的地位强加给了"mailee",使其也成为被侧重的参与者角色。虽然"mailee"获得了被侧重的地位,但是原来的两个被侧重的参与者角色仍然保留了被侧重的地位。

"动词＋非核心论元宾语"构式与双及物构式不同。前文已经阐述过"动词＋非核心论元宾语"的构式义是"选择及排除",更准确地说,其构式义是"X(在Y中)排除了其他选择了Z,Y是一个集合"。Y是隐而不现的,属于背景百科知识的内容。也就是说,"动词＋非核心论元宾语"构式有两个论元角色。构式义决定了它是一个二元的构式,只能有两个参与者角色得到侧重。对动词来说,X和Z是动词必然关涉的两个论元角色,是构式对动词的强制要求,原来动词的不需要被侧重的参与者角色在构式的压制下强制获得被侧重的地位,而原本被侧重的受事角色就不得不被"遮蔽"起来。Goldberg指出,"遮蔽"表示一个过程,在该过程中某个特定的参与者被置于阴影中,并且因此而不再被侧重。我们仍以动词"吃"为例,"他吃筷子"这句话的复合熔合过程如图4.5所示。

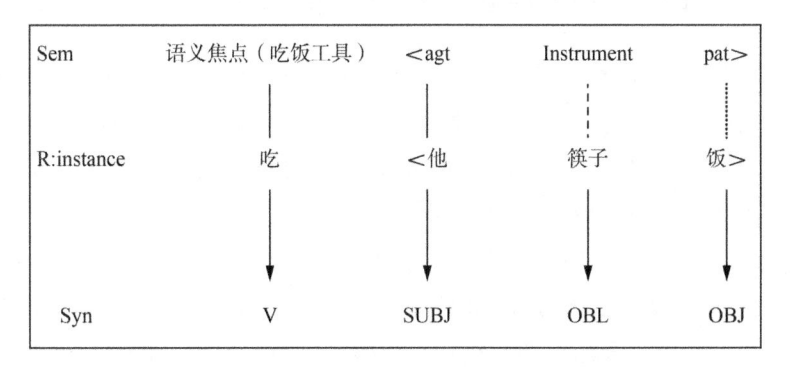

Sem	语义焦点（吃饭工具）	<agt	Instrument	pat>
R:instance	吃	<他	筷子	饭>
Syn	V	SUBJ	OBL	OBJ

图 4.5　复合熔合构式:"动词＋工具论元"构式＋吃

图4.5实线表示构式角色和参与者角色必须熔合;线条虚线表示不必与构式熔合的,亦即由构式提供的角色;圆点虚线表示被"遮蔽"的参与者角色。

4.4.1.2　"不及物动词＋非核心论元宾语"与角色数量误配

Goldberg指出,构式的每一个论元不必一一对应于动词的参与者角色,构式可以增加并非由动词提供的角色。动词"睡""走""跑"为不及物动词,通常只有一个参与者角色必须被侧重,即施事论元。而在例(194)到例(196)中,它们有两个论元角色同时得到了被侧重的地位。这是因为当动词的参与者角色与构式的论元结构数量不一致时,构式对动词进行了压制,发生了参与者角色的数量误配,构式增加了一个并非由动词提供的论元角色,这个角色是由构式提供的。

以"他睡地板"为例,其复合熔合结构如图 4.6 所示。

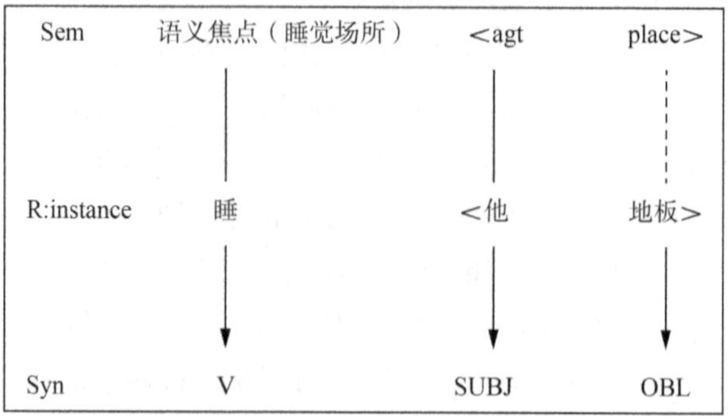

图 4.6　复合熔合构式:"动词+处所论元"构式+睡

4.4.2　"动词+非核心论元宾语"的惯性压制

"词汇投射理论"无法解释动词的论元角色和构式的论元角色不一致的现象。构式语法在反思其不足的基础上提出了构式压制,提高了解释能力。王寅又指出,过分强调构式对动词的压制,忽视动词对整体词义的作用,又是从一个极端走向了另一个极端。他因此提出了"词汇压制"的看法,强调词汇在某些时候对句法意义的重大影响。同时,针对构式复杂多样的形式,还进一步提出了"惯性压制"的观点。他认为,认知惯性有可能形成一种"惯性压制",这种惯性压制"时而制约着语言表达。如我们在正常表达后,再顺着前面所用词语,以其作参照点引出其后不很正常的表达,从而形成一种类似于轭式搭配的表达式"。"动词+非核心论元宾语"的实例构式中,有许多脱离语境便不合法、不成立的实例。它们之所以能成立、能合法,正是因为在具体的语境中受前置结构的"惯性压制"而实现的。比如,处所宾语"跑厂""走街乡",原因宾语"祝生日""贺开张",方式宾语"打伴攻"等,在我们日常的语言生活中并不是常见的、合法的动宾搭配,但当它们处于具体的语言环境中,受前置并列动宾结构影响时,它们就变成了合法、可接受的结构。

(198) 我说:"你信吗?当年专职的编辑人员就我一个,从约稿、改稿、编稿、发稿、画版、跑厂以及寄发稿酬,都是我一个人干,刊物也一本本地印出来了。现在的刊物呢?动不动二三十个人,唉唉,我们那时候啊……"

上面的例子中,"跑厂"本来并不是一个常规的动宾搭配,但因为身处一个多项并列的句子中,前项的句法结构惯性压制到"跑厂"之上,使其也获得了相同的句法关系,也因此获得了合法的身份。

"动词+非核心论元宾语"的惯性压制可以分为两类情况,一类是句法结构的单项惯性压制,另一类是句法语义的双项惯性压制。

4.4.2.1　句法结构的单项惯性压制

"动词+非核心论元宾语"句法结构的单项惯性压制,主要是指处于并列关系的几项动名结构中,后面的动名结构以前面的动宾结构为参照点,将动宾的句法结构顺势推及后面的动名结构上,使后面的动名结构也就势获得动宾形式的句法结构。

(199) 其他"九个百"为百位领导送温暖、百条街道献温馨、百位名人下基层、百队秧歌走街乡、百档花会擂春鼓、百家商场挂彩灯、百簇焰火迎新春、百座饭店迎家宴、百家歌厅迎宾客。

(200) 春有水仙、夏有玫瑰、秋有菊花、冬有康乃馨,探病人、访亲友、祝生日、贺开张,上海市民每天都离不开鲜花。

"走街乡"并不是一个常见的词语组合。如果单独出现,我们恐怕很难理解其中的语义。我们既可以把它理解为"动词(走)+宾语(街乡)"的结构,也可以把它看作"定语(走街)+中心词(乡)"的结构。但因为前面有"送温暖""献温馨""下基层"三个动宾搭配的出现,它们为我们分析和理解"走街乡"提供了一个句法格式。从韵律上看,它们是"1+2"的韵律节奏;从句法结构上看,它们是"动词+宾语"的句法关系。排比使用的并列结构为前压制后提供了合适的语言环境,因此,前面动名结构的句法关系顺势压制到后面的动名结构上,使后面的动名结构就势获得了"动词+宾语"的句法关系。

同样地,"祝生日""贺开张"也并不是常见的词语组合,甚至如果单独看"祝生日"的话,它并不能算是一个合法的组合。但因为它在一个多项并列的句子中,由于并列成分通常具有相同的句法形式,前项的句法结构顺势压制到后项之上,使之就势具有了相同的句法结构,成为动宾式组合。惯性压制不但使其合法,而且使其合意。

必须指出的是,这一类惯性压制仅仅以句法结构为压制模型,语义结构没有参与压制。

4.4.2.2　句法语义的双项惯性压制

"动词+非核心论元宾语"句法语义的双项惯性压制,指的是处于并列关系的几项动名结构中,后面的动名结构以前面的动宾结构为参照点,不仅将其句法结构形式也将其语义关系顺势推及后面的动名结构上,使其就势获得相同的句法语义结构。

(201) 近战具体说就是"三打、三不打"和"三多打、三少打"的原则。即放到有效射程内打,打临近、不打临远,打主攻、不打伴攻,打低空、不打高空;多打近头(俯冲机)、少打追尾(临远机),多打威胁大的、少打威胁小的,多打短点射、少打长点射。

(202) 真的,这是他由一部历史提出的一个最妥当的结论:幼年吃父母;壮年,假若能作了官,吃老百姓;老年吃儿女。

例(201)中,第一个分号前有三组"打……、不打……"的并列结构,从句法语义上看,三组有部分差异。第一组"打临近、不打临远"中,"临近"和"临远"都发生了语法转喻,转指"临近的进攻对象"和"比较远的进攻对象"。从句法关系上看,它们都是动宾结构;从语义关系上看,宾语为动词的受事宾语。第二组"打主攻、不打伴攻"中,"主攻"和"伴攻"都是进攻的方式。从句法关系上看,它们都是动宾结构;从语义关系上看,宾语为动词的方式宾语。第三组"打低空、不打高空"中,"低空"和"高空"都是进攻的场所,表示"从低空打""不从高空打"。从句法关系上看,它们都是动宾结构;从语义关系上看,它们都是处所宾语。从每组并列项内部来看,前面的动宾结构"打……"为后面的动名结构"不打……"提供了压制的模板,在压制的过程中,不但句法结构被压制给了后面的动名结构,而且语义结构也同时被压制给了后面的结构,使其同时获得了前者的句法结构和语义关系。第一组中"打临近"是受事宾语,"打临远"也是受事宾语;第二组中,"打主攻"是方式宾语,"打伴攻"也是方式宾语;第三组中,"打低空"是处所宾语,"打高空"也是处所宾语。例(202)中也存在三组并列的结构,"幼年吃父母""壮年……吃老百姓""老年吃儿女"。"吃父母"是一个常见的动宾搭配,而"吃老百姓""吃儿女"的说法则并不多见。"父母"是"吃"的依凭宾语,表示"生活(吃)的来源"。这个前置的动宾搭配为后面的"吃老百姓""吃儿女"提供了一个惯性压制的模板,其句法结构和语义关系同时被压制到"吃老百姓""吃儿女"身上,使之也获得了相同的句法结构和语义关系。

一般来说,常规搭配和非常规搭配在句子中出现的顺序通常是前者在前,后者在后。常规搭配为非常规搭配的句法语义关系提供了一个认知参照点,居后的非常规搭配被"惯性压制"进轭式结构里,常规搭配成为其句法和语义的解码依据。

4.5 小结

本章主要研究了"动词＋非核心论元宾语"的句法语义特点。作为一个独立构式，我们认为其在构件和构式整体上都表现出一些独有的特征。通过计量统计，我们发现在"动词＋非核心论元宾语"构式中，动词以单音节动作动词为主，单音节动词带宾语在所有的语料中占比高达96%，呈绝对优势，在韵律上较多地表现为"1+2"的韵律节奏。在这些单音节动作动词中，又以及物动词和非作格动词为多，在我们自建语料库的语料中，这两类动词与非核心论元宾语的搭配高达98%之多。构式中不同论元角色的宾语其受事性强弱不同，其中以材料宾语受事性最强，时间宾语受事性最弱，工具宾语、依凭宾语、处所宾语、目的宾语、原因宾语、范围宾语、方式宾语处于两者之间，受事性强度呈现出递减的趋势。"动词＋非核心论元宾语"构式中，虽然大多数宾语为光杆名词，但是在具体的语言环境下，出于表达的各种需要，一些宾语可以进行扩展。宾语的可扩展度与其构式化程度高低、受事性强弱以及特殊语用目的三个因素高度相关。从构式整体上看，其音节结构比较多样，既有"单音节动词＋单音节名词""单音节动词＋双音节名词"的韵律结构，还有"单音节动词＋三音节名词""双音节动词＋双音节名词""双音节动词＋三音节名词"等多种形式。在句法结构上，除了常规的"动词＋名词"的短语结构，还有一些特殊的形式，如离合词形式的"动词＋非核心论元宾语"、嵌套的"动词＋非核心论元宾语"等。"动词＋非核心论元宾语"结构稳定，常常成块出现，在句子中的身份自由、灵活，可以充当主语、谓语、宾语、状语、定语、补语等多种句子成分。"动词＋非核心论元宾语"作为一个构式，对进入构式内的动词也存在着构式压制的现象。当动词的参与者角色与构式的论元结构不一致时就会发生构式压制。具体有两种情况，一种是角色侧重误配，对"及物动词＋非核心论元宾语"构式来说，构式将被侧重的地位强加给原来没有被侧重的参与者角色，使其获得被侧重的身份。另一种是角色数量误配，对"不及物动词＋非核心论元宾语"构式来说，构式可以增加并非由动词提供的角色，使动词增元。惯性压制也对"动词＋非核心论元宾语"构式发挥着作用。处于并列关系的几组动宾结构中，前项可以将自身的句法语义特点顺势压制给后项，使其也获得相同的句法语义特点。

第五章
"动词+非核心论元宾语"构式义的实现机制

"动词+非核心论元宾语"的各类实体构式在构式化程度上存在不同,因此其构式义的体现也强弱不同。Ⅰ级构式构式化程度最高,它们的形式凝固稳定,在长期的使用中也已经在原有构式义的基础上发展出了新的构式义,形成了一个新的形式和意义上的配对。Ⅲ级构式通常是出于语用表达的需要,动词和非核心论元宾语之间形成临时性的组合。这类动宾组合结构松散,通常是临时性、一过性的表达。这类结构无论形式和意义都非常不稳定,有的时候甚至需要语境来补充、突显语义关系。Ⅱ级处于发展的中间,这一类构式动宾组合还没有发展出新的独立的构式义,但动宾组合形式比较常规、稳定,常常组块出现,数量上最为庞大,"动词+非核心论元宾语"的构式义在这一层级的构式上体现得最为稳定、显著。前文我们已经讨论过,"动词+非核心论元宾语"构式的构式义主要体现为语义上的"选择及排除"义、"强事件弱动作"义,本章主要探讨该构式义的实现机制。

以"吃食堂"为例,"食堂"是"吃"的场所,那么是不是所有表示场所的词语都能进入这个结构里呢?回答当然是否定的。我们不能说"吃宿舍""吃校园""吃商店"等。那么,哪些词语可以进入这个结构,哪些不能,我们认为必须从动词和宾语两者间的语义关系出发去考量。

5.1 "动词+非核心论元宾语"的"选择及排除"义的实现

5.1.1 潜在语义场的存在

如果将"动词+(非核心论元宾语)"视为一个语法槽,大量的语料证明,能够进入这个语法槽内,具有相同论元角色的非核心论元宾语往往可以成组、成群出现,它们彼此之间可以互相类推、互相印证,它们来自一个相同的词语聚合。

[处所宾语]

吃食堂——吃馆子 吃大排档 吃路边摊儿

睡沙发——睡床 睡地板

跑里圈——跑外圈

[工具宾语]

吃筷子——a. 吃刀叉

　　　　　b. 吃勺子 吃叉子

聊QQ——聊微信 聊MSN

喝大杯——喝小杯

[方式宾语]

唱美声——唱民族 唱流行

游蝶泳——游蛙泳 游仰泳 游自由泳

写楷书——写行书 写隶书 写小篆 写草书

进一步观察可以发现,动词相同,宾语的论元角色相同、可以互相类推的"动词＋非核心论元宾语"的语言实例中,宾语在意义上有共同特征,它们通常隶属于同一个语义要素统辖下的语义场。

地点处所类:

睡觉地点:{床、沙发、地板……}

吃饭场所:{食堂、餐厅、大排档、路边摊儿}

跑步场所:{里圈、外圈}

工具类:

就餐用具:{筷子、刀叉、勺子、调羹、叉子}

网络聊天工具:{QQ、MSN、微信}

方式类:

唱歌方式:{美声、民族、流行}

游泳方式:{蛙泳、自由泳、仰泳、蝶泳}

汉字书写方式:{楷书、行书、草书、隶书、小篆}

从以上语例可以看到,在一个动词相同、宾语的论元角色相同的"动词＋非核心论元宾语"的构式里,可以不断替换、类推的宾语都隶属于一个相同的语义场。人们就是在这些语义场内提取不同的名词进入"动词＋(非核心论元宾语)"

这个槽内,组合成不同的动宾结构的。

一个语义场是由若干具有相同核心义素(义项)的词语构成的聚合体。所谓的核心义素,指的是表示事物、动作所属类别或性状方面的义素,如名词中表示"类属"的义素,动词中表示"动作"的义素,形容词中表示"性状方面"的义素。属于同一个语义场的词语,在语义上是既有相同点又有差异性的。语义上的相同点,也即核心义素,使得这些词语可以类聚成一个语义场;语义上的差异性,又使得这些词语获得独立存在的资格,能相对于其他词语而存在。因此,在同一个语义场内,词语和词语之间是互相联系、互相对立、互相排斥的。

当该语义场内某个词语出于语义表达的需要被选中,成为"动词+(非核心论元宾语)"这个语义槽内的参数时,由于同一个语义场内各词语之间的相互对立和相互排斥性,选择其中的一个也就意味着排除了其他的词语。因此,当我们说:"我想游蛙泳。"也就意味着在{蛙泳、自由泳、仰泳、蝶泳}这个语义场内对"蛙泳"的语义选择,对其他词语的默认排除。当我们说:"这笔钱我想存活期。"也就意味着在{死期、活期}这两种存钱方式中,语义表达上对"活期"的选择,对"死期"的默认排除。又如,"他是外国人,那他吃叉子吧"的言下之意也是在一个语义场内对某个成员的选择,对其他成员的默认排除。

需要指出的是,对于某个特定的"动词+(非核心论元宾语)"构式而言,与之对应的语义场内每个词语都具有同等的资格进入这个语义槽内,但在特定的语言环境下,根据具体的语义表达内容,最终只有某个或某几个词语符合表达需要而进入这个槽内成为选定参数。同时,由于语义场内各词语的相互对立性,选中这一项就意味着默认排除了该语义场内所有的其他可选项。

5.1.2 语义场核心语义的确立

从前面所举语料可以看出,在"动词+非核心论元宾语"这个构式中,如果动词确定,宾语的论元角色相同,那么宾语通常是隶属于同一个语义场的。这个语义场的上位概念规定了所有能进入构式的宾语的语义范围。例如,"吃食堂、吃饭馆儿、吃大排档"中"食堂、饭馆儿、大排档"的上位概念就是"就餐场所";在"寄平信、寄挂号、寄特快"这一个词语聚合中,宾语"平信、挂号、特快"这个语义场都隶属于"邮寄方式"这个上位概念;在"聊QQ、聊微信、聊MSN"这一组词语聚合中,宾语"QQ、微信、MSN"组成一个小的语义场,其上位概念是"现代网络聊天工具"。那么,究竟是什么因素在决定着上位概念的内容呢?

以"吃+非核心论元宾语"为例,如果根据语义表达的需要,确定了宾语的论元角色是处所,那么可供选择的处所类词语很多,有诸如"电影院、汽车站、飞机场、超市"等大型的公共场所,也有"房间、阳台、厨房"等私人场所,还有"房顶、山脚、半山腰"等表示具体方位的场所,但这些处所词语最终没能进入"吃+处所宾语"这个构式内,其主要原因是动词"吃"限定了"处所宾语"的性质类别。"吃"的语义内容限定了"处所"为"就餐场所"而非别的场所类型。如果根据语义表达需要,宾语的论元角色是工具。工具类词语同样有很多类别,有"榔头、电钻、锯子"等手工制作类工具,也有"铅笔、毛笔、钢笔、铅笔刀、橡皮"等书写类工具,还有"锄头、犁、镰刀、铁镐"等农业生产类工具,最终这些类别的工具词语并没有获得进入构式的资格,因为"吃"的语义内容限定了工具宾语的语义内容,将其限定在"餐具"这一范围内,最终只有"刀叉、筷子"或"筷子、叉子、勺子"等类的词语进入构式。因此,在"动词+非核心论元宾语"构式中,宾语的上位概念是动词的语义内容和宾语论元角色的叠加,其共同的语义部分规定了宾语所在语义场的核心语义内容。

"吃+处所宾语":吃食堂、吃馆子、吃路边摊儿、吃大排档(图5.1)。

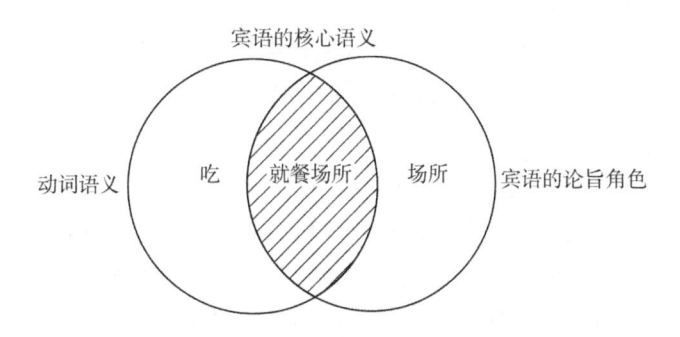

图5.1 "吃+处所宾语"构式中宾语的核心语义

"写+方式宾语":写大篆、写小篆、写隶书、写楷书、写行书、写草书(图5.2)。

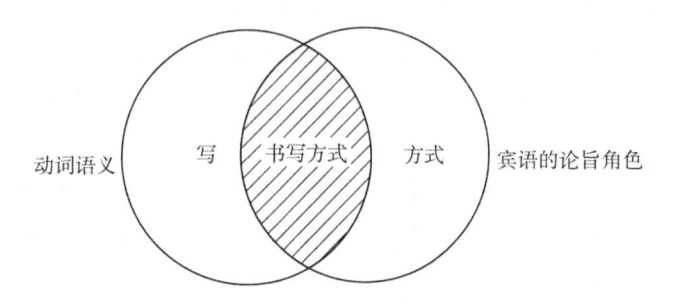

图5.2 "写+方式宾语"构式中宾语的核心语义

"吃＋工具宾语"：吃筷子、吃勺子、吃叉子(图5.3)。

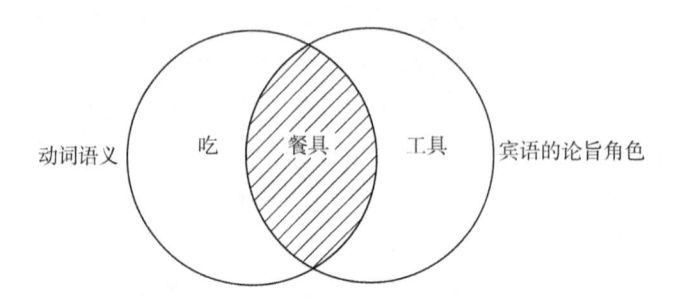

图5.3 "吃＋工具宾语"构式中宾语的核心语义

5.1.3 俗世百科知识为语义场的词库基础

虽然动词的语义内容和宾语的论元角色共同规定了宾语语义场的核心语义内容，但最终什么词能成为这个语义场内的成员却是由我们的俗世百科知识确定的。俗世百科知识是指人类在长期的生产生活实践中形成的具有普遍意义的对事物或现象的共同认识。它是我们认识和理解客观世界的基础，也是我们认识和理解客观世界的总结。所有的语言活动必须遵守百科知识的约定，否则便无法实现语言的认知和交际功能。

以"吃＋处所宾语"为例，动词和宾语的论元角色规定了宾语所属义场的核心语义内容"就餐场所"，那么在俗世百科知识体系中，"家、食堂、馆子、路边摊儿、大排档"是我们集体意识中常规的餐饮场所，这些场所和"吃饭"这个事件形成了规约性的常规关系，因此这些词汇就是能进入"吃＋处所宾语"这个构式、成为"就餐场所"这个语义场所属成员的词汇。有人曾经提出，我们可以说"吃食堂""吃饭馆儿""吃路边摊儿"，为什么我们有的时候也可能会在阳台、客厅这些地方吃饭，却不能说"吃阳台""吃客厅"？这正是因为在我们集体共有的俗世百科知识体系中，"阳台""客厅"并不是常规的就餐场所，它们没有和"吃饭"这个事件形成一种常规关系，所以它们不能进入这个语义场内，成为可供构式选择的对象[①]。

又如，在"写隶书"这个动宾词组中，动词"写"的语义内容和宾语的论元角色"方式"规定了宾语的语义内容为"书写方式"，在俗世百科知识体系中，常规的字

---

① 我们通常也不说"吃家""吃餐厅"。关于不说"吃家"的原因，下文将有详细论述，这里不再赘述。

体书写方式有"行书、隶书、草书、楷书、大篆、小篆",这些词语就成为"书写方式"这个语义场内的所属成员,可以与动词"写"搭配组合成表书写方式的动宾短语。

另外,必须指出的是,语义场内必须是最常规、最具普遍意义的语义成员。为什么可以说"吃馆子",却不说"吃餐厅"呢?就是因为对更广大、更具普遍意义的人群来说,"馆子"价格相对比较低廉、优惠,更多的人能消费得起,而"餐厅"则比较高档、消费水平较高,不是广大普通百姓都能接受的就餐场所。在日常生活中,去馆子吃饭比去餐厅吃饭是更贴近自身日常生活、更频繁发生的日常行为,所以"餐厅"不是更常规的就餐场所,而"馆子"则是。

宾语所在语义场的大小和规模并不是一成不变的,它随着客观世界的发展而发展,随着人们所共享的俗世百科知识的改变而改变。新事物的出现可能会增加语义场内成员的数量,扩大语义场的规模;旧事物的消失也会减少语义场内成员的数量,缩小语义场的规模。

以现代网络聊天工具为例,在十多年前,除了 QQ 以外,MSN 也是在年轻人中比较普遍使用的聊天工具。在人们日常的语言生活中,有"聊 QQ""聊 MSN"这样的表达。但是随着 2014 年微软公司宣布 MSN 正式退出中国市场,MSN 逐渐淡出了中国人的社会和生活,许多年轻人甚至都没有听说过 MSN。也就是说,在新成长起来的年轻人所享有的俗世百科知识中,"MSN"无论语言形式还是指称对象都并不存在。相反地,"微信"作为一种新的聊天、通信工具以强劲之势影响了现代社会生活,它以其使用的方便、功能的齐全成为一种广为人们接受的通信工具。因此,在{现代网络聊天工具}这个语义场内,便增加了"微信"这个新成员。

5.1.4 语义场的相对封闭性

语义场有规模大小之分,也有层级高低之分。有些义场是开放的,如"食物"这个义场,它就是开放的,它应该包括我们常见的、已知的、已经存在的所有食物,仅这一部分的对象就不胜枚举。除此之外,这个语义场还应该包括随着社会的发展不断创造和生产出的新食物。我们可以把它表示为食物:{苹果、梨、面包、牛肉、面条、馒头……}。有些义场是封闭的,如"父亲—母亲""儿子—女儿""丈夫—妻子"这两两相对的三组词语分别构成了{父母}{子女}{夫妇}三个最小的语义场。每一个义场都是封闭的,不存在属于这个义场但没有列入其中的其他成员。又如,在{师生关系}这个语义场内有{老师、学生}两个成员,这个语义场虽然只有两个成员,但已经穷尽了所有可能的成员。这个义场也是一个封闭的义场。

在"动词+非核心论元宾语"构式中,宾语所在的语义场是由动词和宾语的语义关系决定的。封闭的义场的特点是义场内成员数量确定,成员身份确定。一旦宾语所在义场的范围和内容确定,如果这个义场是一个封闭的义场,那么宾语所在义场的每个成员也是确定的。语义场内每个成员的地位都是平等独立的,它们具有相同的资格进入"动词+(非核心论元宾语)"这个语法槽内。因此,当其中一个成员被提取,进入"动词+非核心论元宾语"构式中,那么根据我们所享有的俗世百科知识,那些被默认排除的其他成员也是可以确定的。

[方式宾语]

(1) 他在歌舞团唱美声。　　　歌唱方式:{民族①、通俗②、美声}

(2) 我写行书。　　　　　　　书写方式:{隶书、楷书、草书、行书、篆书}

[处所宾语]

(3) 只有一张床,那我睡沙发吧。睡觉处所:{床、沙发}

(4) 行人应该走人行道。　　　道路场所:{人行道、机动车道}

[工具宾语]

(5) 我饿死了,我要吃大碗。　　餐具:{大碗、小碗}

(6) 羽毛球我喜欢打软拍。　　　球具:{软拍、硬拍}

[时间宾语]

(7) 这周我值星期三。　时间:{星期一、星期二、星期三、星期四、星期五、星期六、星期天}

(8) 因为腿伤的原因,他只踢了上半场。时间:{上半场、下半场}

在同一个语义场内,其中所有的成员是相互对立和排斥的。在语义内容上,彼此之间没有重叠和交叉的部分。正是这种相互对立和相互排斥的性质使其获得了进入语义场的资格。一方面,各个成员互相对立,各自独立地存在于语义场内;另一方面,它们又互相补充,共同拼合成语义场辖制的全部范围。语义场内各成员的相互对立和排斥性,决定了一旦某个成员由于语义表达需要被提取成为表层结构中的一环,就意味着其他成员在语义上是被排斥的。在"动词+非核心论元宾语"构式中,宾语所属的语义场通常都是封闭的或者相对封闭的,场内词语的数量通常也是有限的,当根据语境和语义的表达需要对语义场内的词语

---

① 例句:方方还真是唱民族的,而且考试成绩很好,但选了音乐剧。(百度搜索)
② 例句:为什么民族唱法出身的谭晶唱通俗会没有民歌的影子?(百度搜索)

作出选择时,由于语义场内成员的数量和身份是确定的,一旦某个成员被提取,我们就很容易地知道被排除的成员是哪些,因此"选择及排除"义就十分明显。

一般来说,语义场越小,排除的对象越清楚,"排除"义也就越明显。比如,"我要吃大碗"中,在"动词＋工具宾语"这个动宾结构中,根据语义表达的需要,宾语正是在{大碗、小碗}这个语义场内进行选择和提取,选取"大碗"作为宾语进入句子的表层结构,非常清楚地表达了"我要用大碗吃(饭)"的选择,意思确切地排除了"我用小碗吃(饭)"的可能。又如,"他是唱美声的",方式宾语"美声"则是在"唱歌方法"这个语义场内进行选取的,该封闭义场内有{美声、民族、通俗}三个成员,"美声"被选择、提取进入句法结构时,由于语义场内各成员在语义上的相互对立和排斥性,语义表达上对"美声"的选择就意味着对"民族"和"通俗"的客观排除。

还有一些语义场是半封闭的,虽然从目前的社会普遍认知来看,场内的成员是可以确定的,但随着社会的发展变化,场内的成员却处于不断的变化调整之中。例如:

{网络聊天工具}
{QQ、MSN……}——→{QQ、微信……}
{邮寄方式}
{平信、挂号、特快专递……}——→{平信、挂号、特快专递、快递……}
{存钱处所}
{银行}——→{银行、支付宝……}

从历时的角度来看,这一类半封闭的语义场中的成员在随着社会发展变化和人类共享俗世百科知识的调整而不断地改变调整,因此语义场是开放的状态。但从共时的角度来看,在某个时间段内这一类义场内的成员无论是数量还是身份都处于一种暂时固定的状态,因此语义场又是一种相对封闭的状态。当宾语处于这种相对封闭的义场时,当其中一个成员被选择、提取,其他被默认排除的成员也是可以确认的,因此"选择及排除"的构式义还是比较明显的。

陆俭明曾经提出过这样一个问题:当留学生了解了"吃食堂"就是"在食堂吃饭"、"吃饭馆儿"就是"在饭馆儿吃饭"之后,可能会进行相似类推,如他们会模仿"吃食堂"说出"吃勺园七号楼餐厅"的表达,但是"吃勺园七号楼餐厅"却并不是一个合法的、可接受的表达,那么到底是什么规则在发生作用呢?

解释清楚宾语背后潜藏的语义场之后,我们似乎可以对陆俭明先生提出的问题作出粗浅的回答了。封闭或相对封闭语义场的存在是"吃食堂""吃饭馆儿"

这类"动词+非核心论元宾语"构式得以进行类推的先决条件。我们认为,名词能成为该构式的宾语应当满足如下条件:"动词+非核心论元宾语"的构式义是"选择(一项)并排除(其他)"。"选择"义的产生必须以同类词语聚合的存在为前提,也就是说,必须存在一个有两个以上备选项的集合,才有所谓的"选择";而"排除"义的产生又必须以聚合内对象间互相对立为前提,选择A就等于排除了B、C……,选择B就等于排除了A、C……。因此,只有在满足了以上这两个条件的前提下,"动词+非核心论元宾语"才是一个可以进行类推的构式。陆俭明提到的语例中,宾语"勺园七号楼餐厅""前门的全聚德"虽然都可以表示处所,但它们不隶属于任何封闭性的语义场,它们和事件"吃饭"也没有建立起常规关系,因此无法按照"动词+处所宾语"的语义类型进行类推。

5.1.5 语境调整

Fillmore说:"意义是相对于情景而言的。"[①]意义通常与某个特定的背景框架或者情景相关联。Goldberg曾以roof和ceiling为例来说明这一情况。虽然从客观世界的角度来说,两个词实质上都是指相同的对象,但roof是从房子外面看到的房子的屋顶,而ceiling则是从房子内部看到的房子的天花板。Fillmore也曾经做过类似的比较,同样是指"土地、陆地",land是相对于sea而言,指的是陆地,而ground则是相对于air而言,指的是坚实的地面。可见,意义的浮现通常是依赖于一定场景的。如果没有具体的场景,意义常常是不确定、不清晰的。邢福义讨论代体宾语时也曾经指出,"宾语代入现象的出现,总有一定的言语背景。换句话说,只有在特定的言语背景之下,代体宾语才能形成,动词和代体宾语之间的语义关系才能确定"[②]。

"打"字拥有丰富的语义内容,当"打"和"方式宾语"组合时,由于"方式"的多样性,"打+方式宾语"有各种不同的组合[③](图5.4)。

从图5.4可以看到,"打"的方式多种多样,无论是"打"本身意义的择取,还是方式宾语语义场的确定,都必须依赖语境的决定性作用。如果上下文语境是在谈论要如何捆扎一些东西,那么"方式"便是"捆扎方式",如果上下文语境是在谈论进攻还是防守,那么"方式"便是"攻守方式"。

---

① FILLMORE C J. Case for case reopened[M]. New York: Academic Press,1977.
② 邢福义.汉语里宾语代入现象之观察[J].世界汉语教学,1991(2):76-84.
③ "打"的义项非常多,这里只列举了能带方式宾语的"打"的义项。

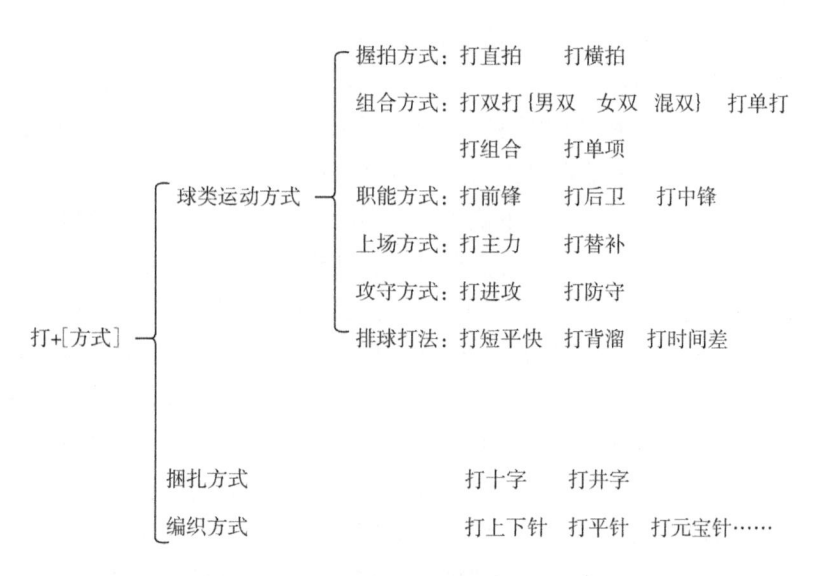

```
                    ┌ 握拍方式：打直拍    打横拍
                    │ 组合方式：打双打{男双  女双  混双}  打单打
                    │          打组合    打单项
        ┌ 球类运动方式 ┤ 职能方式：打前锋    打后卫    打中锋
        │           │ 上场方式：打主力    打替补
打+[方式] ┤           │ 攻守方式：打进攻    打防守
        │           └ 排球打法：打短平快  打背溜    打时间差
        │
        │ 捆扎方式              打十字    打井字
        └ 编织方式              打上下针  打平针    打元宝针……
```

图 5.4　不同义项下动词"打"的方式宾语

（9）蔡振华认为，中国运用直拍横打技术的直拍选手可分为两种。……这类运动员横打技术运用得很好，但他们又不会推挡，不能把两项技术糅合在一起，那样还不如<u>打横拍</u>算了。(CCL)

（10）朱总司令打球的兴致特别高，休息时经常找我们打篮球。他一般是<u>打前锋</u>，我<u>打后卫</u>。(CCL)

（11）纸箱打包直线<u>打井字</u>。（百度搜索）

例（9）中，从上下文语境中的"蔡振华""直拍""横打"等信息内容，我们可以确定"打"在这里是"进行（乒乓球）体育运动"的意思，"横拍"是一种乒乓球运动的握拍方式。在"握拍方式"这个语义场里有"横拍、直拍"两个成员。例（10）中，上下文语境确定了语义内容为"打篮球"，那么，"打"在这里也是"进行（篮球）体育运动"的意思，其后的"方式宾语"就应该是"篮球运动的（职能）方式"，那么，这个方式语义场里应该有"前锋、后卫、中锋"这些成员。例（11）中，上下文语境确定了动宾词组的语义内容为"捆扎（绳子）"，因此"打"在这里是"捆扎"的意思，其后的"方式宾语"则为"捆扎方式"，在"捆扎方式"这个语义场内便有"十字、井字……"多个成员。

上下文语境内容不仅确定了"动词+非核心论元宾语"构式所描写的语义场景，同时也对宾语语义场内的具体成员进行着调整。以"吃+工具宾语"为例，在每一次具体的对话情景中，工具宾语的具体内容是由每一次当前对话的具体场景来限定的。同样是对"就餐工具"的选择，在不同的具体交际场景中，"就餐工具"的语义场内成员有可能不同。如果听说双方面对的可供选择的餐具是"筷子""勺子"，那么由此形成的"餐具"的语义场内就只包含了"筷子、勺子"这两个成员。如果根据语义表达在语义场内选取"筷子"进入"动词＋工具宾语"这个构式，"吃筷子"表达的意思就是"用筷子吃（不用勺子吃）"，默认排除的对象是"勺子"。如果在具体会话场景中，可供选择的餐具分别是中式餐具"筷子"和西式餐具"刀叉"，那么这个具体场景限定了宾语语义场的具体范围和内容，在这个语义场内就只有中式餐具"筷子"和西式餐具"刀叉"两个成员。如果根据语义表达需要在语义场内选取了"筷子"进入"动词＋工具宾语"这个构式，那么"吃筷子"表达的意义是"用筷子吃（而不是用刀叉吃）"。"吃筷子"与"吃刀叉"相对，默认排除的对象是"刀叉"。如果在具体会话场景中，可供选择的餐具有"筷子""勺子""叉子"，那么由具体场景限定的语义场内就有"筷子、勺子、叉子"三个成员。如果根据语义表达需要选取了"筷子"进入"动词＋工具宾语"这个构式，那么由此形成的"吃筷子"这个动宾结构的构式义就是"选择用筷子吃，而不是用勺子或叉子吃"。"吃筷子"与"吃叉子"和"吃勺子"相对，默认排除的对象是"叉子""勺子"。可见，实际的语境调整着宾语所在语义场的具体范围和具体成员。

5.2 "动词＋非核心论元宾语"中"选择"及"排除"义的突显等级

值得注意的是，在"动词＋非核心论元宾语"构式中，"非核心论元宾语"所属义场中各成员的地位并不都是平等的、势力并不是均衡的。在某些语义场中，某个成员的地位会凌驾于其他成员之上，因此"排除"和"选择"这两种意义对于"动词＋非核心论元宾语"构式来说，它们的突显等级在不同的具体搭配中并不是相同的。对于某些"动词＋非核心论元宾语"来说，"排除"义的突显等级高于"选择"义；对于另一些"动词＋非核心论元宾语"来说，"选择"义的突显等级高于"排除"义。

在日常生活中，对一日三餐来说，"家"是我们最具普遍意义的吃饭场所。当我们说："他一直吃食堂。"实际上，我们主要的意思并不是为了表示所说对象在"家、饭馆儿、路边摊儿"等所有常见的可供选择的就餐场所中选择了"食堂"，而更多地是为了表达"家"这唯一最具普遍意义的就餐场所没有"被选择"。"他吃食堂"是为了说明"（出于某种原因）他不是在家吃饭，而是在食堂吃饭"。因此，在很多语料中，"吃食堂"常常是与"在家吃饭"对举或比较的。

(12) 上大学后，我才开始有住校吃食堂的经历。记得第一年放假去看爷爷，……爷爷却问了一个与学业不相干的问题：每天都在食堂吃什么？于是，我列举了一大堆具有学校特色的菜式，虽没有现在丰富，但也比家里四菜一汤的选择面宽多了。(CCL)

(13) 1956年后薪金制以前，大家也都吃食堂，许多干部家里连只锅铲都没有。(CCL)

(14) 每个家庭都摆脱不了家务，你可以不要孩子，省去生育之劳累，可你不能天天不开伙去吃食堂。另外，被子要有人叠，地要有人擦，这都是家务。(CCL)

(15) ……，而按医院规定，不管你多大岁数，未婚就不给房，就只能住单身宿舍，两人一间，没有火。没有火就意味着只能吃食堂，……(CCL)

(16) 我母亲是个事业型的女人，家人对她的需要永远要让位于她的工作。比如，她做饭很好，但我们全家除在节假日能偶尔吃到她做的饭外，通常都是吃食堂。再比如，医院里有事和家里有事，她一定是放下家里的事去医院。(CCL)

例(12)中，"食堂的菜式"与"家里的饭菜"相对；例(13)中，"食堂"与"家里"相对；例(14)中，"家庭、家务、开伙"这些词语同样表示的是"在家做饭、在家吃饭"之义，它们在语义上与"吃食堂"形成对比；例(15)中，"房""火"都是"自己在家做饭"的前提条件，与"吃食堂"形成语义对比；例(16)中，"她做的饭"当然是指"她在家做的饭"，也与"吃食堂"形成对比。这些语料都清楚地揭示了"吃食堂"通常是为了与"在家做饭/吃饭"形成对比，其意义主要是表现"因为某种原因不在家做饭、吃饭，而在食堂吃饭"之义。在"动词＋非核心论元宾语"构式所包含的"排除"和"选择"两种构式义中，"吃食堂"的构式义主要突显的是对"家"这个常规吃饭场所的排除，而非对"食堂"的选择。

同样地，当我们说"吃馆子"的时候，言下之意仍然是"（出于某种原因）不在家做饭或吃饭，而去/在馆子吃饭"。例如：

(17) 我猜得不错，尼奥的话很令凯洛琳伤心，她正陪着菲力夫妇啃干面包。再取了些存款，买几件简单的炊具，带了床毯子和换洗衣物，正式搬入危楼。我们吃饱后，尼奥等也回来了，我立刻开门见山道："我希望大家生活正常，从今以后，不是必要，不许到外面吃馆子。"(CCL)

(18) 阿裴一面弄菜，一面说："以前我是不下厨房的，自从和陆超在一起，他不喜欢吃馆子，我就学着做菜，倒也能做几个菜了。"(CCL)

(19) 亮铜回到家时已近傍晚。街上是纷纷回家的人流。许多饭馆都飘出

炒菜的香味,亮铜想想还要回家吃饭,免不了一顿哀伤,能顿顿吃馆子的人是多么有福气啊。(CCL)

(20) 至于娱乐,一切生活上非必要的事情属之,如吃饭不是,而吃馆子当是娱乐,在家中多弄几样菜,邀朋友闲话,算娱乐不算,……(CCL)

例(17)中,"买炊具"是为了"在家做饭和吃饭",与后面的"吃馆子"相对;例(18)中,"下厨房"的意思也是"在家做饭、吃饭",也与"吃馆子"相对;例(19)中,"回家吃饭"与"吃馆子"形成对立;例(20)中,"在家多弄几样菜"也与"吃馆子"形成对立。通过比较可以看出,"吃馆子"并不是表示在{家、馆子、食堂、路边摊儿}这些可供选择的就餐场所中选择了"馆子",而更多表示的是"(出于某些原因)不在家做饭、吃饭,而在馆子吃饭"。

"吃+处所宾语"这个构式中构式义强调的并不是"主动选择了食堂或者馆子"这样的吃饭场所,而是"(出于某种原因)不在家做饭、吃饭,而在其他某个场所吃饭"。构式所包含的"排除"义和"选择"义的突显等级不是相同的,"排除"义的突显等级高于"选择"义的突显等级。当然这里所说的"排除"更多的是客观原因的限制,而非主观意愿的排斥。

"睡沙发"是在{床、沙发、地板}这个语义场内选取了"沙发"作为宾语进入构式的。然而同样地,"睡沙发"的构式义并不是为了突显在{床、沙发、地板}这些可选择的睡觉处所中选择了"沙发"这个对象,而是为了突显"(出于某种原因)不(能)在床上睡觉,而(只能)在沙发上睡觉"。

(21) 派出所办公室很紧张,值班干警晚上睡沙发,却为李晶腾出了单人房,准备了床铺,买来一台电扇。(CCL)

(22) 弗莱德喝醉酒,米里带他回家,佩琪把卧室让给他,自己睡沙发。(CCL)

(23) 他为了节省住院费用,只住了九天院,但病没有痊愈,还不能坐飞机回国,租了个便宜的公寓,他和工作人员住在一起,床位不够就睡沙发。大家自己做饭吃,尽量减少支出。(CCL)

(24) 宜欣洗漱完毕回到房间。陆武桥说:"睡吧"。宜欣环顾一周,抱过一床被子,准备睡到沙发上。陆武桥说:"这就不好了。我怎么能让你睡沙发呢?"宜欣说:"可你没有另外的床。"(CCL)

(25) 肖亚文到卧室从床体的箱子里拿出一条新被子和一条毛毯,说:"你们两个睡床,一人一条被子。我睡沙发,盖一条毛毯。这儿的暖气还可以,不冷。"(CCL)

例(21)中,"睡沙发"是与"(睡)床铺"对举的,因为"床铺"紧张,所以"不能睡床铺,而睡沙发";例(22)中,"卧室"是睡觉的场所,也是"床"常规的摆放场所,因此"睡卧室"是"睡床"的另一种说法,这里与"睡沙发"形成对比;例(23)中,"床位"与"睡沙发"对比;例(24)和例(25)中,"睡沙发"也与"(睡)床"形成对比。可以看出,虽然在大多数人共有的俗世百科知识里,"沙发""床""地板"都是有可能性的睡觉地点,但当我们说"睡沙发"的时候,并不是为了突显说话人在可供选择的睡觉场所中的一个选择,而突显的是"出于某种原因,不(能)睡床,而(不得不)睡沙发",突显的是"对选择床的这种常规选项的排除",也就是说"睡沙发"并不与"睡地板"相对,而是仅与"睡床"相对的。"睡地板"也并不与"睡沙发"相对,而是仅与"睡床"相对。

无论是"吃食堂",还是"睡沙发",观察这一类宾语,我们发现它们有一个共同的特点,那就是构式义"排除"的对象"家""床"是其所属语义场中最常规、最具普遍意义的成员。也就是说,在"就餐场所""睡觉场所"这两个语义场中各成员的地位等级是不一样的,"家"和"床"的常规性等级高于语义场内其他成员。

在我们普遍拥有的俗世百科知识体系中,"家"是最常规的就餐场所,"床"是最常规的睡觉场所。在没有外部因素影响的情况下,"家""床"是"吃饭场所"和"睡觉场所"的默认值。当我们选择了非最常规的对象时,往往是因为出于某些原因不能选择最常规的对象。当我们说起某人经常"吃食堂"时,心里更多想到的恐怕不是他在各种就餐场所中主动自愿地选择了"食堂",而是获得了"他不(能)在家吃饭"的信息,心底甚至可能还会有对"他不能在家吃饭,只能在食堂吃饭"的遗憾和同情。

(26) 时间紧,任务重,而她对向量计算机和用向量汇编指令程序又很陌生,她日以继夜地看资料、查文献、<u>吃食堂</u>、睡办公室、连夜加班在机房。(CCL)

(27) 这次女儿先兆流产她叫女儿回家调养,很重要的一个原因是家里有他这个退休在家的爸爸,没想到他还是不做饭,叫怀孕的女儿也跟着<u>吃食堂</u>!(CCL)

(28) 你们小单身汉,连个做饭的地儿都没有,一天三顿<u>吃食堂</u>,太可怜了。(CCL)

例(26)中,"吃食堂"与"看资料""查文献""睡办公室""连夜加班"并列,表达的都是"她"的努力与辛苦,在说话人看来"吃食堂"是因为忘我工作而不能在家吃饭,它是和艰苦生活联系在一起的;例(27),从上下文语境中,我们也能体会出叙述者对"吃食堂"的情感排斥;例(28)中,从说话人"太可怜了"的感叹,我们也

139

能体会出他对说话对象"不能在家吃饭，而不得不吃食堂"的同情之义。

这一类的"动词＋非核心论元宾语"从字面上看是在语义场内选择了某个成员，言下之意却是在表明"最具常规意义的对象的被排除"。如果我们假设：A＝语义场内最常规成员，B＝语义场内非最常规成员，A和B同属于一个语义场，那么可以说"动词＋非核心论元宾语"的一个蕴含意义是"选择B的原因(通常是客观原因)是不能/没有选择A"。

常规性强度等级与构式义的紧密相关，不仅表现在语义场内"最常规成员"与"一般常规成员"的对比上，还表现在"较常规成员"与"一般常规成员"的对比上。比如，核心义素"碗"所管制下的下位义场，可以根据"碗"的大小，"碗"的制造材质等分类为不同的义场。

碗:{大碗、小碗}(按碗的大小分)

碗:{瓷碗、玻璃碗、塑料碗、不锈钢碗……}(按碗的制造材质分)

比较而言，在与动词"喝"搭配表示饮酒工具时，"喝大碗""喝小碗"更常规、更常见，因为"大碗""小碗"直接关系到个人的饮酒量。而"喝瓷碗""喝玻璃碗""喝塑料碗""喝不锈钢碗"虽然在具体环境的限定下(如可供选择的有瓷碗、塑料碗、玻璃碗等)同样也是成立的，但它们却相对不那么常规、常见。甚至当这些可供选择的"碗"既有大小之分，又有制造材质之分时，人们更多地会问"你喝大碗还是小碗？"，而不会选择"你喝瓷碗还是玻璃碗？"。

需要指出的是，一些词语虽然在语义场内有其独立存在的资格，没有它们语义场就不完整，甚至在概念认知领域里，它们和动词投射出的是最常见、最典型的意象图式，但在语言表达中却没有相应的语言形式，处于一种缺省状态。例如，"吃＋(处所宾语)"的构式中，能进入这个语义槽内的词语都属于同一个语义场:{家、食堂、馆子、路边摊儿}。然而在真实的语言表达中，"吃食堂、吃饭馆儿、吃路边摊儿"都是合法、真实存在的语言形式，而"吃家"却不存在。又如，"看＋(工具宾语)"的构式中，视力辅助工具有{望远镜、显微镜、放大镜、眼镜}，我们可以说"看望远镜、看显微镜、看放大镜"，却不可以说"看眼镜"，除非"眼镜"作为"看"的观察对象，我们才会说"看眼镜"。"眼镜"是最常见、最常用的视力辅助工具，它随时架在鼻梁上，似乎成了人体的一个器官，正如吃饭要用嘴一样，是不需要刻意提及的，因此在实际表达中，"看眼镜"也是一种缺省的状态。这和宾语通常为全句的自然焦点也是一致的，因为最常见、最具普遍意义的现象是不需要强调和突显的。

"动词＋非核心论元宾语"构式中还有另外一种相对的现象:构式义中并非"排

除"义突显程度高于"选择"义,而是"选择"义的突显程度高于"排除"义。例如:

"动词+非核心论元宾语"	词语搭配	语义场
方式宾语	唱美声	{美声、民族、流行}
	寄平信	{平信、挂号、特快}
	打双打	{双打、单打}
处所宾语	跑里圈	{里圈、外圈}
	教大学	{大学、中学、小学}
	走小道	{大道、小道}
工具宾语	切小刀	{大刀、小刀}
	喝大碗	{大碗、小碗}
	写毛笔	{毛笔、铅笔、钢笔、圆珠笔}

在以上各例中,我们可以看出,宾语所在的语义场内各成员地位平等、势力相当。在常规性等级上,并不存程度的差别,没有最常规和一般常规之分。因此,这类宾语进入构式的资格是均等的。当我们说一个人是"唱美声"的,并不是说他因为不能选择"唱流行""唱民族",而选择了"唱美声"。"写毛笔",也是表明在"毛笔、铅笔、钢笔、圆珠笔"这多种可能的选择中,选择了"毛笔"这个选项。由于语义场内各成员势均力敌,因此当一个对象被选中、提取,进入构式,成为表层结构中的一环,在形成的动宾搭配中,我们无法确知因为选取了这个对象,语义场内哪一个成员被排除,因此"排除"义难以突显出来,而"选择"义成为突显意义。

综上所述,语义场内各成员势力的均衡与否,决定着构式义所蕴含的"排除"义和"选择"义的突显程度。存在这样一些语义场,场内各成员在常规性程度上势力并不均衡。在共有的俗世百科知识背景中,它们在常规性程度上有高低之分。总有一个成员是俗世知识体系中公认的最常规对象,而其他成员则是一般常规对象,最常规对象在常规性程度上远超其他成员,在同样的认知框架中通常是作为默认值存在。因此,当一个一般常规成员被选取时,这种打破常规的"选择"激活并加强了最常规成员的"被排除"意义,使得"排除"义超越了"选择"义被突显出来。而在另外一些语义场内,场内各成员在常规性程度等级上势均力敌,并不存在谁的常规性程度高于谁的情况。由于各成员的势力均衡,因此当某一个成员被选择、提取,进入构式,成为表层结构的一环时,这种均衡并没有被打破,并没有其他某个最常规成员的"被排除"被激活和强化,而是单单表达了"选择"义。在这种情况下,"选择"义的突显程度高于"排除"义。

5.3 "动词＋非核心论元宾语"的"强事件弱动作"义的实现

"动词＋非核心论元宾语"的另外一个构式义就是"强事件弱动作"义。该构式通常不表示具体的动作，突显的是一个整体的事件。前面已经验证过，它通常不能与表示具体动作正在进行的"在/正在""着"等词语连用。"强事件弱动作"义的浮现是通过受事义的削弱和背景信息的增加来实现的。

5.3.1 削弱受事义

对及物动词来说，施事和受事是及物框架中最无标记的必有成分，表现在句法表层上它们是施事主语和受事宾语。施事施加了一个动作在受事上，受事因而发生了某种改变，施动受结构完成了一个完整的表述。非核心论元是通过挤占受事论元的位置取得宾语身份的，受事论元因此不得不失去表层句法成分的身份[①]。受事的删略使动词在句法表层失去支配和管辖的对象，虽然在深层语义结构中，受事成分依然存在，但它已经从焦点位置被推入了背景位置，其语义价值和语用功能都大大削弱了。对动词来说，由于受事成分的删略，受事意义的削弱，其动作意义也相应地大打折扣。

5.3.2 添加事件背景信息

王寅为解释概念结构和句法构造的成因构拟出了"事件域认知模型"（ECM），其基本思想如图 5.5 所示。

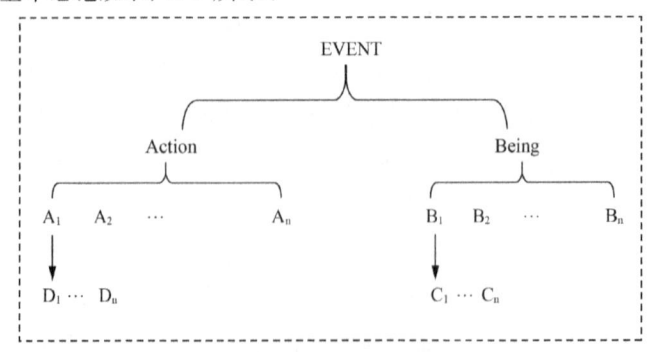

图 5.5　事件域认知模型[②]

[①] 有的时候核心论元也可以通过话题化的手段保留在句子表层。
[②] 王寅.认知语言学[M].上海：上海外语教育出版社，2007.

他认为,人们通常是通过"事件域"来体验和认知世界的。人们是在对许多具体事件的感知和体验上去逐步认识和总结抽象概念和抽象关系的。一个基本事件域(EVENT)主要包括两大核心要素:行为(Action)和事体(Being)。一个行为包括动态性行为和静态性行为,是由很多具体的子行为或子动作(如图5.5中的 $A_1, A_2, \cdots A_n$)构成的。一个事体是由很多个体(如图5.5中的 $B_1, B_2, \cdots B_n$)构成的,事体可包括人、事体、工具等实体,也可包括抽象或虚拟的概念。一个动作或一个事体又可分别带有很多典型的特征性或分类性信息D或C。

可以看到,在一个事件域中,一个动作的发出必然涉及一个或几个个体。动作和个体之间存在着各种各样的事理逻辑关系,在句法中就表现为不同的搭配关系,由此形成不同的概念结构和句法结构。

对一个及物动词来说,它的及物性决定了这个动作必然至少涉及两个事体,一是动作的施加者,一是动作的接受者。按照事件域认知模型的结构,动作和事体的无标记搭配关系应该表示为 B_1AB_2。但"动词+非核心论元宾语"的受事论元被删略了,导致这个事件的表述变得不完整。而非核心论元占据了受事论元的位置,补充了由于受事论元删略造成的句法和语义的缺口。在句子中,与事件相关的其他背景性信息增加了,事件的各个方面信息显得更加丰富,从而使整个事件变得更加完整,突出了整体的事件意义。

对不及物动词来说,与动作有直接关系的个体是动作的发出者——施事论元或主事论元等。按照事件域认知模型的结构,动作和事体的无标记搭配关系是BA的形式。当非核心论元占据宾语位置时,动作和事体的搭配关系变成了 B_1AB_2 的形式。由于 B_2 是事件背景性信息,它的加入使事件的完整性得到补充,从而也使事件的整体性得以突显,使整个构式的事件意义增强而动作意义减弱。

5.4 小结

本章主要探讨了"动词+非核心论元宾语"构式义的实现机制。我们认为,"动词+非核心论元宾语"构式化的程度不同,所以构式义在不同层级的体现也不同。Ⅰ级构式构式化程度最高,基本完成了构式化进程,生成了新的构式义。Ⅲ级构式由于组合的随意性和临时性,动宾结合非常不稳定。Ⅱ级构式数量最大、范围最广。这类构式动宾结合稳定,常常成组、成块出现,句法和语义有比较规律的共性特征,因此构式义主要体现在这一类构式上。

在"动词+非核心论元宾语""选择及排除"义的实现上,我们认为,非核心论元背后存在一个潜在的语义场是其构式义实现的前提。在这个语义场内有若干互相对立、互相排斥但又同属一类的成员,它们都具有进入"动词＋(非核心论元宾语)"这个语法槽内的同等资格。具体的语义环境决定了哪一个成员最终被提取并成为句法结构上的一环。这个语义场的核心语义是由动词和宾语的语义角色共同决定的。比如,"写＋(工具论元)"中宾语所在语义场的核心语义是由动词"写"和宾语的"论元角色"共同划定的,它们限定了宾语为书写工具,而不是其他类型的工具。宾语所在语义场内的成员身份是由社会全体成员共享的社会百科知识来确认的。比如,"吃饭场所"这个语义场内,根据俗世百科知识,我们知道其成员应该有{家、馆子、食堂、大排档、路边摊儿},而不会有"办公室、图书馆、剧院"这样的场所,因此俗世百科知识是这个语义场内词语来源的词库基础。语义场的相对封闭性突显了"选择及排除"的意义,因为在确认语义场内成员数量及成员身份的情况下,一旦某个成员被提取上升到句子表层,我们同时就能知道哪些成员没有获得资格进入句子表层。另外,句子的语境也对语义场内的成员进行着不断的调整,语境不一样,语义场内的成员有可能不一样。比如,当我们面对"酒杯"和"碗"两个选择时,"饮酒工具"这个语义场内就有{酒杯、碗}两个成员;当我们面对"大碗"和"小碗"两个选择时,"饮酒工具"这个语义场内就是{大碗、小碗}两个成员。"选择及排除"义在不同的实体构式中突显程度是不一样的。"吃食堂"很多时候有"无法在家吃饭而不得不吃食堂"的言下之意,因此"排除"义更加突显。在"唱民族"中宾语所在语义场"演唱方式"中有{民族、美声、流行}这三个成员,它们势力均衡,没有谁是更常规的成员,因此"唱民族"中"选择"义更加突显。

"动词＋非核心论元宾语"的"强事件弱动作"义是通过一方面删略受事论元,从而削弱动宾结构的动作性;另一方面增加事件的背景信息,完整事件的内容,从而突显整体事件来实现的。

第六章

非核心论元宾语与核心论元宾语的竞争

以往许多研究认为,虽然非核心论元可以占据宾语的位置成为非核心论元宾语,但是当核心论元必须出现在句子表层宾语位置时,非核心论元通常是不能和核心论元同时共存的。邢福义在谈到区分代体宾语和常规宾语的检测方法时提出,"一个 VO 结构,如果一出现表示 V 的对象或目标的宾语(记为 O_1),就可以把原来 V 后边的宾语挤出宾语位置,让它出现在次动词'用、在、到、跟'等后边,居于次宾位,……"①。孙天琦、李亚非也指出:"旁格宾语结构最多只能出现两个论元。不及物动词带旁格宾语的情况没有问题。及物动词的情况有些麻烦,一旦旁格成分占据宾语位置,受事成分就无家可归了,例如我们不能说'吃食堂饭'或'吃饭食堂'。如果受事一定要出现的话只能占据话题位置,而不能占据宾语论元位置,可以说'这篇文章(我们)抄卡片''这首歌(他们)唱美声'。"②综合各家的研究成果,当核心论元(受事类)和非核心论元都需要同时出现在句法表层结构里时,大家都认为受事类论元和非核心论元是不能同时并存于宾语位置的,如果非要同时出现的话,竞争之下一般存在两种结果:要么受事论元话题化,处于句首成为句子的话题;要么非核心论元宾语由介词引导移位至动词前,成为动词的状语。

这些以往的研究多建立在自省的语料之上,几乎很少有基于现实语料的研究,在收集到的"动词+非核心论元宾语"句中,我们发现实际上受事宾语和非核心论元宾语的竞争有更丰富的结果形式。总的来说,我们可以把它们的竞争结果分为协同和排斥两大类。

---

① 邢福义.汉语里宾语代入现象之观察[J].世界汉语教学,1991(2):76—84.
② 孙天琦,李亚非.汉语非核心论元允准结构初探[J].中国语文,2010(1):21—33.

6.1 非核心论元宾语与核心论元宾语的协同

受事宾语和非核心论元宾语的协同是指某些情况下,受事宾语和非核心论元宾语可以同时出现在宾语位置上,而不必互不相容、互相排斥。它们的协同通常通过两种句法手段来实现:一是实现为双宾语句,二是论元合并为单宾语。

6.1.1 非核心宾语与核心宾语的并立

以往许多研究认为,动词后面的受事宾语和非核心论元宾语是不能共存的,如果两者必须同时出现的话,其中一种必然要发生移位。要么受事宾语移位至句首,发生话题化;要么非核心论元宾语发生移位,由介词引导至动词前充当状语。

(1) a. 他写汉字。　　　　　　　b. 他写毛笔。
c. 他用毛笔写汉字。　　　　d. 汉字他写毛笔(,英文他写铅笔)。
e. *他写汉字毛笔。　　　　　f. *他写毛笔汉字。

(2) a. 妈妈织毛衣。　　　　　　b. 妈妈织平针。
c. 妈妈用平针的织法织毛衣。d. 毛衣妈妈织平针。
e. *妈妈织毛衣平针。　　　　f. *妈妈织平针毛衣。

通过以上两个例子,我们可以看到,结果宾语无法与工具宾语或方式宾语共现,只能用话题化或者非核心论元宾语移位至状语位置来化解这个矛盾。但事实上,并不是所有的类似情况都是这样,我们发现在一些语料中,核心论元和非核心论元可以成为动词并列的双宾语,从而实现两者在同一个句子中的和平共处。能与核心论元共处于宾语位置的非核心论元语义类型也比较多样。

动词+受事宾语+方式宾语

(3) 年长女孩说:"外公你要罚我们站,我们天天到你家后院来站,好吧?"(CCL)

(4) 她骑着坑蹲下,才顾上四处打量,看看有没有狼或者豺狗打她埋伏。(CCL)

动词+受事/对象宾语+工具宾语

(5) 现在,他无法领着三民追出去,灌对方一脖子沙土了。

(6) 我忽然想到,今天是爷爷的生日,中午要为爷爷做寿,就说:"张老师,今天您无论如何都要在我家吃饭,我要敬您一杯水酒……"(CCL)

146

(7) 鲁豫：如果你的腿不小心碰到了，他们就会赔你钱，是吗？

(8) 他的同学只打算捐资再扩充一下雷锋小学，尽管李高令在饭桌上<u>灌老同学白酒</u>，自己也灌了两大杯，直着嗓子叫了半天"哥哥嫂子"也无济于事。(CCL)

动词＋受事宾语＋处所宾语

(9) 男友时时刻刻在<u>查我岗</u>，我像活在监狱里（网络标题）

(10) 他昨天干什么了？他去机场<u>接他姐姐站</u>了。（百度搜索）

动词＋受事/对象宾语＋目的宾语

(11) 原来，那个男人还常借做生意之名<u>骗人钱财</u>，警察正在找他呢。(CCL)

(12) 他如何在五分钟之内决定一个人的命运前途呢？我觉得<u>报他研究生</u>的人只有两种可能，一种是无知者无畏，一种是一片丹心照汗青。

(13) 见过<u>蹭男人饭</u>的女人，却没见过<u>蹭女人饭</u>的男人，真是开眼了……(CCL)

(14) 记得当年我们宿舍小林有意<u>报考主任研究生</u>的时候，除了考试，还要对着镜子观察自己是否站有站相、坐有坐相。

(15) 中午，她在食堂买来可口热乎的饭菜送到家中；晚上，<u>哄孩子睡觉</u>，为丈夫擦身子，洗衣服，往往都是忙到半夜时分。

(16) 我白提醒你一下，万一你们单位有人<u>寻你开心</u>，你好有个准备。

动词＋对象宾语＋范围宾语

(17) 香港同胞三年<u>捐款上海慈善事业</u>五千多万。（百度搜索）

(18) 咱丹湖的莲子多又出名，让她用丹湖莲子加上咱这儿的白木耳，再买点冰糖，用丹湖里的藕磨些粉，每天熬些莲子羹，一小碗<u>卖他两块钱</u>，保准游客们会争着喝。(CCL)

典型双宾语句一般都是"动词＋直接宾语＋间接宾语"的结构形式，如"我送他一本词典""老师教我们汉语语法"。直接宾语通常为与事或对象论元，间接宾语通常是受事或结果等论元。无论是直接宾语还是间接宾语，它们都是核心论元成分，这是由词汇论元结构决定的。与典型双宾语句相似，当核心论元宾语与非核心论元宾语同时出现在双宾语中时，近宾语也就是直接宾语依然应该是核心论元宾语，即与事、受事、对象类论元。受事类核心论元表示受动作支配和影响的客体，受事性最强，与动词之间心理、语义距离最近，具有最优先实现为宾语的权利，因此通常实现为近宾语。非核心论元宾语则只能充当远宾语（间接宾语),表示动作的方式、工具、目的、处所等。

6.1.2 非核心宾语与核心宾语的合并

除了利用双宾语结构以外,非核心论元和核心论元为了实现两者的和平共处,还可以借助合并论元角色的方式,也就是说,两种不同语义类型的论元角色最终合并成一种论元角色,从而实现两者在同一个句子中宾语位置上的共存。

6.1.2.1 论元角色的附加

有的时候,两种不同类型的论元角色在语义内容上处于同等重要的位置,都是需要突显的信息,那么一种论元角色可以附加在另一种论元角色上,表示对后者的修饰或限定。两者合二为一,合并成为一种论元角色。

动词＋受事/与事/对象论元＋的＋方式宾语

(19) 这次他当美国兵,陈北燕当志愿军;他巡逻,陈北燕<u>打他的埋伏</u>。

(20) 在一次李德讲课的课堂上,我提出过不同意见,他就拍桌子骂我,还<u>罚我的站</u>。

(21) 给我几个月时间,明年春节时,你们走不上平坦的水泥路,<u>打我的耳光</u>!

(22) 大家乘机起哄,让林珠<u>罚康总的酒</u>。

动词＋受事/与事/对象论元＋的＋工具宾语

(23) 老人当时敬了二哥的酒,还给二哥跪下了。

(24) 她的心本来是高的,只是受了现实的限制,她不得不时时<u>泼自己的冷水</u>。

(25) 谈到行业管理弱化的问题,各省黄金管理部门的头头儿们不无委屈地说:"产品流失,要<u>打我们的板子</u>,我们还不服哩。"

(26) 如果因为开发区骤增就要<u>打每个开发区的板子</u>,那是犯了知识和逻辑的错误。

动词＋受事/与事/对象论元＋的＋处所宾语

(27) 水山每夜出去几次<u>查粮库的岗</u>,难道说当妈的乐意儿子去受罪吗?

(28) "对不起,我没去<u>接你的机</u>。"(CCL)

从句法结构上看,和结构助词"的"一起处于定语位置修饰限定宾语的名词性成分实际上都是动词的受事、与事或者对象论元。由于处所、工具、方式等非核心论元占据了宾语位置,而同样身为新信息需要强调的受事、与事、对象论元不得不变身为非核心论元的修饰限定成分才能实现两者的共处。

从修饰限定成分和宾语的句法结构来看,它们大部分都是"人称代词/表示人物的名词+的+名词"。"人称代词/表示人物的名词+的+名词"通常表示的是领属关系,如"我的书""爸爸的单位""校长的办公室"。但我们可以发现上面各例中,修饰限定成分在语义上其实和后面的名词并不存在任何领属关系,如"我的耳光""他的埋伏""康总的酒"中"我"和"耳光"、"他"和"埋伏"、"康总"和"酒"没有事理逻辑上的领属关系。从语义和客观事实上看,它们和宾语并不存在语义上的直接联系,只是因为两者都是需要突显的新信息,所以不得不借助一种附加于另一种之上的方式才得以同时共处于宾语位置。如果不借助这种方式,便无法实现两种信息的同时突显。我们可以比较下面两组句子。

(29) a. 老人当时给二哥敬了酒,还给二哥跪下了。

b. 老人当时敬了二哥的酒,还给二哥跪下了。

(30) a. 她的心本来是高的,只是受了现实的限制,她不得不时时给自己泼冷水。

b. 她的心本来是高的,只是受了现实的限制,她不得不时时泼自己的冷水。

a句中表示动词对象或受事的论元由介词引导移位至动词前面,宾语位置上只有工具论元"酒""冷水"。由于汉语中句末位置通常是信息焦点的常规位置,因此句末宾语"酒"和"冷水"自然成为句子的常规焦点。而与事/受事论元"二哥""自己"由于已经移位至动词前,便无法获得焦点突显。b句中与事/受事论元成为修饰限定成分与非核心论元宾语构成定中结构,处于动词的内部辖域之中。由于它们与非核心论元同时共存于宾语位置,宾语所负载的焦点突显功能也自然地施加其上,因此"二哥"和"酒"、"自己"和"冷水"同时获得了焦点突显的效果。

6.1.2.2 论元角色的糅合

沈家煊曾经以"王冕死了父亲"为例,提出糅合"不仅是汉语构词的重要方式,也是汉语造句的重要方式"。他形象地指出,"糅合好比是将两根绳子各抽取一股重新拧成一根"[①]。当核心论元与非核心论元无法通过并立或者一种附加于另一种之上的方式实现两者在宾语位置上的共处时,两者可以通过句法和语义同时糅合的方式达成这一目的。两者无论在形式结构上还是在语义内容上同时合二为一。它们的结合体转换成某一种类型的论元角色,从而实现两者的协调共处。我们这里所说的"糅合"和沈家煊提出的"糅合"并不完全一样,但由于这

---

① 沈家煊."糅合"和"截搭"[J].世界汉语教学,2006(4):5-12.

两者的结合方式与沈家煊所提出的"糅合"有一些相似之处,因此我们借用这个概念把核心论元与非核心论元在宾语位置上的这种结合称为两者之间的"糅合"。

(31) a. 我写毛笔。(工具)

b. 我写字。(结果)

c. 我写毛笔字。(结果)

(32) a. 我画水彩。(材料)

b. 我画画儿。(结果)

c. 我画水彩画儿。(结果)

(33) a. 妈妈在跳舞。(同源)

b. 妈妈在跳探戈。(方式)

c. 妈妈在跳探戈舞。(受事)

(34) a. 妈妈织毛衣。(结果)

b. 妈妈织棒针。(工具)

c. 妈妈织棒针毛衣。(结果)

在例(31)中,a句"毛笔"是"写"的工具宾语;b句"字"为"写"的结果宾语;c句中"毛笔字"同样是结果宾语,表示动作的结果。但与b句相比,c句宾语的语义内容更为丰富。这里工具论元与结果论元并不是各自并立的关系,工具论元与结果论元糅合在一起,成为一个新的结果宾语,表示工具的"毛笔"修饰限定表示结果的"字",二者凝聚成一个偏正式的合成词组"毛笔字"。例(32)中,a句中"水彩"是画画使用的材料,为动词的材料宾语;b句中"画儿"是动作"画"的结果,为结果宾语;c句中材料宾语和结果宾语糅合在一起形成一个新的结果宾语,"水彩画儿"同样是动作"画"的结果。不过相比较"画儿","水彩画儿"的语义内容更为丰富。例(33)中,a句"舞"为动词"跳"的同源宾语;b句"探戈"为动词"跳"的方式宾语,表示"以探戈的方式跳";c句中宾语为"探戈舞",是动词"跳"的受事宾语。"探戈舞"是"舞"和"探戈"两个论元所表示的概念的糅合。例(34)中,a句"毛衣"是动作"织"的结果,为结果宾语;b句"棒针"是"织"所使用的工具;c句中"毛衣"和"棒针"糅合成一个词"棒针毛衣",仍为动词的结果宾语。

不过需要指出的是,沈家煊所提出的"糅合"是两个概念各取一部分,然后糅合在一起,而我们这里所说的"糅合"主要是指两个概念整体的糅合。也就是说,如果我们假设有A、B、C三个概念,A、B为原始概念,C表示糅合成的概念。我们将A的概念内容表示为A={$a_1+a_1+a_3+\cdots\cdots$},B={$b_1+b_2+b_3+\cdots\cdots$}。那么,按照沈家煊的观点,C={a_1+b_1}or{a_1+b_2}or{a_1+b_3}……,而我们这里所指的糅合是 C＝A＋B。

从句法结构上看,论元角色的附加和论元角色的糅合有许多相似之处。它们都是一种核心论元和一种非核心论元的合并。合并之后,非核心论元通常位于核心论元之前起修饰限定作用,只不过论元角色的附加通常由结构助词"的"来完成。但事实上,两者其实完全不同。论元角色的附加是一种论元角色附加于另一种论元角色之上,两者无论从形式上还是从语义上都还是独立的。而论元角色的糅合则是从形式和语义上都合二为一。例(31)中,"毛笔"和"字"两个词发生了形式和概念的糅合,生成了"毛笔字"这一个意义高度凝聚的词组;例(32)中,"水彩"和"画儿"两个词发生了糅合,产生了"水彩画儿"这个词组;例(34)中,"棒针"和"毛衣"发生了糅合,产生了"棒针毛衣"这个词组。"毛笔字""水彩画儿""棒针毛衣"都有明确的相应指称对象。因此,我们这里所说的论元角色的糅合是"1＋1＝1"的过程。

6.2　非核心论元宾语与核心论元宾语的互斥

核心论元与非核心论元并不是都能和平共处的,很多时候,核心论元与非核心论元在宾语位置上的竞争结果是两者互相排斥、无法共存,只有其中一种论元能合法留在宾语位置上,另外一种论元角色要么只能失去留在句法表层的资格,要么通过移位、话题化或述题化的方式为自己在句法表层中争取到一席之地。

6.2.1　论元角色的删除和隐藏

很多时候,核心论元宾语(如受事、与事、对象、结果等)是无法与非核心论元宾语(如工具、材料、方式、时间、处所、范围、原因、目的、依凭等)共处于宾语位置的。如果在语义表达上,其中一种宾语不是新信息,不需要借助宾语的焦点位置来达到信息突显的效果,那么这种论元就会被删除或者是隐藏。

(35) a. ＊他们去西餐厅是吃西餐情调。

b. ＊他们去西餐厅是吃情调西餐。

c. ＊他们去西餐厅是吃西餐的情调。

d. ＊他们去西餐厅是吃情调的西餐。

e. 他们去西餐厅是吃西餐。(受事)

f. 他们去西餐厅是吃情调。(目的)

(36) a. ＊他切大刀西瓜。

b. *他切西瓜大刀。

c. *他切大刀的西瓜。

d. *他切西瓜的大刀。

e. 他切<u>西瓜</u>。（受事）

f. 他切<u>大刀</u>。（工具）

(37) a. *他们踢主场上半场。

b. *他们踢上半场主场。

c. *他们踢主场的上半场。

d. *他们踢上半场的主场。

e. 他们踢<u>主场</u>。（处所）

f. 他们踢<u>上半场</u>。（时间）

(38) a. *他跑八百米里圈。

b. *他跑里圈八百米。

c. *他跑八百米的里圈。

d. *他跑里圈的八百米。

e. 他跑<u>八百米</u>。（范围）

f. 他跑<u>里圈</u>。（处所）

在上面各例中，无论是用论元角色并立的方式还是论元角色合并的方式，受事和目的、受事和工具、处所和时间、处所和范围论元都无法同时实现为宾语，只能通过在句法上删除某一种论元的方式确保句子的成立。至于哪一种论元会被删除、哪一种论元会被保留是由具体语言环境下的语用需要确定的。哪一种论元负载着新的未知信息，是需要强调和突显的内容，那么这种论元就会被保留下来。

值得注意的是，与非核心论元宾语不同，虽然核心论元宾语从句子的表层结构中被删除了，但从语义内容上来看，它们仍然是深层语义结构的一部分，这是由及物动词的及物性决定的。施事作用于客体，客体因此发生了变化，这是及物性最基本的语义表达。施事和客体是及物动词词汇框架的必有成分。两者投射到句法表层上，施事实现为主语，客体实现为宾语。虽然从句法层面我们将表示受事、结果、对象、与事等客体论元宾语删除了，但是在语义上它们的语义内容仍然存在。我们可以比较下面几组例句。

A组

(39)［处所宾语］苏小姐说："鸿渐，你坐一会，我还有几句话跟你讲——辛楣,我今儿晚上要陪妈妈出去应酬,咱们改天吃馆子,好不好?"

(40)[时间宾语]女生吃着吃着面条,又哭了:"沈老师,刚才在上铺,我背着您给她们发了一封短信,说您查夜来了。"

(41)[方式宾语]刘星:对! 尤其是咱爸咱妈。一个唱红脸,一个唱白脸,最难对付啦!

(42)[工具宾语]段莉娜的父亲一身戎装,腹部膨起,双手背在身后,在段莉娜介绍了康伟业之后,仅仅对他点了一个头,之后就一直坐在阳光充沛的院子里听半导体收音机,打瞌睡。

B组

(43)[处所宾语]鲁豫:内心是很矛盾的,一开始会觉得那还挺好的,就当别人呼喊着那个人的名字,像你跟别人说以前走红毯人家会喊谁谁谁的名字,可能内心会有小羡慕或者失落。

(44)[工具宾语]"好啦好啦,别动不动就哭鼻子,又不是三岁小孩。就算我那会儿爱过你,就冲你对我这样,我还爱的起来么?"

(45)[方式宾语]她发现方枪枪一直站着丁字步,姿态几乎和他对面的陈南燕如出一辙。

(46)[目的宾语]志新:也就小凡在学校躲个清静。

A组中,"吃馆子"所在的句子中受事论元"饭"和处所论元"馆子"无法同时共存于宾语位置,所以负载着已知信息的受事论元被删去,只保留了负载新信息的处所论元"馆子"。虽然在句法表层上受事论元"饭"被删去,但由于受事"饭"是动词"吃"的词汇语义框架中的所含内容,所以从语义表达上我们仍然能感受到"饭"的存在。"吃馆子"自然是"在馆子吃饭"的意思。"查夜"所在的小句中,受事宾语也没有出现,但由于受事论元在动词"查"的词汇论元框架中存在,所以其语义内容在深层语义结构上仍然存在。从上下文中,我们可以知道"查"的受事是"学生",根据上下文的语义内容,"查夜"是"晚上查学生宿"的意思。同样地,"唱红脸""唱白脸"虽然没有出现受事论元"戏","听半导体收音机"中也没有出现受事"广播",但由于受事论元都是及物动词的框架语义内容,因此它们虽然不出现在句法表层,但在语义深层结构上仍然有它们的位置。因此,准确地说,在"及物动词+非核心论元宾语"的结构中,核心论元并没有被彻底"删去",而只是隐藏到句子深层了。它们在句子的语义解释中仍然发挥着作用,在事实上大大地扩充了句子的语义容量。

B组中,动词"走""哭""站"都是不及物动词,在它们的词汇语义框架中只涉及施事论元。无论非核心论元在不在宾语位置上,它们都不涉及受事客体。

6.2.2 论元角色的移位

虽然很多时候非核心论元和核心论元无法同时并存于宾语位置,但语义表达却需要这些论元角色的参与,那么非核心论元可以由介词引导移位至动词前面成为句子的状语成分,实现与核心论元的共存。不同的论元角色由不同的介词格标引导。和其他非核心论元不同,范围论元通常不能移位至动词前(表6.1)。

表6.1 不同论元角色的非核心论元宾语向状语的移位转换

论元角色	格标	例句
工具论元	用/以/拿	[宾语]她躲在家里,化上浓妆,穿各种时装仔仔细细地照过了镜子。 [状语]她躲在家里,化上浓妆,穿各种时装仔仔细细地用/拿镜子照过了(自己)。
材料论元	用/以/拿	[宾语]在他们那杆镶紫缎的"大"字镖旗保护下,从未有任何一趟镖出过一点差错。 [状语]在他们那杆以/用/拿紫缎镶边的"大"字镖旗保护下,从未有任何一趟镖出过一点差错。
方式论元	用/以/按……的方式/形式	[宾语]一个大红缎子绣球让宽宽的两根红缎带子打了个十字交叉绑在胸前。 [状语]一个大红缎子绣球让宽宽的两根红缎带子以十字交叉的方式打了个结绑在胸前。
处所论元	在……(上/里……);从……(里/上……)	[宾语]小毛登报纸了! [状语]小毛(的文章)在报纸上登出来了。
时间论元	Φ/在……(的时候)	[宾语]"行,玩得开心。我跟护工说一声,加点儿钱,让护工做整天。" [状语]"行,玩得开心。我跟护工说一声,加点儿钱,让护工一整天都做。"
依凭论元	靠/凭	[宾语]他的身体已恢复,不想再躺在床上靠国家、吃父母。 [状语]他的身体已恢复,不想再躺在床上靠国家、靠父母吃(饭)/生活。
原因论元	因为/为……	[宾语]现在女人都不屑伤春了,自己枉为男人,还脱不了此等刻板情感,岂不可笑! [状语]现在女人都不屑因为春天(的逝去)而伤感了,自己枉为男人,还脱不了此等刻板情感,岂不可笑!
目的论元	为了……	[宾语]护士长还亲自表演怎样逃生,那认真劲儿,把老公给逗乐了。 [状语]护士长还亲自表演怎样为了生存逃离(危险的地方),那认真劲儿,把老公给逗乐了。
范围论元		[宾语]云芳,我帮你算一笔账,你不吃饭,每天可以省3块钱,现在你已经省了9块钱了。

当非核心论元由宾语位置移位至状语位置后,动词后出现了空位。整个句子无论从句法、语义还是从信息内容的分布来看,都显得头重脚轻、分布失衡,因

此如果动词为及物动词,动词的客体宾语通常需要补出以完整句子;如果动词为不及物动词,则需要补出其他成分以完整句子。

(47) a. "别说你了,有时我都想再干两件漂亮活儿。"铁梨花抽着烟袋说道。
b. "别说你了,有时我都想再干两件漂亮活儿。"铁梨花用烟袋抽着烟说道。
(48) a. 我坚持到片子放到三分之二时实在坚持不住了,昂然退场。
b. 我坚持到片子放到三分之二时实在坚持不住了,昂然从剧场里退出来。

6.2.3 非核心论元与核心论元的话题化

Li 和 Thompson 从类型学的角度,以汉语主谓谓语句为主要证据,指出汉语是话题优先型的语言,而英语是主语优先型的语言。英语有严格的形态标记,主格、宾格与句法位置有严整的对应关系,主语是句子中必不可少的成分。而对于汉语来说,汉语注重的是话题而不是主语,所以句子中主语可以脱落或者缺损,充当话题的成分也相当自由。动词的相关论元常常可以自由地充当句子的话题,而不受语义角色的限制。因此,当非核心论元与核心论元无法在宾语位置上并立,在语义表达上又需要参与表达以完整语义内容时,它们也可以通过话题化的语法过程实现在句法和语义上的共现。在句法上,话题化的过程是通过语序的变动来实现的,动词论元移位至句首成为话题。

(49) [工具论元]a. 他切大刀。
　　　　　　　b. 这把大刀他切西瓜。
　　　　　　　c. 这把大刀切西瓜。
　　　　　　　d. 西瓜切大刀(,黄瓜切小刀)。
(50) [材料论元]a. 工人们刷了油漆。
　　　　　　　b. 油漆工人们刷了。
　　　　　　　c. 油漆刷了墙。
　　　　　　　d. 墙刷了油漆了。
(51) [处所论元]a. 我找过每一个房间。
　　　　　　　b. 每一个房间我都找过。
　　　　　　　c. 每一个房间都找过。
(52) [时间论元]a. 他值星期六。
　　　　　　　b. 星期六他值班。
　　　　　　　c. 星期六值班。
(53) [目的论元]a. 他刚刚测了温度。

　　　　　　　　b. 温度他刚刚测了。

　　　　　　　　c. 温度刚刚测了。

(54)［范围论元］a. 他们一共吃了八百多块钱。

　　　　　　　　b. 八百多块钱,他们一共吃了。

　　　　　　　　c. A:他们一共吃了多少钱?

　　　　　　　　　 B:八百块钱,一共吃了。

(55)［依凭论元］a. 五年了,他一直吃老本。

　　　　　　　　b. 那点儿老本他吃了五年。

　　　　　　　　c. 那点儿老本吃了五年。

(56)［原因论元］a. 你好好养病。

　　　　　　　　b. 病,你好好养(,队里的事儿,你不要担心)。

　　　　　　　　c. 病要好好养。

(57)［方式论元］a. 他爸他妈一个唱红脸,一个唱白脸。

　　　　　　　　b. 红脸,他爸唱;白脸,他妈唱。

　　　　　　　　c. *红脸唱;白脸唱。

　　从上面的例子可以看到,动词的非核心论元基本都能移位至句首成为话题。当然也有一些非核心论元受句法其他因素影响不能移位至句首。上面各例中除了方式论元移位至句首后主语不能缺省外,其他各类型论元移位至句首后句子都非常自由灵活,主语出现与不出现句子都是形式合法、语义自足的。范围论元移位至句首后的句子 b、c 虽然在书面语中较少出现,但是在口语表达中却非常常见。比较移位前后的句子,可以看到当非核心论元移位至句首作为话题后,句子在两个方面发生了改变:一是非核心论元名词成分从无定变成了有定,二是焦点与非核心论元的分离。

6.2.3.1　非核心论元从无定到有定

　　从类型学上来说,汉语是一种 SVO 语言,宾语通常位于句末位置。当动词的宾语离开原来的位置移位至句首后,它们就成为有标记的话题,可以起到突出话题的作用。这个话题是交际双方交谈涉及的主要对象,是说话人希望引起听话人注意的内容,它是交际双方已知的、已被激活的信息。这一点体现在句法形式上就是,一旦非核心论元移位至句首成为句子的话题,它就必须是有定的成分,而不能是无定的成分。

(58) 她箍了一条红色的发带。——*一条红色的发带她箍了。

　　　　　　　　　　　　　　——那条红色的发带她箍了。

(59) 我打了针。——*一种针我打了。

　　　　　　——那种针我打了。

　　　　　　——流感预防针我打了。

(60) 她糊了一张白纸在窗户上。——*一张白纸她糊在了窗户上。

　　　　　　——那张白纸她糊在了窗户上。

　　　　　　——白纸她糊在了窗户上，红纸她糊在了墙上。

非核心论元作宾语时，通常是无定的，表示泛指的概念。但当它们移位至句首成为话题时，由于话题通常是双方已知、共享的信息，因此非核心论元必须从无定变为有定的形式句子才能成立。名词前通常需要添加指示代词"这""那"，专有名词等指称特定对象的词语也可以作为话题。虽然有些句子里作话题的非核心论元名词成分前面并没有指示代词或其他成分的限定，但是从上下文来看，它们都是指称对象，都是有定的。比如，"白纸她糊在了窗户上"中虽然"白纸"前面没有任何指示限定的成分，似乎并不成立，但是如果我们说"白纸她糊在了窗户上，红纸她糊在了墙上"则是成立的。从语义中我们知道无论"白纸"还是"红纸"都是听说双方已知的信息，是有定的。

6.2.3.2　焦点与非核心论元的分离

汉语是 SVO 类型的语言，在信息的传递表达中遵循的是焦点信息后重的原则。焦点信息对于听者来说通常是未知的新信息，在句法上通过句末的位置来突显。在没有其他句法手段或者语用因素的影响下，哪个成分占据了句末的位置，哪个成分就成为句子的常规焦点。在具体语言环境下，当非核心论元所指称的概念为新信息，是说话人希望对方注意的内容时，它通常占据宾语的位置。而当非核心论元所指称的概念内容为听说双方共知的旧信息，移位至句首成为句子的话题时，它便不再是焦点信息的负载者，位于宾语位置的其他新信息便成为焦点信息的新负载者。

(61) 妈妈在厨房里用大刀切西瓜。
　　　施事　处所　工具　受事

(62) 厨房里，香蕉妈妈切小刀，西瓜妈妈切大刀。
　　　处所　话题施事　工具　话题施事　工具

(63) 妈妈在厨房里用大刀把西瓜切片儿。
　　　施事　处所　工具　受事　方式

在上面三个例子中，与动词"切"发生语义联系的论元有施事、处所、工具、受事、方式。当哪一个论元为未知的信息,其语义需要突显的时候,该论元便会占据宾语的位置。例(61)中,焦点信息为受事论元"西瓜"。例(62)中,"西瓜"为双方已知信息,移位至句首成为话题,不再是句子的焦点,而处于宾语位置的工具论元"大刀"则是未知的新信息,获得焦点身份。例(63)中,需要突显的新信息是动作的方式,而施事、处所、工具、受事都是已知信息,因此方式论元占据宾语位置,成为句子的常规焦点,其负载的新信息得以突显。

6.3 核心论元宾语对非核心论元宾语的影响

当非核心论元宾语在语用需要的驱动下,占据宾语位置成为非核心论元宾语后,非核心论元和句法位置之间并不是一种静态的、互不影响的状态。宾语这个句法位置所具有的句法和语义特点会对非核心论元产生不小的影响和作用力。特别是当"动词+非核心论元宾语"的搭配组合使用得越频繁、越广泛,典型宾语所具有的句法语义特征就会越多地投射到处于宾语位置的非核心论元身上,使其本身的句法语义特征发生相应的裂变。

6.3.1 句法的投射

陈平在论及汉语中三种句子成分与语义成分的配位原则时指出,"最基本的语义角色只有两类,我们称之为原型施事和原型受事",如同音位一样,原型受事也是由一组基本特征组合而成的。"原型受事特征主要包括:1)变化性;2)渐成性;3)受动性;4)静态性;5)附庸性。"[①]事实上,同时具备以上所有特征的受事成分是极为少见的,大部分的受事宾语都只具备其中几种特征而已。因此,"受事宾语"也是一个范畴。和其他范畴一样,在这个范畴内有典型成员和非典型成员。典型成员具有较多的典型受事宾语的特征,非典型成员具有较少的典型受事宾语的特征。对于及物动词来说,施事占据主语位置,受事占据宾语位置,这是最常规的配位规则。当由于某种语用因素驱动,非核心论元宾语占据宾语位置时,宾语这个句法位置所凝定的一些句法特征会逐渐投射到非核心论元,使之逐渐对象化、客体化,逐渐变成非典型的受事宾语。非核心论元受事性的增强在句法上我们可以从两个方面得到证据,一是这些论元可以受到数量结构的修饰,二是可以转换为"把"字句。

---

① 陈平.试论汉语中三种句子成分与语义成分的配位原则[J].中国语文,1994(3):161-168.

第六章　非核心论元宾语与核心论元宾语的竞争

"微博"是随着网络技术的开发和应用而兴起的一种新现象。百度百科是这样对其进行定义的："微博（Micro-blog）是一种基于用户关系信息分享、传播以及获取的通过关注机制分享简短实时信息的广播式的社交媒体、网络平台……用户可以通过 PC、手机等多种移动终端接入，以文字、图片、视频等多媒体形式，实现信息的即时分享、传播互动。"可以看到，百度百科对"微博"的核心定位是"社交媒体、网络平台"，因此这个概念具有典型的［＋场所性］语义特征。当然，这个"网络平台"是一种抽象的、虚拟的场所，这种［＋场所性］的语义特征体现在句法上，就是它的前面可以有表示处所位置的介词"在"，而它的后面也可以有表示方位的方所词"上""中"等；它甚至也可以在表示趋向的动词"上"后面，表示场所。

（64）就在网上为这事炸开了锅的时候，360 掌门人周鸿祎于 19 点 24 分在新浪微博发出一条掷地有声的回应。（CCL）

（65）其他如我们平常在天极网、比特网、新浪微博等网站看见的"猜你喜欢"栏目，那就是本文说的个性化精准营销的体验。（CCL）

（66）10 月 1 日，张朝阳在其微博上写道："在没有有效司法约束的中国互联网丛林，需要一种像自然界所存在的制衡力量，来把垄断公司作恶的行为限制在一定的可以忍受的范围。"（CCL）

（67）在微博中，博友只能被允许发表 140 个字符，因为只有精短的句子才能获得大范围的转发和关注。（CCL）

（68）怎样在新浪微博中把视频保存在手机上？（CCL）

（69）十二年前上论坛的时候，发现原来有这么多事我不知道，到现在上微博，知道得更多了，但只要事不够惨，上午的事儿下午就得靠搜索才能找着了。（CCL）

当人们开始把"微博"这个词放在动词后充当宾语时，随着使用的逐渐频繁和广泛，宾语的句法语义特征投注其上，使其所含语义特征中［＋受事性］增强，［＋处所性］减弱。

（70）鲁豫：比如说你要发一个微博，发之前你会各种地想，我这么发有没有问题，那么发有没有问题。

（71）5 月 25 日，周鸿祎连发微博 42 条，历数金山种种问题。（CCL）

（72）中午开始电脑上网，挂上 QQ 和 MSN，方便有人找和联系事情，然后看看新闻、翻翻微博。（CCL）

以上例子中，"微博"成为动词"发""翻"的宾语，受受事宾语的句法语义特征

159

以及动词的影响,其客体性、受动性语义特征明显,表示受动作作用和影响的客体,不再表示"社交平台",而表示"在社交平台上发布的内容不超过140字的博客"。在句法表现上,它可以受到数量结构"一个""42条"的限定和补充说明,不但具有了客体性、事物性的意义,还具有了可数名词的特征。

"把"字句中宾语的受事性是最强的,因此我们还可以以"把"字句为标准来检验宾语的受事性强弱。

(73)安娜删了自己的微博。——安娜把自己的微博删了。(百度搜索)

(74)他转了这个微博表示,不能指望新浪了,只能指望搜狐了。——他把这个微博转了表示,不能指望新浪了,只能指望搜狐了。(CCL)

(75)怎么才能转发微博到朋友圈?——怎么才能把微博转发到朋友圈?(百度搜索)

以上各例中,非核心论元宾语都能合法转为"把"字句的宾语,表示受动作处置、直接影响的客体,具有[＋变化性][＋受动性][＋附庸性]语义特征。受事性极强,是典型的受事性宾语。

6.3.2 语义的辐射

邢福义在论述代体宾语形成条件时提出,不仅及物动词和常规宾语有联系,代体宾语同及物动词和常规宾语也必须分别存在联系。他用下面这个三角阵图来表示三者之间的联系:

```
动 ——— 常
         │
         代
```

比如,"打冠军"和"打日本队",虽然动宾之间语义关系不一样,但是它们"受三角联系的约束上却没有什么不同"。

```
打 ——— 排球        打 ——— 排球
       │                    │
       冠军                 日本队
```

他认为,三者之间的语义联系必须是直接的,如果不存在这种三角联系,那么代体宾语便不成立。

我们非常赞同核心论元宾语、非核心论元宾语即代体宾语和动词确实存在着密切的语义联系,但我们认为动词和核心论元宾语的语义联系是第一位的,动词与非核心论元宾语的语义联系是第二位的。只有当动词与核心论元宾语的语义关系确立后才能进一步辐射出动词与非核心论元的语义关系。

我们以动词"打"为例，与动词"打"组配的非核心论元宾语语义类型非常丰富：

[工具]：打大锤　　打板子
[材料]：打毛线　　打丝线
[方式]：打双打　　打短平快
[处所]：打主场　　打客场
[目的]：打世锦赛　打冠军
[时间]：打上半场　打加时赛
[范围]：打二两

不难发现，虽然与"打"组配的非核心论元宾语语义类型多种多样，但是"打"的语义是不尽相同的。"打大锤"中"打"是"用手或器具撞击物体"的意思，"打板子"中"打"是"殴打"的意思，"打毛线"的"打"是"编织（毛衣）"的意思。"打短平快""打世锦赛""打冠军""打双打""打上半场""打加时赛"中"打"是"做某种游戏或进行某种球类比赛"的意思，"打二两"中的"打"则是"买（酒/油等）"的意思。在《现代汉语词典》中动词"打"有 24 个义项，"打"在与不同的成分组合时，语义能沿不同的方向游移，形成不同的语义合成式。

从及物动词的词汇语义框架来说，受事成分是其语义内容的必有组成部分，在没有其他语用因素的影响下，受事论元是动词的必有论元。当"打"与非核心论元组合、受事论元隐没的时候，动词的具体实现意义并不能直接浮现。比如，"打冠军"，在没有具体语境的情况下，我们既可以理解为"为了夺取冠军而打排球比赛"，"冠军"为目的宾语，也可以把"冠军"看作受事宾语，为"打"的受事。但在具体的语言环境中，受动作作用和影响的客体一旦确定，核心论元宾语即使在句法表层并不出现，但在深层语义结构中，它的语义内容仍然存在。动词的意义通过与核心论元宾语意义的叠加，其具体实现意义得以浮现。意义显现的动词再与非核心论元宾语发生语义联系，辐射出不同的语义关系，表述动作发生的处所、使用的材料、采用的方式、发生的时间等（图 6.1）。

动词"吃"也是语义内容非常丰沛的一个词，它有"把食物等放到嘴里经过咀嚼咽下去"的基本意义，如"吃苹果"；也有"吸收（液体）"的意义，如"吃墨""吃油"；还有"承受、禁受"的意思，如"吃得消""吃不住"等。它与不同的名词性成分组合会形成不同的语义关系。在"吃"与非核心论元宾语的搭配组合中，虽然受事论元并没有出现，但其语义内容始终存在于深层语义结构中。"吃"和受事论

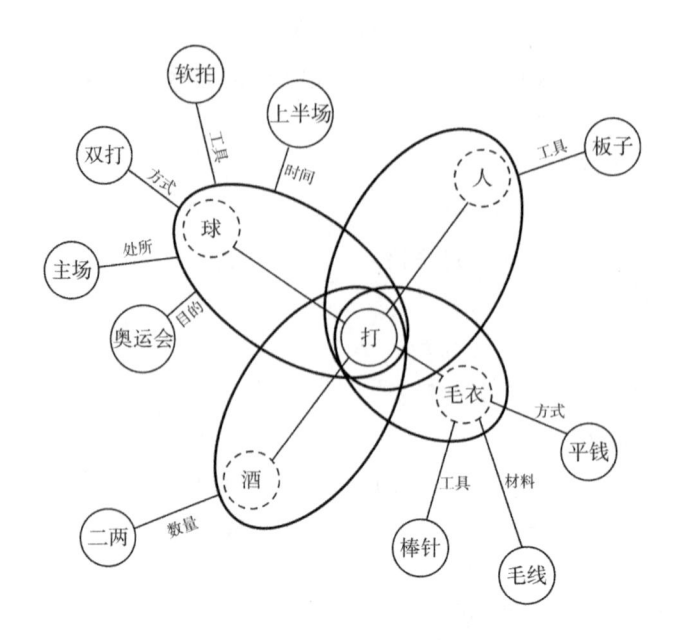

图 6.1 动词"打"的语义辐射图

元存在一个语义选限关系,它们的组合式成为核心的语义关系,"吃"与非核心论元宾语的语义关系都是由"吃"与受事宾语的语义关系辐射出来的。它们由此形成一个语义关系群,如图 6.2 所示。

语言结构是客观世界在主观认知中的映射,因此"打+宾语"和"吃+宾语"的一系列语法结构映射出客观世界中的一系列事件。这些事件由于相互之间的相关性而构成一个事件域。任鹰指出:"一个事件域包含着若干关联事项,各事项之间的相关性及人们对这种相关性的认识,是构成一个'事件域'从而构成一个语言'结构群'的基础。"[①]"打+核心论元宾语"和"吃+核心论元宾语"所表述的事件为这个事件域中的源点事件,由此辐射出一系列的相关事件,形成一个以源点事件为核心的事件域。

6.4 小结

非核心论元宾语与核心论元宾语存在着不同形式的竞争。在某些情况下,

---

① 任鹰.动词词义在结构中的游移与实现——兼议动宾结构的语义关系问题[J].中国语文,2007(5):419-430.

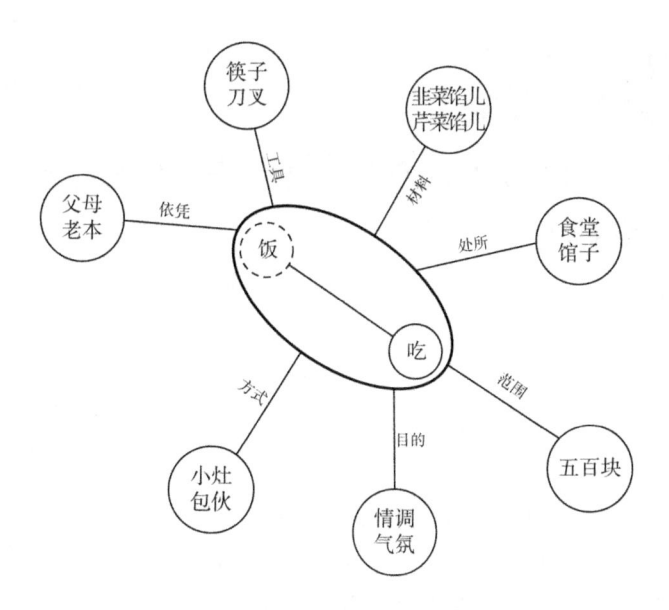

图 6.2 动词"吃"的语义辐射图

两者可以协同共处,双宾语句是两种类型宾语实现共现的一种途径,客体宾语充任动词的直接宾语,非核心论元宾语充任动词的间接宾语。另外一种途径是非核心论元和核心论元宾语通过论元附加或者论元糅合的方式实现二者的语义联合,从而最终在句法上实现两者的协同共处。但也有许多情况,两者不能同时并存于宾语位置,只能通过删略其中一个、非核心论元由介词引导移位至动词前充当状语、核心论元或非核心论元话题化的方式来保证句子的合法、成立。当出于某种语用因素的需要,核心论元被删略或者话题化时,非核心论元被保留在宾语位置,非核心论元宾语仍将受到来自核心论元宾语的影响,不但在句法语义上受到核心论元宾语句法特征的投射与浸染,其本身也是动词与核心论元表述的核心事件的语义辐射。

第七章

"动词+非核心论元宾语"的流变——转喻、隐喻和转变

顾阳指出,论元角色是由谓词根据与其相关的名词短语之间语义关系而指派(assign)给这些名词短语的语义角色。谓词有其固定的论元角色,这些角色表示谓词所涉及的主体、客体或动作,行为,状态,所处的场所,动作的起点、方向、终点、原因及引起的结果、凭借的工具,等等[①]。动宾结构中,宾语的论元角色是由动词和它之间的语义关系决定的。语义关系不同,宾语的论元角色也不同,因此,从语法结构上看,虽然同为动宾结构,但动词和宾语的论元关系却是多种多样的。比如,"喝啤酒"中,宾语"啤酒"是动词"喝"的受事;"抽鞭子"中宾语"鞭子"是动词"抽"的工具;"唱美声"是指"按美声的方式来唱",宾语"美声"是动词"唱"的方式;"刷石灰"中"石灰"是"把石灰(这种材料)刷到某处",宾语"石灰"是动词"刷"所使用的材料。然而我们也发现,许多宾语在广泛、高频的使用中,在人们对其不断发展的认知过程中,其意义发生了流转,从而造成了宾语与动词的语义关系发生改变,因此导致了在某些宾语的论元角色上的众说纷纭。比如,"红包"的本义是指"红色的纸包"。按中国人的传统习俗,逢年节、喜事,喜欢用红色的纸包包礼金或压岁钱赠送亲友或晚辈。"包红包"指"用红包包礼金或压岁钱"。"红包"是"包(礼金或压岁钱)"所使用的一种包装工具,因此它应该被视为工具宾语。随着"红包"这个词在日常生活中的高频使用,其语义发生了语法转喻的情况,"红包"开始转指"(红包内所放入的)礼金或压岁钱",如"送红包""收红包"中都转指了"礼金或压岁钱",宾语"红包(即礼金)"是动词"送""收"直接作用和支配的对象,为受事宾语。如果用结构变换来验证,我们也可以发现

---

① 顾阳.论元结构理论介绍[J].国外语言学,1994(1):1-11.

第七章 "动词＋非核心论元宾语"的流变——转喻、隐喻和转变

"红包"已经实现了语法转喻：

  包红包——用红包包

  送红包——？用红包送

  收红包——*用红包收

  从上面的句式变换中，我们看到，"包红包"中"红包"还有工具的性质，而"收红包"中"红包"已经完全没有了工具的性质，"红包"已经转指了"（红包内的）礼金和压岁钱"。可见，宾语的论元角色有极强的错综复杂性，不仅由于宾语和动词之间的语义关系复杂多样，还由于语言本身也处于不断的发展变化中，因此，处于宾语位置的非核心论元其论元角色也相应地在不断流转变化。

  根据认知语言学的观点，隐喻和转喻不仅仅是两种语言手段，更重要的是它们是人们认识世界的两种思维方式。Lakoff 和 Johnson 提出，隐喻是一个认知域内的概念向另一个认知域内概念的映射，两者之间的联系是以相似性为心理基础的。转喻则是在同一个认知域内发生的概念之间的转指，两者之间的联系是以相邻性为心理基础的。隐喻和转喻这两种认知方式都在"动词＋非核心论元宾语"的某些实体构式的生成和识解中发生着作用。

  "吃食堂"一直是在动宾语义关系上非常有争议的一个结构。一些学者认为，"吃食堂"是"在食堂吃饭"，"食堂"是动作"吃"发生的处所，因此"食堂"是"吃"的处所宾语。有的学者认为，"吃食堂"不一定是"在食堂吃饭"，也可以是在食堂买饭回家吃，因此，"吃食堂"是方式宾语，而不是处所宾语。以任鹰为代表的一些学者认为，这里的"食堂"发生了语法转喻，"吃食堂"并不等于"在食堂吃饭"，而指的是"吃食堂的饭菜"，"应当按照转指物也即'目标物'的性质确定语言成分的语义类型"[1]，因此"食堂"是受事宾语[2]。各家的看法都有其合理性，但这些不同的看法也恰恰从侧面说明了非核心论元宾语在使用中的流转变化，正是这些流转变化使得其语义身份模糊难辨。

  除了语法转喻以外，语法隐喻也同样使非核心论元宾语的语义类型发生着转变。"坐冷板凳"按字面意思来理解是"坐在冰冷的板凳上"，而这里隐喻的是"长期受冷遇或因不受重视而担任清闲的职务"。"冷板凳"的"冷"和"冷遇"的"冷"存在着某种相似性，因此"坐冷板凳"产生了隐喻之义，以具体隐喻抽象。

  在"动词＋非核心论元宾语"构式的许多实例中，构件或整个构式发生转喻

---

[1] 任鹰．"吃食堂"与语法转喻[J]．中国社会科学院研究生院学报，2000(3)：59-67．

[2] 关于"吃食堂"，在这里我们并不赞同"食堂"是受事宾语的说法，将在后文中详细论述。

或隐喻的例子很常见。

（1）在工地也不偷盘条、电缆和架子管,就偷<u>工地的食堂</u>。

（2）"内科门诊今天谁值班?"杜梅看着墙上的美女年历,斜着眼珠,仿佛失神地问<u>隔壁</u>。"不知道。"隔壁回答。

（3）当时,四通公司已经成立4年,作为一家自筹资金、自由组合、自主经营、自负盈亏的民办科技企业,没有吃<u>皇粮</u>的资格。(CCL)

（4）一些企业在推销和宣传产品时,面对成熟和懂得保护自己利益的消费者,任何自作聪明、打<u>擦边球</u>和误导都是不能蒙混过关的。(CCL)

例（1）、例（2）中,动宾结构的宾语都分别发生了语法转喻。例（1）中,动作"偷"的受事是财物,这里"工地的食堂"是"丢失财物的场所",它发生了语法转喻,转指"工地食堂里的财物"。例（2）中,"隔壁"本来是一个处所名词,这里转指"隔壁房间住的人",是动作"问"的对象。例（3）和例（4）则发生了概念隐喻,"皇粮"的本义是"古时候朝廷发给官员或者为朝廷做事的人的粮食和俸禄",在语言的使用中,"吃皇粮"整个实体构式发生了概念隐喻,现在指"依靠国家财政拨款生活或者生存"之义。"打擦边球"本来是一个乒乓球运动项目的术语,是指"球打在球台的边缘"。这个动宾结构也发生了概念隐喻,其概念从专有领域投射到普通领域,表示"在谈话或行动中回避锋芒和主要问题或指做在规定界限边缘而不违反规定的事"。

由于认识事物和问题的角度不同、观察点不同,"动词+非核心论元宾语"构式的转喻和隐喻可以分为不同类型。

7.1 非核心论元的语法转喻及其类型

"近接性"是转喻发生的心理基础。在人们认识世界、描述世界的过程中,由于事物之间存在着临近的关系,人们倾向于用整体去替代部分,用容器去替代容纳物,用显著的部分去替代不显著的部分。这种认知方式在"动词+非核心论元宾语"构式中发挥着作用。宾语的转喻现象可以分为下面几类情况。

7.1.1 处所名词转指受事

人类基于对自身身体的认识和体验,形成了"容器—容纳物"的认知框架。容纳物被容纳于容器之中,两者具有近接性的关系。相比较而言,容器显然比容纳物具有更直观、更显著、更易于被观察到的特点。因此,在人们认识和表述客观世界的过程中倾向于用更为显著的容器来代替容纳物。

处所具有容器的特点,它好像一个大型的容器,身处其中的人或事物都是其中的容纳物。由于容器总是比容纳物显著,因此和容器具有像似性的处所常常被用来转指容纳物——身处其中的人或事物。

(5) 今天早上大师兄率领我们<u>查房</u>,看到一个女患者住在加床上,过道被塞得行走困难。

(6) 他和妻子结婚十几年了,在一起相处的时间又是那样短暂,每次<u>探家</u>总想在家多呆些日子,但因工作需要,电报一来便匆匆归队。(CCL)

(7) 刘跃进是个厨子,<u>偷食堂</u>也不在食堂,在菜市场。

(8) 那些<u>偷小孩</u>的人,还是人吗?好可恨啊,强烈建议罪名与<u>抢银行</u>一样!

(9) 从此,战士们轮流来给老人们洗衣捶背、洗头洗脚、<u>整理房间</u>、打扫卫生、表演节目,一茬一茬,从没间断。(CCL)

"房""家""食堂""银行""房间"都是表示处所的名词。在人们的认知里,它们也像容器,有特定的形状和空间性,其中的各种人或事物便是它的容纳物。由于特定容器和特定容纳物之间的近接关系是常规的、人所共知的,这种容器和容纳物之间的联系属于俗世百科知识内容,一看到这种容器,就会自然想到容器内常规的容纳物。比如,一说到"病房",就会自然联想到"病房里的病人";一说到"银行",就知道它是和大量"钱财"有关的地方。由于容器比容纳物更显著,因此表示容器的词常常会转指容纳物,以上各例中几个处所名词都发生了语法转喻。"房"转指"病房里的病人","家"转指"家里的亲人","食堂"转指"食堂里的财物","银行"转指"银行里的钱财","房间"转指的是"房间里的东西、杂物"。原来表示处所的名词在这里转指处所内的事物,是受动作作用和影响的客体,为受事宾语。

容器转指容纳物非常普遍,很多转喻的发生我们甚至都不容易察觉。比如,"想家"中的"家"并不是指处所意义上的、空间的、"容器"性的"家",而是指生活在这个空间内的"容纳物"——"家人"。"整理衣柜"整理的也不是空间性的、器具性的"衣柜",而是指其中的"容纳物"——"衣柜内的衣物"。容器转指容纳物不但非常常见,而且有很强的辐射性和扩张力。容器不但可以转指具体、客观的事物,还可以转指抽象、主观的事物。比如,"看电视"中"看"的对象并不是"电视"这个物体,而是"(电视里面的)节目内容";"玩电脑"动词"玩"的受事并不是"电脑",而是"(电脑里的)游戏或各种程序"。

一般来说,容器转指容纳物的实现,必须要以两者之间存在常规联系为前提。这种常规联系是为大众普遍接受的、人人共知的。如果容器和容纳物不存在这种俗世百科知识类的常规联系,那么两者就不能实现容器向容纳物的语法转喻。比如,"吃(饭)"常规的、大众普遍接受并共知的场所是"食堂""馆子""大排档""路边摊儿"这一类场所。一看到指称这些场所的词,我们就会联想到"吃饭",两者之间存在着明确的近接性关系,因此处所常常转指受事。而"教室""宿舍""阳台"这一类场所却不是常规的"吃饭"场所,它们不能与"吃饭"建立起常规联系,两者不存在于同一个认知框架内,因此我们不能说"吃教室""吃宿舍""吃阳台"等。

7.1.2 方式、工具、材料名词转指受事、结果

Langacker指出,一个实体通常有多个侧面,只有部分侧面与某一具体的域互动,突显的侧面叫激活区(active zone)。以"饭(菜)"为例,这个概念的内容就涉及"饭菜的材料""饭菜的烹调方式""饭菜的烹调工具""饭菜的口味"等不同侧面。这些不同侧面与概念本身存在着部分与整体的关系。人们常常用整体来替代部分,因为整体比部分具有更显著的外观,比如"修车",虽然"修"的是"车"内的某个零件、部位,但"车"的整体比"车"的部分具有更显著、更突显的特点,因此我们通常不说"修车的零件",而是说"修车"。但有的时候在实际的语言交际中,表示"部分"的概念侧面传递的是新信息或者说话人希望听话人注意的信息,这时候"部分"也可以替代"整体"。"饭菜的烹调方式"是"饭菜"这个概念的一个侧面。中国是一个饮食文化博大精深的国家,饭菜的烹调方式更是多种多样,"饭菜"口味的巨大差别正是不同"饭菜的烹调方式"带来的,相同的食材由于烹调方式的不同而味道不同。"烹调方式"这个概念侧面是说话人希望听话人获知的、未知的信息,因此"烹调方式"这个"部分"常常会替代"饭菜"这个"整体"表示整体的意思。除此之外,使用不同的"烹调工具"也会带来饭菜口味和吃饭形式的改变,因此"烹调工具"是说话人希望听话人注意的信息,那么"烹调工具"这个"部分"就会代替"饭菜"这个"整体"。例如:

[动词+饭菜的烹调方式]:吃生煎　吃卤煮　吃烧烤　吃麻辣烫　吃火烧
[动词+饭菜的烹调工具]:吃小灶　吃火锅　吃汤锅　吃砂锅　吃打边炉
[动词+饭菜的整体形式]:吃小吃　吃满汉全席
[动词+(饭菜的烹调方式+烹调工具)]:吃涮涮锅
[动词+(饭菜的烹调工具+烹调方式)]:吃铁板烧

在上面这些动宾组合中,表示方式或工具的名词都发生了语法转喻,转指

"(通过该种烹调方式或者该种烹调工具制作出的)食物"。但并不是所有的"烹调方式"或者"烹调工具"都能发生语法转喻,实现和动词"吃"的搭配组合。下面这些"动词+饭菜的烹调方式"中宾语就没有发生语法转喻:

[动词+饭菜的烹调方式]：吃清蒸　吃红烧　吃水煮　吃爆炒

"吃清蒸""吃爆炒""吃红烧"在具体的语境中句法和语义上都是合法成立的,但是"清蒸""爆炒""红烧"却并没有发生语法转喻,它们仍然表示"烹调方式"。这是因为转喻的发生必须以目标概念和源概念之间存在常规关系为前提。沈家煊提出:"'认知框架'是人根据经验建立的概念与概念之间的相对固定的关联模式,对人来说,各种认知框架是'自然的'经验类型。"[①]在一个认知框架内,概念之间的联系应该是固定的、常规的,两者才会存在近接性关系,才有可能发生语法转喻。"生煎"是"生煎包"的特定制作方式,用"生煎"转指"食物"时,通常固定转指的是"生煎包",而不会是其他食物。它们之间存在固定的一对一的映射,不会发生目标概念不确定的情况。"火烧"从字面看是"用火烧"之义,用火烘焙、烧烤制作出的食物多种多样,但在古时并不十分丰富的饮食中,"火烧"一直指的是"流行于中国北方地区的一种用面粉烘烤制作的烧饼"。"火烧"这种烹调方式与"烧饼"之间的联系逐渐固定化、单一化,说起"火烧",人们只会联想到这种"流行于中国北方地区的一种用面粉烘烤制作的烧饼",而不会联想到其他用火烧烤、烘焙的食物,因此"火烧"可以转指这种特殊的"烧饼"。

除了"吃"以外,其他及物动词后的非核心论元宾语发生语法转喻的现象也不乏其例:

(10) 叫梨花的女人姓铁,冬天<u>穿一身黑条绒</u>,夏天<u>穿一身白竹布</u>,跟村里人来往不多,但一旦说笑起来还挺热络。

(11) 刘梅:别胡说八道,瞎<u>插嘴</u>,刘星你快说这钱到底哪儿来的? 我告诉你,小小年纪,你可别犯什么经济错误。

(12) 应勤连忙<u>插一句嘴</u>:"我早说了嘛。"

(13) 县长王文喜正躺在医院的病床上<u>打点滴</u>,听到穆乃翰的诉说,便拔下针头,在他的任职书上签了字。(CCL)

"黑条绒""白竹布"是"(制作衣物的)布料",这里发生了语法转喻,它们转指的是"(用黑条绒或白竹布制作出的)衣物",数量结构"一身"后面常常修饰的是表示"衣物"的名词,如"一身新衣服""一身休闲装""一身名牌西服"等。"一身"

---

① 沈家煊.不对称和标记论[M].南昌:江西教育出版社,1999.

在这里修饰"黑条绒""白竹布"是二者发生了语法转喻的证据。"嘴"是人说话（插话）时所使用的身体器官，属于广义上的工具，这里"嘴"转指"（插的）话"。能修饰"嘴"的数量结构通常是"一张""一个"，数量结构"一句"通常修饰的名词是"话"。这里"一句"和"嘴"结合，充分说明"嘴"已经实现了向"话"的语法转喻。"点滴"本来是描述"输液的时候，药水从输液瓶中一点一滴往下滴的样子"，这里转指"注射液、输入身体的药水"。

7.1.3 "吃食堂"和语法转喻

关于"吃食堂"，一直以来学界众说纷纭。按照朱德熙对处所宾语的定义，"吃食堂"当属广义处所宾语。马庆株也将其划定为处所宾语，原因是在"食堂"前面添加介词或方位词之后构成介宾短语，能移位到动词前面作处所状语，即"吃食堂"等于"在食堂吃饭"。在很长的时期，"吃食堂"为处所宾语是一种学界的共识。然而随着对宾语类型研究的深入开展，越来越多的学者开始质疑"吃食堂"作为处所宾语的合理性。陆俭明、郭锐在谈及汉语语法研究所面临的挑战时提出尖锐的问题：为什么我们可以说"吃食堂""吃馆子"，却不能进行"吃勺园七号餐厅""吃前门的全聚德"的类推？因此，应该对"吃食堂"进行重新思考："第一，'吃食堂''吃馆子'里的'食堂''馆子'到底是不是处所宾语，需要重新加以考虑。第二，这类说法里，对充任宾语的词语有什么限制没有？第三，'吃食堂''吃馆子'这类说法在什么场合，也就是说在什么语境下才能用？"[①]史有为，陆俭明、沈阳等认为，"食堂"是方式宾语，理由是"吃食堂"其实并不一定都是在食堂吃，有可能是买好了饭在家或别的地方吃，因此"吃食堂"只是一种吃饭的方式。任鹰运用认知语言学的理论从新的角度对"吃食堂"进行了研究，认为"吃食堂"是转喻说法，"吃食堂"中的"食堂"并非处所或其他语义类型的宾语，而是受事宾语。"食堂"在这里是指"食堂的饭"，"吃食堂"与"吃食堂的饭"同义。"吃食堂"之类的说法能够成立，主要是认知因素在起作用。王占华也认为，"食堂"既不是处所宾语也不是方式宾语，而是受事宾语的转喻形式。胡勇从认知功能的角度也提出"吃食堂"的生成机制是转喻，其宾语是受事宾语。

前人对"吃食堂"宾语类型的研究把我们的认识一步一步推向深入，也扩宽了我们对这一问题认识的界面。我们认为，对宾语语义角色的判定不但要从宾语的自身语义特征来观察，还要从动词与宾语的语义关系来观察，但更不能把这

---

① 陆俭明,郭锐.汉语语法研究所面临的挑战[J].世界汉语教学,1998(4):3-21.

两者弄混淆。"吃食堂"是方式宾语是不准确的,"食堂"不是"吃"的方式,但是"吃食堂"可以是一种吃饭的方式。也就是说,宾语本身并不是动作的方式,而是整个动宾结构有方式义。疑问副词"怎么"通常可以用来对方式进行提问,因此我们可以用"怎么"来对"吃食堂"进行检验。

(14) a：你单身汉一个,平时怎么吃饭?

b：我都吃食堂。

又如,"坐地铁"中"地铁"本身不是"坐"的方式,但是"坐地铁"整个动宾结构却表示的是一种"出行方式"。我们可以问："我们怎么去机场?""我们坐地铁去吧。"

"吃食堂"中"食堂"为受事宾语的看法得到许多人的赞同,从"食堂"和"食堂的饭菜"两者的关系来看,两者之间确实存在着"容器—容纳物"的关系。"容器"和"容纳物"由于前者具有更高的显著度,因此很容易发生容器转指容纳物的转喻现象,但是我们认为在"吃食堂"中"食堂"有没有发生转喻是值得商榷的。

7.1.3.1 "吃食堂"类宾语的形式检验

认知语言学认为,人们通过自身的身体经验来认知和描写客观世界。人们不但要认知客观具体事物,也要对事物之间的基本关系进行认知,在反复的体验、感知的基础上形成自己提炼、构建的一种体现了事物间关系的组织结构,即意象图式。如容器图式、部分—整体图式、连接图式、中心—边缘图式等。其中,"容器—容纳物"就是为人们所熟知并极具共性色彩的意象图式之一。"容器—容纳物"这个图式就是人最初通过认识自身而建立的——人体就是一个三维容器,有内外之分,生活最基本的事情是"吃进食物""排出排泄物""吸入/呼出空气"等。不过我们要质疑的是,两个客观事物间存在着近接性关系,也符合"容器—容纳物"的认知框架,那么这两者之间必然会发生语法转喻吗? 也就是说,由于认知框架的存在,激活"容器"可以激活"容纳物",发生语法转喻,但激活"容器"就必然是为了激活"容纳物"吗? 两者之间发生语法转喻的必要条件是什么?

我们先对下面两组动宾结构进行比较分析：

A组	B组
吃食堂	吃肯德基
吃馆子	吃麦当劳
吃大排档	吃全聚德
吃路边摊儿	吃必胜客

A组和B组都是动宾结构的短语,宾语成分都既具有处所性,又具有事物性。B组中,"肯德基""麦当劳"与"炸鸡、汉堡、薯条等快餐食品","全聚德"与"北京烤鸭等特色传统饮食","必胜客"与"比萨等食物"存在"容器与容纳物"的认知框架关系。认知规律显示,显著程度高的事物比显著程度低的事物更容易激活。相比较而言,容器的显著程度比容纳物更高。因此,在B组各例中,激活"肯德基""麦当劳""全聚德""必胜客"等"容器"就同时激活了"容器与容纳物"这一个认知框架内的"容纳物",实现了语法转喻,分别转指其所代表的食物,因此它们都不是处所宾语,而是受事宾语。在A组中,"食堂"与"食堂的饭菜"、"饭馆儿"与"饭馆儿的饭菜"也同样存在"容器与容纳物"的认知框架关系。那么在这类结构的语义表达里,激活"容器"是不是就一定激活了"容纳物",一定会发生语法转喻呢？我们认为答案是否定的。

我国语法学界一直强调,语义分析必须有形式上的验证,语义范畴上的变化必然能找到形式上的证据,那么在形式上,A组和B组有什么差异呢？一般来说,在形式上,我们可以用"什么"来提问受事类宾语,如果说"吃食堂"发生了语法转喻,"食堂"转指"食堂的饭菜",那么它就应该可以用"什么"来提问。另外,受事性成分通常可以受数量结构修饰,如"吃苹果",可以说"吃一个苹果",因此我们拟用以下形式标准来对这类宾语的受事性进行判定。

标准1:是否能用"V＋什么"来提问？

标准2:受事类名词成分可以用数量结构来修饰,这类宾语能否用"V＋(一份／一个／一点儿等)＋宾语"或者"名词宾语＋(一份／一个／一……)"来修饰？

标准3:能否与其他受事成分共处于"A还是B"这样的选择疑问句中？

测试1:能否用"V＋什么"来提问？

A组	B组
*吃什么——吃食堂	吃什么——吃肯德基
*吃什么——吃馆子	吃什么——吃麦当劳
*吃什么——吃大排档	吃什么——吃全聚德
*吃什么——吃路边摊儿	吃什么——吃必胜客

B组的所有结构都可以用"吃什么"来提问,而A组的所有结构如果用作对"吃什么"的回答,则显得不自然,语义也不清楚,没有针对问题给出清楚的回答。按照格赖斯会话合作原则中量的准则——交谈者所说的话应包含当前交谈的目的所需要的信息,显然A组中,对于问话,答话并没有给出足够的信息,不是有效的答复,违反了会话合作原则。

测试2:该类宾语能否用数量结构修饰?

     A 组

吃食堂——*吃一个食堂/吃一份食堂

吃馆子——*吃一个馆子/吃一份馆子

吃大排档——*吃一个大排档/吃一份大排档

吃路边摊儿——*吃一个路边摊儿/吃一份路边摊儿

     B 组

吃肯德基——吃一份肯德基

吃麦当劳——吃一份麦当劳

吃全聚德——?吃一套全聚德

吃必胜客——?吃一份必胜客

  从上面两组对比来看,A类动宾结构中宾语前不能添加"一个""一份"等数量结构,B类动宾结构基本可以,"吃一套全聚德""吃一份必胜客"在脱离句子语境的情况下,一般很少这么说,但在具体的语境中却是成立的。

  例句:

  (15) 我今天专门<u>买了一份肯德基</u>吃,我觉得这与爱国不爱国毫无关系。(CCL)

  (16) 我们就是十四年前的大年夜,母子三人共吃<u>一份麦当劳</u>的顾客。那时,就是这一份麦当劳的鼓励,使我们三人同心合力,度过了艰难的岁月。(CCL)

  (17) 38元一套的北京烤鸭,你能吃出<u>全聚德258元一套</u>的感觉吗?(百度网页搜索)

  (18) 再没有什么比睡到自然醒,再来<u>一份必胜客</u>更幸福的事了。(百度网页搜索)

  B组的所有宾语都可以受数量短语修饰,这是因为它们发生了语法转喻,转指了容器内的容纳物,这些事物是受事性客体,可以受数量成分修饰。而A组的名词宾语并没有发生语法转喻,它们表示处所性的意味较强,因此不能受数量成分的修饰。

  测试3:能否用选择疑问句来提问?

  用"A还是B"来提问的并列选择疑问句在句法上要求 A 和 B 在语法结构上必须一致,在意义上接近或类似,因此根据它在句法语义上的这种特点,如果B是"动词+受事宾语"结构,那么我们可以反推 A 也应该是"动词+受事宾语"

的结构,否则这个选择疑问句便不成立。

A组

(19)＊今天我们吃食堂还是吃饺子？

(20)＊今天我们吃馆子还是吃饺子？

(21)＊今天我们吃大排档还是吃饺子？

(22)＊今天我们吃路边摊儿还是吃饺子？

B组

(23)今天我们吃肯德基还是吃饺子？

(24)今天我们吃麦当劳还是吃饺子？

(25)今天我们吃全聚德还是吃饺子？

(26)今天我们吃必胜客还是吃饺子？

可以看到,A组动宾结构无法和"动词＋受事宾语"并列,由此我们可以推断出A组动宾结构虽然在语法形式上是"动词＋名词宾语"的结构,但在语法意义上却不是"动作＋受事"的语义结构。A组结构中宾语并没有发生转指,而是仍保留着较强的处所意义,所以"动词＋处所宾语"与"动词＋受事宾语"无法构成并列选择疑问句。

7.1.3.2 "吃食堂"类宾语的意义检验

如前文所述,"吃＋处所名词"结构中宾语的背后存在着一个相对封闭的语义场。在这个语义场内,各成员相互对立、相互排斥。说话人根据语义表达需要,在这个语义场内提取需要的对象,语义内容一旦确立,那么对场内的其他成员有绝对的排斥性。"吃食堂"这个动宾短语中宾语背后潜藏的是这样的语义场:

餐饮场所＝{食堂、饭馆儿、大排档、路边摊儿}

由于场内各成员的对立、互斥性,选择其中任意一个成员,就等于排除了其他所有的成员,因此宾语对"食堂"的选择,就等于排除了这个场内其他所有的成员。我们可以做如下语义推演。

如果X为:

X:他一直吃食堂。

如果X成立,我们可以从中推断出其中蕴含的意思是:

Y1:他一直不吃饭馆儿。

Y2:他一直不吃大排档。

Y3:他一直不吃路边摊儿。

甚至还可以推演出：
Y4：他一直不在家吃饭。
但无法从中推断出是否蕴含了这样的意思：
Z1：他一直不吃面包。
Z2：他一直不吃饺子。
Z3：他一直不吃苹果。

也就是说，如果 X 为真，那么 Y1、Y2、Y3 和 Y4 也为真。而我们无法得知，如果 X 为真，是否 Z1、Z2 和 Z3 也为真。Y1 到 Y4 句中的动词宾语都来自封闭的语义场{餐饮场所}，这个场内所有的成员都表示处所，而 Z1 到 Z3 句中的动词宾语都来自开放的语义场{食物}，这个场内的所有成员都具有较强的受事性，而非处所性。与 X 句形成语义对立的是 Y1、Y2、Y3 和 Y4 句，而 Z1、Z2 和 Z3 句却无法与 X 句形成语义对立，这是因为 X 句中动词宾语"食堂"与 Y1、Y2、Y3、Y4 句中的宾语同属{餐饮场所}这个语义场，正是它与场内其他成员的对立、互斥性赋予了它排除其他成员的能力。另外，X 由于不是{食物}这个语义场的成员，它与该场内各成员不存在对立、互斥的关系，所以 X 句无法推演出 Z 组各句。

事实上，从语义上来看，"吃＋处所宾语"恰恰强调的是处所，但我们必须有一个清楚的认识，那就是"动词＋处所词"并不一定表示动作发生的地点，而是表示动作牵涉的地点。例如，"写黑板"中"黑板"并不是动作发生的地点，而是动作到达的终点，严格说来，"教室"才是动作发生的处所。许多人正是因为把"吃＋处所词"误认为是动作发生的场所，所以把"吃＋处所词"和"在＋处所词＋吃"完全等同起来，然后又进行了错误类推。比如，许多人认为：

吃食堂＝在食堂吃　吃饭馆儿＝在饭馆儿吃　吃路边摊儿＝在路边摊儿吃

然后进行相似类推时却发现，虽然我们可以在阳台上吃饭、在宿舍里吃饭、在客厅里吃饭，然而却不能说"吃阳台""吃宿舍""吃客厅"等。这些语言事实无不证明了，"动词＋处所词"并不表示"动作发生的场所"，而表示"动作牵涉的场所"。在"吃＋处所词"这个特殊结构里，由动词和宾语双向选择限制，"处所词"在这里只能表示"制造、提供餐食的场所"。回到让许多人争辩不止的"吃食堂"上，"吃食堂"是最特殊的一个例子，因为它其实包含了两种可能：在食堂买饭并在食堂吃饭；在食堂买饭但是在别处吃。"吃食堂"中"食堂"应该是处所宾语，"食堂"是提供饮食的处所。

从语用的角度来说，"吃食堂"要突显的焦点信息并不是"饭菜"，也不是"食堂的饭菜"，而恰恰是"食堂"本身，在日常生活中，常见的吃饭场所有"家、饭馆儿、食堂"等。由于宾语体现的是全句信息的自然焦点，因此为了突显和强调"制作、提供餐食的场所"，本应作处所状语的处所词移位到了宾语的位置。

认为"吃食堂"是转喻用法，"食堂"是"食堂的饭菜"的转喻形式，是在认为典型宾语通常是受事性成分的前提下提出的。从《马氏文通》肇始，现代汉语语法是在模仿西方语法体系的基础上建立的，一直是以先削足适履，然后又打破窠臼、推陈出新的方式螺旋式上升发展的。宾语通常是受事性成分也是受了英语语法的影响。正是在这一前提的影响下，许多学者认为不同语义性质的宾语正是处于原型施事和原型受事这一连续统中的某一个节点上，其施事性和受事性逐次递减或递增。在汉语中，宾语是否必须体现受事性是一个有争议的问题。

值得一提的是，在中国人的日常生活中，在家吃饭、回家吃饭可能是最普遍、最符合大多数人生活习惯的，"家"成为大众认知中对吃饭场所选择的一个默认值，是一个无须刻意提及、大众共知的背景信息。表现在语言形式上，由于宾语突显的是全句的新信息、焦点信息，因此"吃家"反而不是一个合法的表达，无法同理类推。虽然"吃家"这样的表达在汉语中并不存在，可是当我们听到"他一直吃食堂"这样的句子时，第一反应恐怕正是"他为什么不在家吃饭"，而不是"他为什么不吃饭馆儿"或者"他为什么不吃路边摊儿"。这正是因为非核心论元宾语突显的是焦点信息，所以"家"作为已知旧信息，反而是一种缺省的状态。

"收红包"和"吃食堂"，前者可以视为语法转喻，而后者不能，因为前者的真正意思是"收（红包包起来的）钱"，而后者的真正意思并不是强调"吃食堂的饭"，而是强调"吃饭或做饭的场所是'食堂'而不是其他地方"。和"吃食堂"不同，"吃肯德基、吃麦当劳、吃必胜客"是语法转喻，"肯德基、麦当劳、必胜客"并不真的指吃饭的场所，而是转喻的"汉堡、鸡块、比萨"等洋快餐类的食品，所以它们真正要表达的并不是"在肯德基/麦当劳/必胜客吃饭"，而是指"吃洋快餐"。当我们说"吃肯德基/麦当劳/必胜客"，言下之意是"（我们）不吃中餐"，而不是"（我们）不吃食堂"。

7.1.3.3　语法转喻的有限解释性

一种理论或一条规则确定的前提应该是它具有较强的涵盖能力和较普遍的解释能力。如果它只对某一个特殊情况具有解释能力，而对其他普遍情况却无能为力，那么我们可以说这不是一种好的理论，或者根本就可以说这种理论站不住脚，因为它没有丰富的证据来为它作支撑。如果将语法转喻的看法扩展到整个"动词＋处所词"的范围,我们会发现"吃食堂"的语法转喻说就不具有普遍意义。

下面这些都是"动词＋处所词"类动宾结构,如果"吃食堂"转喻"吃食堂的饭菜"的话,那么我们可以将这一假设试着做相同类推:

   A 组   B 组
   睡沙发——*睡沙发上的觉
   睡窑洞——*睡窑洞的觉
   存银行——*存银行的钱
   写黑板——*写黑板上的字
   泡图书馆——*泡图书馆的书
   泡酒吧——*泡酒吧的酒

显而易见,B组的说法都是不成立的。"睡沙发"并不是在强调是"沙发上的觉"而不是"床上的觉","睡窑洞"也并不是在强调是"窑洞的觉"。"觉"并不是新信息,它不需要强调表达,只有睡觉的地点"沙发""窑洞"因为有别于我们的常规认知,是新信息,因此是需要特别强调说明的,这里动宾结构强调的是处所而不是受事或对象,处所词并没有发生转指。这里"窑洞"与"窑洞内的床或炕"也是"容器与容纳物"的框架关系,那是不是说这里也发生了语法转喻,"窑洞"转喻了"窑洞内的床或者炕"呢?从信息的角度来看,"床或者炕"并不是需要强调或突显的新信息,在现代文明社会,人们早已脱离了原始生活,是睡在各种形式的睡具上的。"窑洞"和我们大多数人的居所相比,是比较独特的处所,是需要突显的新信息,因此虽然两者之间有"容器与容纳物"的框架关系存在,但这里却没有发生转喻。

综合上面的观察和分析,我们认为,"吃食堂"中"食堂"并没有发生语法转喻,这里仍然是处所宾语。"食堂"表示的是动作关涉的地方,而不指动作发生的地方。

7.2 "动词＋非核心论元宾语"的概念隐喻

隐喻是发生在不同的认知域之间的认知过程。它是以相似性为心理基础,从源域向目标域建立映射,其主要功能是理解。隐喻通常是以具体的概念喻指抽象的概念,以容易理解的概念喻指不容易理解的概念。"动词＋非核心论元宾语"实体构式由于使用的频繁和广泛,其意义常常发生从一个认知域向另一个认知域的映射,其部分构件或构式整体发生了隐喻。

(27) a. 兔子掘洞做窝时,除了有"前门"外,还留几个"后门"。前门被堵,便走后门。

b. 人们不会忘记,80年代初为买到一部电视机而四处托关系、走后门,甚至冒险购买走私电视机的历史。

(28) a. 此时此刻,我想我们的运动员应该在场上把球打得灵活些,比如采用近体快攻或短平快,打时间差扣球,使对方来不及组织拦网防护。

b. 但这时美国忙着换班子,人事大调整,有些顾不上,朝鲜实际上是在打时间差。

(29) a. 就这样,在臭味扑鼻的洒满化肥的地上她跪了一上午,到下午真的下起雪来时,导演又让人往她身上泼冷水,虽然冻得上牙打下牙,但她却没吭一声……

b. 当时我还告诉我的助理说,如果发现我骄傲或者自我膨胀的话就赶紧给我泼冷水或者提醒我。

上面三组例句中,a句中动宾结构的意义都是基本义,b句是基本义隐喻出的引申义。"走后门"基本义是"从后门走","后门"是动词的处所宾语,b句中基本义从源认知域投射到目标认知域。"走后门"的意义隐喻为"用托人情、行贿等不正当的手段,通过内部关系达到某种目的"。"打时间差"本来是一个排球术语,指的是比赛时,守方队员跳起拦网下落后,攻方队员才攻球,这两者之间短暂的时间差距叫时间差,这种进攻方法叫打时间差。"时间差"为"打"的方式宾语。在频繁的使用中,这个词语的意义从专业领域投射到社会普通领域,引申为"利用两件事情之间的时间差距做事"。"泼冷水"的基本义为"用冷水泼","冷水"为动作所使用的工具。在语言的使用发展中,这个词的基本义也发生了概念隐喻,它喻指"打击人的热情或让人头脑清醒"。

还有许多"动词+非核心论元宾语"的实体构式在频繁的语言使用中,也发生了概念隐喻。

[方式宾语]唱主角　唱红脸　唱白脸　唱高调
　　　　　　打擦边球　跑龙套　转圈子　打太极
[工具宾语]打板子　放冷枪　打算盘　打预防针　做手脚
[处所宾语]打擂台　打头阵　打前站　出炉　出局　出台　站台
[目的宾语]叫停　叫板

这些发生隐喻的动宾短语基本都是"动词＋非核心论元宾语"构式中的Ⅰ级构式。Ⅰ级构式在长期的使用中，已经由基本义发展出了新的构式义。从基本义向构式义的发展，就是从源认知域向目标认知域的映射。

7.3 "动词＋非核心论元宾语"构式转喻和隐喻的多重操作

不同的"动词＋非核心论元宾语"实体构式转喻和隐喻的认知操作并不是经历了相同的操作过程，从源概念到目标概念，从源域到目标域，有的实体构式经过了单项操作，有的则经过了转喻和隐喻的二重操作。

动宾搭配"站台"的基本义是"站在台上"，"台"指的是"舞台、讲台（等）"，是"站"的处所宾语。当今社会，出于造势或扩大宣传的需要，一些知名人士或主动或被邀请出席某些社会、商业活动。出席活动时，他们都要"站在舞台或者讲台上"为支持的人物或为商业产品摇旗呐喊，因此，"站台"逐渐隐喻出"知名人士出席商业、娱乐等活动，为主办方或产品捧场、造势"的意义。"站台"这个动宾词组整体发生了概念隐喻。

(30) a. 尴尬！罗永浩<u>站台</u>微商大会：出场费5万？（凤凰网新闻）
　　 b. 为企业<u>站台</u>，正是为发展<u>站台</u>（《大众时报》网页新闻标题）
　　 c. 李笑来自称99.99%被<u>站台</u>，距离完美只差"一步"。（百度搜索）

a、b、c三句中，"站台"都使用的是隐喻义。随着该词使用的日渐广泛、频繁，从a句到c句，我们可以看到其意义越来越抽象，使用也越来越自由灵活。a句中虽然已经是"站在台上为主办方捧场、造势"之义，但其基本义"站在台上"仍然包蕴在隐喻义中。b句和c句中则已经脱离了基本义，不再有"站在台上"之义了，仅指"为（某个对象）声援、捧场"的意思；c句中"站台"已经在被动句中使用了，原来的动宾结构越发凝缩成一个动词，其使用越发自由、独立（图7.1）。

图 7.1 "站台"的认知操作模型

与动词"吃"组合的宾语语义类型多种多样，由于近接性的认知心理作用，有的宾语发生了语法转喻，如吃卤煮、吃烧烤，这里表示烹调方式的名词发生了语法转喻,转指受事"用这种烹调方式制作出的食物"(图7.2)。在这个认知操作中,宾语经历了语法转喻的单项操作。

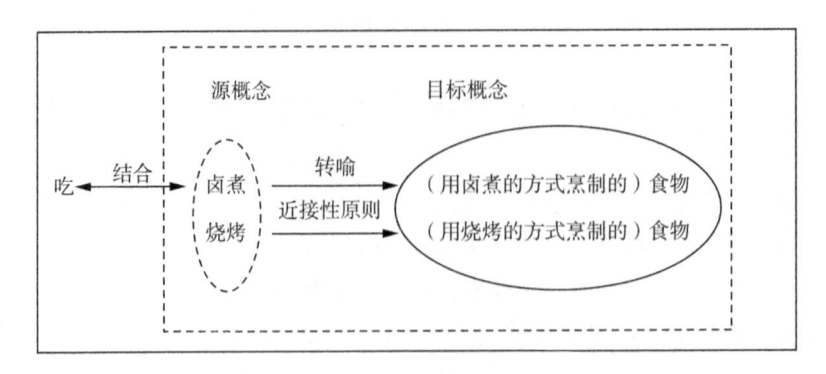

图 7.2 "吃卤煮""吃烧烤"的认知操作模型

"吃小灶"这个动宾组合则经历了二重认知操作。表示烹调工具的名词"小灶"首先发生了语法转喻,转指受事"(用小灶烹制出的)饭菜"。动词"吃"和"小灶"结合以后,表示固定的意思"吃(用小灶烹制出的)饭菜"。随着整个固定词组在语言生活中频繁而广泛的使用,它的意义逐渐从具体的意思隐喻为抽象的意思——指"受到了特殊的待遇"。"吃小灶"经历了二重认知操作(图7.3)。

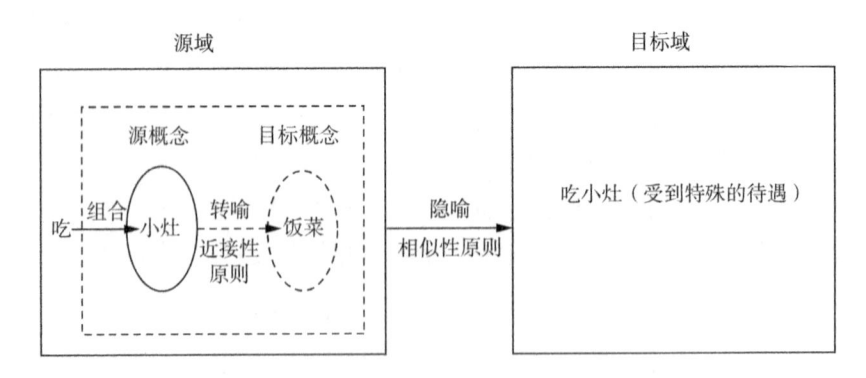

图 7.3 "吃小灶"的认知操作模型

还有一类词语与"吃小灶"的认知操作相反,它们先经历了"动词＋非核心论元宾语"结构整体的隐喻操作,当隐喻义与"动词＋非核心论元宾语"的句法形式结合稳定以后,新的隐喻义与"动词＋非核心论元宾语"的表层结构的各构成部件发生了一对一的投射,宾语被灌注了新的隐喻义。在语言的使用中,宾语的词

第七章 "动词＋非核心论元宾语"的流变——转喻、隐喻和转变

语形式与这个新的隐喻义逐渐结合稳定,由此宾语的隐喻义固定下来,发展成为该词语的一个新义项。图7.4是"打擦边球"隐喻义的认知操作过程。

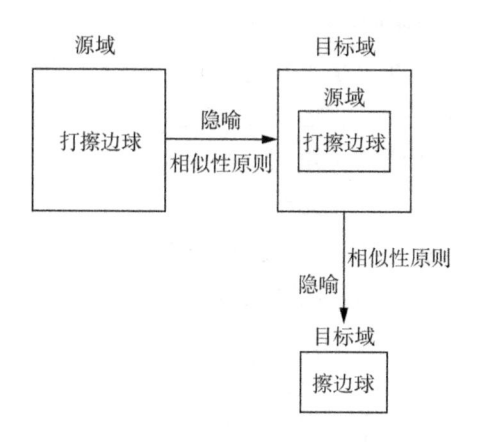

图7.4 "打擦边球"的认知操作模型

(31) a. 别尔切克突然来了一个<u>擦边球</u>,成二十一平,这时小庄显得焦急,连失两球,二十一比二十三失去了可胜的一局。(语料库在线)

b. 在国际上,打乒乓球如果<u>打擦边球</u>是否犯规?(百度搜索)

c. 一些地方和单位钻政策的"空子""<u>打擦边球</u>",违法违纪,他们不一定是为个人谋私利,而是为小团体、小集体和一个地方的局部利益。(CCL)

d. 厂长、经理表现出极大的热忱,他们把经济工作中碰到的法律政策的难题,一股脑儿倒了出来,希望检察机关对经济工作中哪些是"得分",哪些是"出界",哪些是<u>擦边球</u>有个规范性意见。

上面四个例句中,我们可以看到"擦边球"从基本义到隐喻义的认知操作过程。a句中"擦边球"是基本义,这个词语本来是乒乓球运动的一个术语,指的是"球打在球台的边缘"。b句中,它和动词"打"组成动宾短语形式,"擦边球"还是基本义,"打擦边球"是常见的固定搭配,它们常常成块出现。这个短语在长期的使用中,使用领域逐渐扩张,由体育运动领域扩展到社会生活领域,发展出隐喻义——"在谈话或行动时回避锋芒和主要的问题或做在规定界限边缘而不违反规定的事"。c句中,"打擦边球"便是隐喻义的体现。这个隐喻义与短语形式的结合在使用中越来越紧密,并逐渐稳定下来。这个固定的词义又反投射到短语形式的各构成部件上,使"擦边球"发展出隐喻义,并在使用中逐渐结合固定,成为"擦边球"的新义项。d句中,"擦边球"不再与动词"打"成块出现,而是单独使用,其意义为该词发展出的隐喻义。可以独立灵活使用该义项,成为该词语新义

181

项确定的标志。

动宾短语"吃父母"的认知操作过程又与以上几种不一样。动词、宾语分别发生了转喻或隐喻，是一种更为复杂的模式。动词"吃"的基本义为"把事物等放到嘴里经过咀嚼咽下去"，"吃"是人类为了生存而必须进行的日常活动，因为每天不吃饭便无法生存下去，所以"吃饭"的概念和"生活、生存"的概念紧密相关。人们根据自己对身体和生活的认知，由"吃"的基本义出发，将对"吃"的身体认知投射到社会认知中，隐喻出"依靠某种事物来生活"之义。"父母"是抚养孩子长大的至亲，他们为孩子的成长提供衣食必需，他们是孩子的衣食来源。"父母"与"食物"之间存在着近接性原则，因此"父母"发生了概念转喻，转指"成长或者生存需要的衣食"(图7.5)。

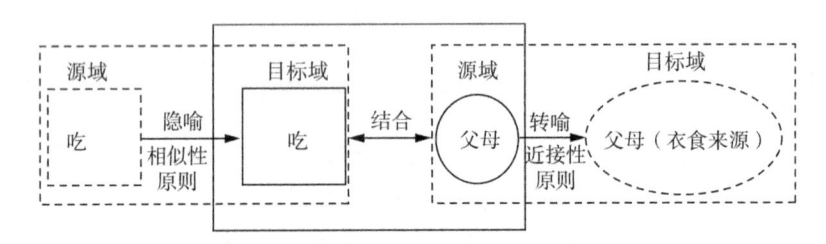

图 7.5 "吃父母"的认知操作模型

7.4 宾语论元角色的转变

7.4.1 扩展促发的论元角色转变

宾语的论元角色是由动词和宾语之间的语义关系决定的。虽然宾语有时候会进行不同程度的扩展，前面会添加一些修饰限定性成分，但这仍然不会改变动词与宾语的语义关系，宾语的论元角色不会变，因为中心词没有改变。

[受事宾语]吃苹果——吃香甜的苹果　吃烟台的苹果
[对象宾语]买汽车——买国产的汽车　买省油的汽车
[结果宾语]盖宿舍楼——盖留学生宿舍楼　盖高大的宿舍楼
[处所宾语]吃食堂——吃学校食堂　吃公司食堂　吃单位食堂
　　　　　存银行——存国有银行　存私有银行　存路口的银行
[工具宾语]扇扇子——扇纸扇子　扇绸缎扇子　扇小扇子

　　　　　　　盖毯子——盖厚毯子　盖羊毛毯子　盖薄薄的毯子
[材料宾语]织毛线——织马海毛毛线　织红毛线　织粗毛线
　　　　　　　糊纸——糊白纸　糊牛皮纸　糊厚厚一层纸
[原因宾语]催债——催欠了很久的债　催旧债
　　　　　　　看病——看头疼的病　看爷爷的病
[目的宾语]跑名额——跑奖学金名额　跑保送名额
[时间宾语]踢下半场——踢决赛的下半场　踢人生下半场
[依凭宾语]吃老本——吃国有资产老本　吃现有成绩的老本

但是也有一些宾语成分，它们在添加了修饰限定性成分后，与动词的语义关系发生了转变，其论元角色也随之转变了。

[同源宾语]　　　　　　[方式/结果①宾语]
　跷腿　　　　　　　　跷二郎腿
　照相　　　　　　　　照半身相
　跳舞　　　　　　　　跳拉丁舞
　游泳　　　　　　　　游自由泳
　照相　　　　　　　　照四寸相
　跨步　　　　　　　　跨(着)"一二一"的操步
　拍照　　　　　　　　拍生活照
　拍照　　　　　　　　拍证件照
　站步　　　　　　　　站丁字步

方式宾语表示动作实施的方式，一般来说，它们都可以移位到动词前面，由自身单独充当或者由介词引导构成介宾短语充当句子的状语。宾语的名词性成分转换成状语时，通常需要介词"以/按……的方式/形式/样子"或"用……(的方式)"等引导。以上宾语扩展后的动宾词组都可以实现由宾语向状语的转换。

[方式/结果宾语]　　　　　　　　　　[方式状语]
　跷二郎腿　　　　　　　　　　　　按二郎腿的样子/方式跷
　照半身相　　　　　　　　　　　　按半身相的形式照
　跳拉丁舞　　　　　　　　　　　　按拉丁舞的方式跳
　游自由泳　　　　　　　　　　　　按自由泳的方式游

---

① 方式宾语和结果宾语有语义交织的现象，因此这里把两种情况都标注上了。

照四寸相	按四寸相的大小拍
跨着"一二一"的操步	"一二一"地跨着操步
拍生活照	按生活照的形式拍
拍证件照	按证件照的形式拍
站丁字步	按丁字步的方式站

我们发现,宾语扩展后能够实现这种转变的宾语以同源宾语居多。《汉语动词用法词典》对"同源宾语"的定义是:a. 或是宾语不增加新意义;b. 或是宾语必借动词而有意义,动词必借宾语而有意义。比如,"唱歌""走路""吹气""洗澡"等。从信息传递的角度来看,因为宾语的意义通常被包含在动词的意义内,所以这类动宾结构中宾语的信息是已知信息、共享信息,信息价值极低。当宾语扩展后,信息传递的重点是在宾语的"定中结构"的"定语"上。在这些"定中结构"中,定语通常是描写、限定类的词语,它赋予了核心名词以性状、属性、特点等内容。一般来说,方式论元在句法表层结构中的常规配位是状语位置。状语的语法功能通常也是对动词进行描写和限定,因此宾语通过添加修饰、限定性的词语,实现了其向方式宾语的转化。

这种情况也并不仅限于同源宾语,其他一些客体宾语扩展以后,也转换为方式宾语。

[受事宾语]唱戏——[方式宾语]唱对台戏

[受事宾语]梳头——[方式宾语]梳分头

[结果宾语]打结——[方式宾语]打外科结

[受事宾语]打工——[方式宾语]打零工

按照常用的形式鉴定标准,我们也可以对上面的例子进行句法转换,将方式宾语转换成方式状语。

唱对台戏——按对台戏的形式唱

梳分头——按分头的样式梳

打外科结——按外科结的样子打

打零工——以零工的形式打(工)

但是我们也发现,不是所有的方式宾语都可以进行同样的句法转换。

[受事宾语]吃食——[方式宾语]吃独食　吃白食

[受事宾语]吃饭——[方式宾语]吃闲饭

[受事宾语]喝酒——[方式宾语]喝花酒

*吃独食——以独食的方式吃

*吃白食——以白食的方式吃
*吃闲饭——以闲饭的方式吃
*喝花酒——以花酒的方式喝

虽然我们通常以"以/按……(形式)+动词"来对"动词+方式宾语"进行句法验证,但不得不说,这并不应该是唯一的验证标准。以"卖高价"为例,可以把它变换成"按/以高价(的形式)卖",视之为方式宾语;也可以把它变换成"卖了(一个)高价",在这样的情况下,它就应该是结果宾语。又如,"打群架",我们不能把它转换成"按群架的方式打",但是我们必须承认"群架""单挑"是"打架的两种形式"。谢晓明、谷亚丽认为,不应该用单一标准来鉴定方式宾语,而应该从句法和语义两个方面来对是否是方式宾语进行鉴定,并提出了一套复合鉴定模式。其中,关于句法变换形式标准提出了以下六个格式:

格式一:以/用/按 O 的(形式/式样/格式/方法/规则……)V
格式二:以/按 O 的身份/角色/位置 V
格式三:V 的角色是 O
格式四:(把××)V 成 O(的字形/样式/形式/发型/形状……)
格式五:V 的是 O 字形
格式六:O 是(V 的)一种方式/步法/针法……

"吃独食""吃白食""吃闲饭""喝花酒",我们可以上面的格式进行相应的转换。

吃独食——独食是(吃的)一种方式
吃白食——白食是(吃的)一种方式
吃闲饭——(吃)闲饭是(生存的)一种方式
喝花酒——花酒是(喝酒的)一种方式

形容词的主要功能就在于描写和修饰名词或代词,表示人或事物的性质、状态、特征或属性。事实上,除了名词和代词以外,形容词同样也可以描写和修饰动词。

(32) 他兴高采烈地跑过来。
(33) 老师生气地批评了他一顿。

在"动词+(形容词+名词)"结构中,有的时候,形容词是修饰名词的,动词支配和作用后面整个定中结构,如"擦正规的护肤霜""涂了重重劣质的化妆品"。但也有的时候,从句法上看形容词是修饰名词宾语的,但是在语义上却是修饰"动词+名词"这个动宾结构的。以上面"吃独食""吃白食""吃闲饭"语料为例,我们的生活中没有一种食物叫"独食"或"白食",也没有一种饭叫"闲饭"。"独"、"白"和"闲"实际上描写和修饰的是动宾结构"吃食"和"吃饭"。两者语义结构如图 7.6、图 7.7 所示。

图 7.6 "动＋形＋名"结构语法关系图   图 7.7 "动＋形＋名"结构语义关系图

吃独食≠吃一个人的饭(食)
吃闲饭≠吃不付劳动的饭
吃白食≠吃不付劳动、不付代价的饭
吃独食＝独＋吃食＝一个人独占地吃饭(食)
吃闲饭＝闲＋吃饭＝不付出劳动地生活
吃白食＝白＋吃食＝不付出劳动、不付出代价地吃饭(生活)

在我们的自建语料库中,也有类似的例子。

(34) 应母喘着粗气认真听樊胜美替应勤辩白,渐渐气息平静下来。

(35) 一个班有这么一位,你就别想睡个踏实觉。

(36) 八个轿夫跨着"一二一"的操步,从目瞪口呆、脏得一模一样的面孔前面走过。

"喘气""睡觉""跨步"中"气""觉""步"都是同源宾语,虽然在句法上形容词在名词宾语前面,但是在语义上这些形容词修饰的是整个动宾结构,因此这样的宾语有方式的意味,形容词都可以转换成方式状语修饰整个动宾结构。

喘着粗气＝粗粗地喘着气
睡个踏实觉＝踏实地睡个觉
跨着"一二一"的操步＝"一二一"地跨着操步

7.4.2　语境改变造成的论元角色转变

"动词＋非核心论元宾语"构式中有一类宾语,它与动词的语义关系是不确定的,需要具体的语义环境来对它和动词的语义关系进行补充和限定。也可以说,它的论元角色是随着具体的语言环境改变的。

(37) a. "妈妈,你来挠我痒痒吧。"说着,他便往后一倒。
　　 b. 比如猪饿了哼哼唧唧时,他们便喊:"没听见猪叫吗? 快给它们挠挠痒痒!"

第七章 "动词＋非核心论元宾语"的流变——转喻、隐喻和转变

(38) a. 现在城里的父母对独生子女娇生惯养，只求升学、考高分，不重视培养自立、自理等实践能力，不考虑孩子的全面发展，这怎么能适应现代社会的需要呢？

b. 不少考生非名牌大学和热门专业不上，即使考了高分还是落榜了，他们准备"明年再考"。

(39) a. 吴谨言外侧衬衫并没有绑死扣，只是简单系了一下，真怕会突然松了的，总之感觉很没安全感。

b. 我买了个手杆，但是不知道怎么绑鱼钩，大家都知道，手杆最长处有一根红绳或别的颜色的，怎么绑？是绑死扣还是其他的？

例(37) a 中，"挠痒痒"是目的宾语。目的通常是尚未发生、尚未实现的情况。句中的意思是"(妈妈)挠我是为了让我痒痒"，"让我痒痒"是"(妈妈)挠"的目的。另外，句子中"挠我痒痒"在动词"来"之后，本身就有目的意思。连动句"来/去(＋处所词)＋动词＋其他成分"中，"来/去"后面的动词短语通常表示"来/去"的目的，如"他去(上海)看朋友"中，"看朋友"是他"去(上海)"的目的。"来/去＋动宾"结构突出了目的的意味。例(37) b 中，"挠痒痒"是原因宾语，"(猪)痒痒"是"挠"的原因，句子中前面的"猪饿了哼哼唧唧"，是对"原因"的照应。

例(38) a"考高分"中"高分"是目的宾语，前面的动词"求"与它形成呼应，"求"的后面通常有表示目的的宾语，如"求(菩萨)保佑太平"，这里动词"求"在"考高分"的前面突出了目的的意味。例(38) b"考了高分"中"高分"是结果宾语，结果是已经发生的、已然的情况，助词"了"表示动作的完成，因此它和结果宾语在时态上是和谐一致的。我们知道，结果宾语前是可以用数量结构来修饰的，该句中添加数量结构后也是成立的："不少考生非名牌大学和热门专业不上，即使考了一个高分还是落榜了，他们准备'明年再考'。"

例(39) a"绑死扣"中"死扣"是结果宾语。"动词＋成＋其他成分"结构中"成"的后面通常是结果成分，这里"绑死扣"我们也可以把它扩展为"绑成死扣"。例(39) b"绑死扣"则是"方式宾语"，方式宾语表示动作的方式，通常可以用"怎么＋动词"来提问，句子中"绑死扣还是其他的"正是对"怎么绑"的回答。

这一类"动词＋非核心论元宾语"单独来看是难以确认动词和宾语之间的语义关系的，具体的语言环境对其多种身份进行了剥离，使两者之间的语义关系得以清楚显现。

187

7.5 小结

  本章主要研究了"动词＋非核心论元宾语"在使用中的流变。隐喻和转喻不仅是两种重要的语言表现手段，更是人们认识客观世界的两种重要思维方式。它们不论在人们认识世界的过程中，还是在表述认识的过程中都发挥着重要的作用。

  转喻的发生主要是基于事物间的近接性关系。由于事物之间存在着近接性关系，因此人们倾向于用显著的事物或部分去替代表示不显著的事物或部分，如人们常用容器来替代表示容纳物，用整体来替代表示部分，或者用显著度高的部分来替代整体。在"动词＋非核心论元宾语"构式中，由于表示处所的词具有容器的特点，因此它常常发生语法转喻的现象，转指处所内的事物，如"微博"这个词在出现之初，是指的一种社交网络平台，具有处所性的意义，虽然它指的是一种抽象的虚拟社区平台。在句法使用上，人们也常将它和介词"在"和方所词连用，如"在微博上""在微博中"，在动宾词组"上微博"中，它是处所宾语。随着这个词的广泛、高频使用，它逐渐发生了语法转喻，转指"在微博上发的博文"，如我们可以说"发了一条微博"，它就由"上微博"中的处所宾语变成了"发微博"中的受事宾语。另外，由于事物通常具有多个组成部分，或者说多个侧面，每个组成部分或每个侧面的显著度是不一样的，因此人们也常用显著度高的部分或侧面来替代表示整体。方式、工具、材料常常也可以转指受事或结果，比如，"打点滴"中，"点滴"本来是"输液的时候，药水从输液瓶中一点一滴往下滴的样子"，是液体流下来的一种"形式、方式"，但是"点滴"在使用中也发生了语法转喻，转指"注射液、输入身体的药水"。

  "吃食堂"一直是汉语学界研究的热点，"食堂"究竟是处所宾语、方式宾语还是受事宾语，众说纷纭，但认为"吃食堂"发生了语法转喻，"食堂"转指"食堂做的饭菜"是近来较多人接受的观点。我们从形式、意义以及语法转喻的有限解释性三个方面对其进行了验证和讨论，认为"吃食堂"和受事性宾语存在较大差距，应视为处所宾语。

  隐喻的发生是基于两者之间的相似性关系，它也在"动词＋非核心论元宾语"构式的使用发展中发挥着重要作用。"吃小灶"中，"小灶"的本义是制作"饭菜"的工具，"吃小灶"本义是指"吃小灶做出的饭菜"。一般来说，通常只有身份比较特殊的人才能享受"吃小灶"的待遇，在日常语言使用中，"吃小灶"使用范围不断扩大,逐渐发展出"受到特殊的照顾"之义。

"动词+非核心论元宾语"构式的隐喻和转喻都经历了认知操作过程,不同的实体构式经历的操作过程不同。有的构式只发生了单项操作,如"站台"整个构式转喻"为……造势、支持"的意思;有的构式发生了多重认知操作,如"吃父母"中,"吃"和"父母"都分别经历了一重认知操作,"吃"发生了概念隐喻,指"生存/生活"之义,而"父母"则发生了概念转喻,转指"生活来源","吃父母"搭配组合后的组合意义是"依靠父母(为生活来源)生活"。

一些宾语在与动词的搭配使用中发生了论元角色的转变,一些核心论元宾语如同源宾语、受事宾语、结果宾语可以通过扩展变成方式宾语,一些非核心论元宾语由于自身与动词语义关系的不确定,其论元角色通常会随着语境的改变而改变。

第八章

非核心论元宾语的生成动因

"主语（施事）－谓语（动词）－宾语（受事）"是及物动词无标记的句法结构，"主语（主事/当事）－谓语（动词）"则为不及物动词无标记的句法结构，这一点在世界上大多数语言中都具有普遍意义。在汉语中，其他表示工具、处所、材料、方式、原因、目的等的论元角色则通常以状语的形式位于动词前面修饰动词，这是这些论元角色的常规、无标记配位方式。但"动词＋非核心论元宾语"结构则打破了常规配位，非核心论元脱离常规位置，占据核心论元的宾语位置。所有改变必有动因，这种非常规的配位方式是受到句法、语义、语用、认知等多方面合力的影响。

8.1 非核心论元宾语形成的语用动因

8.1.1 语言的经济性原则

法国语言学家马丁内提出的"语言的经济性原则"是语言中的一种具有普遍意义的原则。在日常的语言生活中，人们总是寻求以最省力的方式表达尽可能丰富的语义内容。"驾驶执照"简称"驾照"、"南京大学"简称"南大"、"象形、指事、会意、形声、转注、假借"简称"六书"，这都是语言经济性原则的具体体现。除了词汇层面，句法层面同样处处体现着经济性原则的决定性作用，如"你爱管就管，不爱管就不管"可以简略地说成"爱管不管"。语言的经济性原则广泛地体现在语言的各个层面。

动词的论元结构和句法的论元结构存在着一种映射关系。施事通常映射为句法表层的主语，受事映射为句子的宾语，其他非核心论元则映射为句子的状语成分。和"动词+非核心论元宾语"的结构相比,前者显得冗长而不经济。

[处所论元]

(1) 他在沙发上睡觉。——他睡沙发。

(2) 我们在平房里住。——我们住平房。

[工具论元]

(3) 实验员用显微镜看微生物。——实验员看显微镜。

(4) 妈妈用饭罩罩着剩菜。——妈妈罩饭罩。

[材料论元]

(5) 工人们用沥青铺地。——工人们铺沥青。

(6) 奶奶用一块花布补衣服。——奶奶补花布。

[方式论元]

(7) 他们俩按混双的组合形式打。——他们俩打混双。

(8) 这个文档按横版的形式排。——这个文档排横版。

[依凭论元]

(9) 他一直靠救济生活(吃)。——他一直吃救济。

(10) 他靠父母生活(吃)。——他吃父母。

[时间宾语]

(11) 孩子满月的时候他们办酒席。——他们(给孩子)办满月。

(12) 班主任老师晚上查学生宿舍。——班主任老师查夜。

[原因宾语]

(13) 他因为生病了在家养身体。——他在家养病。

(14) 她因为不想结婚所以逃走了。——她逃婚了。

[目的宾语]

(15) 他最近为了名额在四处奔跑。——他最近在跑名额。

(16) 他为了清静躲到外面去了。——他到外面躲清静了。

上面例句中左列是非核心论元在状语的常规位置上的句法结构,右列是非核心论元宾语占据宾语位置的句法结构。两者比较起来,"动词+非核心论元宾语"显然更加简省、经济。一方面,这是因为非核心论元宾语处于状语位置上时,通常得由介词格标引导,表明非核心论元的论元角色。介词的添加扩展了句子的长度。另一方面,真实的语言都是处于某种具体的语言环境中的,人们的交流是连续的、成段成篇的,新的信息一旦传达便成为旧信息、双方共享的已知信息。那么在接下来的交际中,遵循语言的经济性原则,这些听说双方共享的已知信息便不必重复提及,而只需传达新的信息就可以了。这一点体现在句子的表层结构上,就是删略已知信息,只突显新信息。在"动词＋非核心论元宾语"构式中,由于受事宾语通常在前文中已经出现,或者虽然没有在前文中出现,但却因为是听说双方都已知悉的内容而不必提及,在句法表层中完全不需要再次出现,如果出现,反而会使表达显得累赘、啰嗦,因此为非核心论元宾语占据受事宾语的位置提供了可能。

邢福义曾经指出:"汉语语法结构在总体面貌上呈现出语义兼容和形式趋简的特点。""尽管语言运用中全量形式和简化形式可以并存,但只要有可能,人们往往会选择简化形式。""汉语语法重于意而简于形。这从表里关系的侧面反映出汉语语法结构在语义容量上常用加法和在形式选用上常用减法的倾向。"[①]"动词＋非核心论元宾语"的广泛使用正是汉语语法形简而意丰的发展趋势的反映。

8.1.2 焦点突显

语言的经济性原则对非核心论元宾语在句子中的表现提出了表达省力的要求,但表达省力的手段可以是多样的,如删略、缩减等。然而非核心论元宾语却是通过占据宾语位置来实现的。非核心论元之所以会占据宾语的位置,这是因为受到了焦点突显的语用要求的驱使。

在"动词＋非核心论元宾语"出现的具体环境中,通常核心论元是已经出现的已知信息或者交际双方共享的背景信息,而非核心论元通常是前后语境中需要传递的新信息,因此在交际功能上,它需要作为句子的焦点突显出来。汉语遵循"焦点信息后重"的原则,句子的常规焦点通常在宾语的位置,因此在经济省力的原则驱动下,应该位于焦点位置的已知信息删略,需要突显的非核心论元占据焦点位置,成为非核心论元宾语。

如前所述,"动词＋非核心论元宾语"实例构式里存在两种情况,一类是宾语背后存在一个语义场,宾语是来自这个语义场的一个成员;另一类则是宾语背后不存在一个语义场。这两种类型的宾语所负载的焦点类型不同,前者负载的是对比焦点,后者负载的是常规焦点。

张伯江、方梅曾经指出,常规焦点和对比焦点的根本差别"在于二者的预设不同。……如果句子的预设是'有 X',整个句子是要说明这个 X,这时候,焦点

---

① 邢福义.汉语语法三百问[M].北京:商务印书馆,2003.

成分是呈现性的,属于常规焦点;如果说话人预设听话人认为某事是 B,而实际应该是 A,说话人说出这个句子的目的在于指别'是 A 而非 B'。这时候句子的焦点成分就是对比性的,属于对比焦点"①。对前一类构式来说,宾语来自一个语义场,在这个语义场内,每一个成员都是宾语的变量。所有的可选变量互相独立、互相对立,同类而异值。在这个集合内,每一个可选变量都具有进入构式内成为动词宾语的合法身份。另外,从宾语负载焦点的角度看,它们也都是焦点变量。根据具体语境中语义和语用表达的需要,最终只有一个变量实现为句法表层中的宾语。整个聚合内各变量之间的互相对立性,使得最终实现为动词宾语的焦点变量和没有实现为宾语的焦点变量呈现出一种对比、突显的关系。

(17) 吴雁泽:我本是学西洋声乐的,可是从学院来到湖北后,发现西洋声乐和群众有距离,因而改唱民族。

(18) 北岛选择游蛙泳也是因为身体僵硬。其他泳姿都要求身体的柔韧性,北岛是不可能胜任的。

(19) 老孙和小林坐硬卧,车站给了一个上铺一个下铺,小林睡上铺,中间隔一个人,老孙睡下铺。

例(17)中,从语义表达的内容来看,"哪种演唱方式"是句子中需要传递的新信息,按照信息从旧到新的编排原则,承载这个焦点信息的成分通常居于句末的位置,成为动词"唱"的宾语。由于该句具体语境内容的限定,在"演唱方式"这个语义场内,存在着"民族唱法"和"西洋(声乐)唱法"两个成员,每个成员都有资格成为"唱"的宾语,但根据语义内容的需要,最终"民族(唱法)"被提取成为非核心论元宾语,它是全句传递的新信息、焦点信息。虽然"西洋(声乐)唱法"没有成为宾语,但在语义上和信息传递上与"民族(唱法)"形成对比,并通过这种对比突显了焦点信息。例(18)中,"游泳方式"——"蛙泳"作为新信息占据焦点位置。与它同处于一个词语聚合内的其他焦点变量成为与之对比的信息。在句子中,"其他泳姿"作为其他焦点变量的总称与"蛙泳"形成对比,表明了"是 A 而非 B"的语用含义。例(19)中,"上铺""下铺"是"睡觉场所"这个语义场内的成员,也是两个可选的焦点变量。它们用"动词+宾语"的相同结构同时出现在同一个句子中,在句子中形成明确、清晰的对比,突出了要传递的焦点信息。

还有一种情况,宾语对比焦点身份的获得,不是通过同一词语聚合内焦点变量互相的对比获得的,而是通过句子的语法意义获得的。

---

① 张伯江,方梅.汉语功能语法研究[M].南昌:江西教育出版社,1996.

（20）出了宿舍区，严守一小心地问："费老，我们是<u>走激情的平安大道</u>，还是<u>走理性的四环路</u>？"

（21）晚上睡觉时有两个选择：<u>睡床</u>还是<u>睡板</u>。睡床就是睡在破床垫上，睡板则是睡在搭在砖头上的木板上。

（22）宋蔼龄仰着头，眼睛往上翻着，阴阳怪气道："哦，革命胜利了，你一会儿都督、一会儿总长，这近来又当了总司令，风光得很呐！眼下失败了，您说一声让我们快走就完了？我们这一家人，到日本<u>走大路</u>还是<u>走小路</u>？<u>坐炮弹</u>还是<u>坐电报</u>？你也该有个交代吧？"（CCL）

上面三个例子中，各句形成对比的非核心论元宾语都不处于一个相同的语义场内。"平安大道"和"四环路"、"床"和"板"、"炮弹"和"电报"它们两两并不形成语义上直接的对比关系。但由于选择疑问句的使用，句式义使原本不具有对比关系的焦点信息形成了对比的关系。

另外一类"动词＋非核心论元宾语"构式，从宾语与动词的关系来看，并不存在一个宾语变量的语义场。名词宾语不与其他词语形成同一语义值域内语义上的对比，句子的预设是"有 X"或"是 X"，这类非核心论元宾语负载的是句子的自然焦点。

（23）他对隋文帝说："这两个人犯了禁令，按刑律只能<u>打板子</u>，不该处死。"（CCL）

（24）秀莲穿了一件朴素的士林布旗袍，不施脂粉，也不<u>抹口红</u>。（CCL）

（25）鉴于乞丐日多引起公众不满，他于是便向乞丐宣战，打出这张"乞丐牌"，以迎合选民，为保守党<u>拉选票</u>。（CCL）

上面三个例子中，非核心论元宾语没有与句内其他信息内容形成对比，只是单纯地传递"是 X"的语用信息，因此它们都是句子的自然焦点。

8.2 非核心论元宾语形成的认知动因

认知语言学为我们认识和解释语言现象提供了崭新的视角。"现实—认知—语言"是认知语言学的一条基本原理。"认知"实际上是"互动性体验、意象图式、范畴化、概念化、意义"这样一个动态过程。人类在感知体验和互动的基础上逐步形成意象图式和认知模型，又在此基础上进行范畴化和概念化，然后形成固定意义，并最终表现为语言形式。

在整个认知过程中，"意象图式"是其中桥梁性的一环，人的身体体验形成对客观世界的最初感受,这些感受和认识在反复的身体体验中固定化、模块化,最终形成意象图式。意象图式具有完形性,它由客观对象以及客观对象之间的关系组成。它是这些客体及关系的心理表征。动宾关系的意象图式中,动词本身决定了进入这个场景中的所有客体及动词与客体、客体与客体的关系。说起动词"buy",人们脑子里会浮现出一个完整的场景,有买者、卖者、购买的物品、支付的钱款,以及由此确定的买者与卖者的买卖关系、卖者对出售物品的领有关系、钱款及物品的交换关系等,这些客体和关系共同构成了"buy"的场景。这几个客体以及相互之间的关系具有普遍意义,在所有的购买活动中都必须同时存在,否则不构成一次完整的、成功的购买活动。这些客体及相互关系在客观活动中不断被人感知、体验,每一次都作为一个整体出现,最终它们成为固定化、模块化的意象图式。在整个场景中,动词与不同的客体有不同的格关系。在"buy"这个场景中,"买者"是动作的施事,它与动词形成施动关系。如果我们把动词换成"charge","买者"就成了动作的受事,与动词形成受动关系。

8.2.1 "图形与背景"的隐与现

在具有基本配置的认知框架内,有些对象突显出来形成图形,有些对象退到衬托地位而成为背景。图形通常有一定形状、有边界、有连贯性、有动态性等特点,而背景则通常具有边界模糊、相对面积较大、静止性等特点。一般说来,图形与背景的区分度越大,图形就越可突出而成为我们的知觉对象。比如,我们在一片灯火中可能很难找到自己要找的那盏灯,而在一片黑暗的背景下,唯一亮着的灯光会异常的突出和显著。反之,如果图形与背景的区分度越小,彼此的边界越不清晰,就越难以把图形和背景区分开。

一个动作所牵涉的参与者角色有很多,如动作的发出者、动作的接受者,有的还牵涉到动作发生的处所、动作使用的工具、动作使用的材料、动作发生的原因、动作发生的目的等。这么多的参与者角色,究竟哪些最后成为图形,哪些最后成为背景,这是由透视域决定的。

句子描述的是场景,场景中的参与者承担着不同的格角色。在一段话语的任何一处,我们都是从一个特殊的透视域去考虑一个场景,也不妨说,整个场景都在考虑之中,我们只是集中注意那个场景的某一个部分。正是通过透视域的选择,一部分参与者进入透视域,成为句子的核心成分。每一个核心成分都带有一个深层语法关系。其他参与者不一定能进入句子,虽然它们存在于深层结构,但在表层结构中却被删略了或用了零形式。

透视域的理论为我们从认知心理的角度理解非核心论元宾语提供了可靠的支持。从动词中心的简单句来看，简单句描述了一个基本场景，场景中不同的参与者与动词发生不同的联系，这些参与者承担着不同的角色，它们有的是动作的发出者，有的是动作的接受者，有的是动作的参与者，有的是动作的工具，有的是动作的处所等，这些不同的参与者角色或者说格角色构成句子的底层结构。这些参与者虽然都客观存在，但大多数情况下并没有全部进入句子的表层结构里。透视域决定了哪些参与者角色最终进入核心，并实现为表层结构的成分。在认知语言学中，这些进入表层结构的参与者角色被称为"图形"，其他没有进入表层结构的参与者角色则成为"背景"。图形就是我们透视域的焦点，而背景则是图形背后没有具体轮廓、没有确定边界的衬托。

场景虽然联系着语义，但是场景不等于语义。参与者角色能否最终进入表层结构，是通过透视域来进行取舍的。以动词"写"为例，动词语义所描绘的场景是一个人手握某种书写工具在书写载体上移动书写工具并使其留下书写痕迹。这个场景中有四个实体：书写者、书写工具、书写载体、书写痕迹。如果我们说"他在写信"，这个场景中仍然有四个实体：书写者、书写工具、书写载体、书写痕迹。但这个场景中只有书写者和书写痕迹进入了透视域之中得到突显，成为图形，其他实体则隐没成为背景。如果我们说"他用钢笔写信"，这个场景中仍然有四个实体：书写者、书写工具、书写载体、书写痕迹。进入透视域的有三个实体：书写者、书写工具、书写痕迹。这三个实体得到突显成为图形，其他实体则隐没成为背景。当我们只将"书写者"和"书写工具"置于透视域内，那么就只有这两个实体能得到突显成为图形，其他实体则成为背景。经过一系列相关句法操作，在句法表层上得到"他写钢笔"的表层结构。

在动词结构所描绘的场景中，虽然有众多参与者角色，但"动词+非核心论元宾语"构式是只将"动作的施行者"和"动作的工具/材料/方式/时间/处所/原因/目的/依凭/范围"置于透视域内加以突显，使其成为场景内的图形，其他参与者成分虽然仍然存在于场景内，但都隐没为背景。

8.2.2 完形心理投射

沈家煊提出："一个句式是一个心理上的'完形'，即一个整体结构。""'完形心理学'的一条重要原理是，整体大于部分之和，因此句式的整体意义不等于各组成部分的简单相加。整体往往比部分更显著，更容易引起人的注意，也更容易处理和记忆，这已经得到认知心理学的证明。与其说句式的整体意义取决于组成部分的意义,不如说组成部分的意义取决于句式的整体意义。"①

一个完形就是一个完整的认知图式。在这个完形中有各个组成部分以及组成部分之间的逻辑关系。一旦一个完形被确立,当其中某个组成部分被提取并在句法表层上实现时,这个完形中的其他组成部分以及各部分之间的关系虽然并没有在句法表层上实现,但在认知心理上也会同时被激活,人们在认知心理上会根据整个完形的结构,将这个有缺口的认知图式补充完整。所以虽然从句子的表层结构来看,句子不是一个完形,但我们仍然能理解其意义,这正是完形心理在发挥作用。如图 8.1 所示,虽然最上层的三角形并没有线条表示、下层的三角形一部分线段缺损、三个圆形都存在缺口,但我们的认知心理上,却仍然能把缺损的部分补充出来,使之成为一个完形。

图 8.1 完形心理投射

在"动词＋非核心论元宾语"构式中,虽然有的时候受事类宾语可以移位到句首成为话题,但也有很多时候受事类宾语是被删略的。

(26) 实验员们在看显微镜。

(27) 他喜欢抽烟斗。

(28) 前面一堆人在听墙根儿。

上面这些句子中,动词"看""抽""听"的受事宾语都没有出现。但毫无疑问地,在我们的认知心理中,由于完形心理的作用,受事宾语"某种被观察的微小物体""烟""对话"在语义上是被激活并补充完整了的。这些宾语由于属于旧信息或者动词本身包含的信息,如"抽"的动词语义本身就包含了"烟"的意义,"听"的动词语义本身就包含了"说话、对话"的意义,所以它们被删略了,而

---

① 沈家煊.认知语法的概括性[J].外语教学与研究,2000(1):29-33.

新信息占据宾语位置成为焦点。图 8.2 为"听墙根儿"的完形激活图示,实线表示表层句法语义关系,虚线表示底层语义关系。白色圆圈内表示的是实现为表层句法成分的语义内容,黑色圆圈内表示的是在句法上缺损但仍然被激活的语义内容。

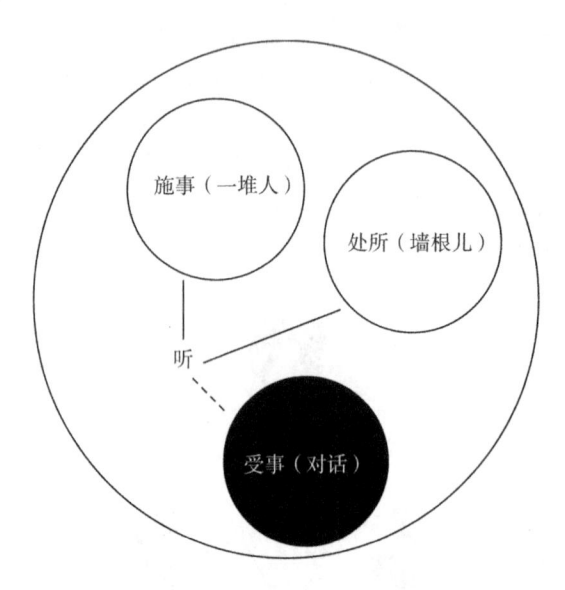

图 8.2 "听墙根儿"完形激活图

又如我们在说"吃食堂"的时候,虽然"吃"的受事宾语并没有出现,但我们在心理上明白"吃"的受事是"饭",其意义是"在食堂吃饭",而不是"在食堂吃苹果""在食堂吃火锅"等。从这一点我们可以看出,虽然受事宾语没有出现,但是完形心理会发挥作用,让我们在心理认知上将"吃食堂"的语义内容补充完整。

8.3　非核心论元宾语形成的语义动因

汉语的一个非常重要的特点就是轻形态、重意合。王力先生就曾经说过:"中国语法是软的,富有弹性,……所以以达意为主。"[①]鲁川更是形象地指出,英语是"形合法"语言,而汉语是"意合法"语言。英语造句用的是"榫合法","是把木板(词)凿出'榫'(词形变化部分)而组合到一起";汉语造句用的是"黏合法",

---

① 王力. 中国语法理论[M]. 北京:中华书局,1954.

"无须木板(词)变形,只把实词摆在一起,必要时用虚词黏合到一起"①。邢福义也曾经在讨论汉语语法结构的兼容性和趋简性特点时指出,"同样一个语法结构,可以包容多种意义"②。这正是汉语意合性的一个句法体现,只要意义融通,就能搭配组合。"动词+非核心论元宾语"构式的生成正是汉语意合性特点的集中体现。

  形合法和意合法是两种不同的语言特点。形合法是指句子与词的组合在外部形态上有明显的标记。不但词语有内部屈折变化,词与词之间的关系也有形式标记表示。当形态标记不充分的时候,还可以用其他语法手段来表示词组、句子中各成分之间的关系。意合法则是指词与词、句子与句子之间的组合往往没有外部形态上的标记,主要依靠意义上的关联来"黏合"。英语是重形合的语言,有丰富的形态标记和形态手段;汉语则是重意合的语言,缺乏形态标记和形态手段,主要靠词语和词语之间的某种语义联系或常规联系来表达意义。比如,特殊的动宾组合"打扫卫生",动词"打扫"的后面常常是对象宾语,"打扫房间""打扫教室""打扫会议室",它们的意思是"把房间/教室/会议室打扫干净"。但是当我们看到"打扫卫生"这个动宾组合时,不会将其解码为"把卫生打扫干净"。从我们的认知常识来看,"卫生"是抽象名词,它不可以打扫,不可能成为"打扫"的对象,但它是"打扫"这个行为要达到的目的。"打扫"和"卫生"之间的语义联想是"动作—目的"的关系,虽然对象宾语不存在,但是我们仍然明白是要"打扫某处地方,使之变得干净、卫生"。

  杉村博文曾经指出:"当需要给'现象'以 VN 形式取名时,汉语是怎样选择 V 和 N 的呢? 我们对这个问题的答案是:谁对'现象'最具象征性,就让谁来充当 V 和 N。因此,V 和 N 之间虽然在形式上存在着述宾关系,但是在语义上可以不存在述宾关系。它们是以'现象'为中介才发生形式上的述宾关系的。是否对'现象'具备突出的象征性,这是汉语选择 V 和 N 的唯一标准。只有这条标准才能够将'教书、吃食堂、坐茶馆儿、喊嗓子、走路、晒太阳'等,这些表面上看起来五花八门的 VN 概括起来。也正因为如此,从语义角色的角度对 VN 中的 N 进行分类,是很难成功的。"③从他的观点来看,所谓最具象征性的"现象",实际上强调的是其信息价值。动宾之间的关系从某种意义上来说,是动词和焦点信息

---

① 鲁川.汉语语法的意合网络[M].北京:商务印书馆,2001.
② 邢福义.汉语语法结构的兼容性和趋简性[J].世界汉语教学,1997(3):3-8.
③ 杉村博文."VN"形式里的"现象"和"事例"[J].汉语学报,2006(1):59-63.

的组合。在一个具体的语境中，围绕动作的发生，哪个要素是我们要传达的新信息，哪个就能占据宾语的位置。以动词"打（进行某种体育运动）"为例，当谈到一场乒乓球比赛时，受事宾语"乒乓球"是旧信息，如果我们希望听话人注意的信息是"打"的"与事"——"日本队"，那么我们不需要任何形式的语法标记，名词也不需要任何屈折改变，便可以直接充任动词宾语。如果我们希望听话人注意的信息是"打"的"组合方式"——"混双"，那么"混双"就可以直接充任宾语。如果我们希望听话人注意的信息是"握拍的方式"——"横拍"，那么"横拍"就可以直接充任宾语。

对说话人来说，在表述"现象"的时候，围绕某个语义场景，只要提取信息价值最高、显著度最高的要素，将其与动词直接联合，不需要其他形式手段的参与就可以完成对"现象"的表述。对听话人来说，对 VN 所表述的"现象"的理解，必须基于对这个完整语义场景的认知和了解，在这个场景内不同要素间存在着不同的语义关系或者说逻辑关系。对 V 和 N 的语义理解是建立在对这个场景的理解和熟知上的，对 V 和 N 的语义关系的理解也是建立在对 V 和其他要素的语义关系的理解之上的。所以虽然缺乏形态标记和形态手段，但在这个特定的语义场景内 V 和 N 两者之间的语义关系是确定的、清晰的，虽然 VN 之间没有任何其他形态标记，但人们仍能"意合"出它的意义。

"哭鼻子"是一个语义关系比较特殊的动宾组合。你很难说清楚"鼻子"和"哭"之间是什么样的语义关系，"鼻子"作为人的生理器官，也许勉强可以视为工具宾语。这里我们不想过多讨论"哭鼻子"的语义类型，只讨论"哭"和"鼻子"这种非常规组合的原因。在"哭"这个语义场景中，参与、完成这个动作的部位有眼睛、鼻子、口、喉咙等身体器官，但是从各器官参与这个动作的外在表现来看，"鼻子"的身体感受似乎比其他器官的显著度更高。"哭"之前，鼻子首先会发酸，人们常说"鼻子一酸就哭起来了"。"哭"的时候，眼泪在眼部活动的动力下，经泪阜通过鼻泪管流到鼻腔。眼泪到达鼻腔后，刺激鼻腔黏膜分泌加强，导致鼻液量多、鼻涕形成，所以人们也常说"一把鼻涕一把泪"。这里"鼻涕"在语序排列上也是先于"眼泪"的。除了韵律上的要求外，在人们的认知体验中，哭的时候，"鼻涕"比"眼泪"有更高的显著度。前面我们说过，动宾结构中能实现为宾语的成分通常是信息价值和显著度都最高的要素，因此显著度最高的"鼻子"就和动词"哭"搭配组合"哭鼻子"。虽然没有任何其他形态标记表示两者之间的语义关系，但是我们仍能意会出"哭鼻子"的含义。

从历时的角度来看，意合法也具有相当悠久的文化传统。无论是中国的古典诗词、书画,还是宗教,在形式表达上都是追求淡雅、朴实、简单的,但在思想内容上追求的却是言简义丰、含义深长、思想饱满,因此十分强调"意会"和"领悟"。每个欣赏诗词、书画的人或是学习佛家经典的人,都要靠个人的学识、经历、素养去"意会""领悟"简单语句、形象之外丰富的思想内涵和意境。

8.4 非核心论元宾语形成的句法动因

8.4.1 动词配价和构式配价

配价理论以及词汇主义研究方法都认为,句子的论元结构是动词论元结构的投射。比如,以动词"吃"为例,它的词汇论元结构就涉及两个论元——施事和受事。在"我吃苹果"这个句子中,"吃"在句子中与施事和受事两个论元发生关系,因此"吃"的词汇论元结构和句法论元结构在这个句子中是一致的。"跑"的词汇论元结构只涉及一个论元——施事论元。在"那个犯人跑了"这个句子中,和"跑"发生关系的只有施事论元,那么在这个句子中,"跑"的句法论元结构和词汇论元结构是一致的。然而汉语中并不是所有动词的词汇论元结构和句子的句法论元结构都能呈现出规整的映射关系。人们在句法研究中发现,这类动词中心说并不能解释下面这样的句子。

(29) 他扔我一个球。　　(30) 他吃我一个苹果。
(31) 他介绍我一个朋友。　(32) 他买我三斤梨。

(33) 王冕死了父亲。　　(34) 我家来了两位客人。
(35) 监狱跑了几个犯人。　(36) 他家飞了一只鸡。

在第一组四个句子中,"扔""吃""介绍""买"都是二价的动词,只能带施事和受事两个论元,但句子中,它们都成了三价动词,其论元结构增加了一个与事论元。在第二组四个句子中,不及物动词"死""来""跑""飞"都是一价动词,只能带施事论元或主事论元,但是句子中它们都成了二价动词。动词的词汇论元结构和它在句子中的论元结构发生了矛盾。配价理论和词汇主义研究方式仍然把这种现象归结于动词本身,认为动词的词义发生了变化,因此它在不同句子中配价也发生了变化。这种解释无疑有些捉襟见肘,如果动词的词义和配价是随着句子的不同而不同的,那么就会陷入无定论,我们可能很难确定动词的词义有多少项、动词有几个配价。

构式语法理论的出现解决了上面这个难题。构式语法理论认为，动词与句子结构虽然相关，但是各自独立。一个构式有自身的论元结构，构式也可以为句子结构提供论元。比如，上面第一组表示"致使物体转让"关系的双宾语句，句子的论元结构就是三元结构，而第二组表示"丧失"的句子其论元结构是二元结构。句式的论元结构决定了有几个论元进入句子表层。当句式论元结构与动词的词汇论元结构不一致时，句式论元结构具有压制性的作用，它将使动词的论元结构与其保持一致。

在前文我们已经论述过"动词＋非核心论元宾语"的构式语义是"选择及排除"。它是指 A(在 X 这个词语聚合内)选择了 Y。当然我们必须指出的是，这个"选择"主要是指逻辑事理关系上的选择，而不是主观意愿上的选择。从构式义来看，构式的论元结构为二元结构，因此无论动词是一价动词还是三价动词，其论元结构都必须服从于构式的论元结构。"走""跑"是一价动词，"教""求"是三价动词，当它们出现在"动词＋非核心论元宾语"构式中时，其论元结构必须与构式的论元结构保持一致，"走"出现增元，而"教"则出现减元。

(37) 客人们<u>走</u>了。　　(38) [动词＋方式宾语]士兵们<u>走正步</u>。

(39) 他<u>跳</u>下去了。　　(40) [动词＋方式宾语]他们在<u>跳慢三</u>。

(41) 他<u>教</u>我们汉语。　(42) [动词＋处所宾语]王老师<u>教大学</u>。

(43) 他<u>求</u>我一件事。　(44) [动词＋目的宾语]他想<u>求个良辰吉日</u>。

8.4.2　调整配位的语法机制：话题化和述题化

一般来说，施事、主事等论元会占据句子的主语位置，受事、对象、结果等论元会占据句子的宾语位置，工具、材料、方式、原因、目的、依凭、时间、处所论元或由介词引导或单独充当状语。但"动词＋非核心论元宾语"是一种超常规搭配，构式的论元结构是二元结构，非核心论元必须占据宾语位置，这要求句子中的论元要经过话题化和述题化的语法过程以达到调整配位的目的。非核心论元经过述题化以后成为有标记的宾语。

(45) [处所状语]他在沙发上睡——[处所宾语]他睡沙发

(46) [工具状语]他用鞭子抽——[工具宾语]他抽鞭子

(47) [方式状语]他用美声唱——[方式宾语]他唱美声

(48) [材料状语]他们用农药喷果树——[材料宾语]他们喷农药

(49) [时间状语]他上半场踢——[时间宾语]他踢上半场

（50）［原因状语］他因为婚事愁——［原因宾语］他愁婚事
（51）［目的状语］他们为了独立而闹（革命）——［目的宾语］他们闹独立
（52）［依凭状语］他靠父母吃饭（生活）——［依凭宾语］他吃父母

上面的这些例子都只经历了单纯的述题化过程，事实上很多情况下，话题化和述题化是轮流进行的，比如下面的情况。

1) 受事、结果等客体宾语先话题化为主语，动词后的宾语位置腾空，工具、材料、方式等非核心论元述题化，占据宾语位置。

（53）我用牛皮纸包新书——→新书我用牛皮纸包——→新书我包牛皮纸
（54）他用油漆刷柜子——→柜子他用油漆刷——→柜子他刷油漆
（55）他用C调唱这首歌——→这首歌他用C调唱——→这首歌他唱C调
（56）他用楷书写春联——→春联他用楷书写——→春联他写楷书
（57）妈妈用毛线织毛衣——→毛衣妈妈用毛线织——→毛衣妈妈织毛线

上面的例句中，受事宾语先话题化，空出动宾结构后面宾语的位置，然后工具、材料、方式论元述题化，成为非核心论元宾语。

2) 材料、方式等客体论元先述题化，然后再将工具论元话题化。另一种情况是先将材料、方式等论元话题化，然后将工具论元述题化。

（58）工人用大刷子刷油漆——→大刷子工人刷油漆
　　　　　　　——→油漆工人用大刷子刷——→油漆工人刷大刷子
（59）我用红纸包小包——→红纸我包小包
　　　　　　　——→小包我用红纸包——→小包我包红纸

一般来说，工具论元、方式论元、材料论元通常不能同时出现在一个句子中，但是通过话题化和述题化的配位调整，它们能和谐共处于同一个句子中。可见，话题化和述题化是调整论元句法配位的有效手段。

8.5 小结

本章主要从语用、认知、语义、句法四个方面探讨了"动词＋非核心论元宾语"的生成动因。

我们认为，语言的经济性原则和焦点突显要求是生成"动词＋非核心论元宾语"的语用动因。经济性原则要求语言在保证完成交际目的的前提下，用尽可能省时省力的形式去完成表达。因此，交际中那些已知信息、双方共享的背景信息是不需要再耗费时力去传递的，而只需要传递新的、未知信息。客体类论元在具体的语境中常常已经是交际双方已知的或者共享的背景信息,因此它们常常在句法表层被删略。汉语遵循焦点信息后重的原则,因此句末的宾语常常是自然焦点所在的位置。当非核心论元负载的是未知的新信息时,在语用驱动下,它通常会占据宾语的位置,取得焦点突显的效果。

从认知上来看,一个场景里的物体有图形和背景之分,由于透视域的变化,那些进入透视域、显著度高的物体成为图形,那些没有进入透视域、显著度低的物体成为背景。在"动词+非核心论元宾语"构式中由于透视域的不同,不同物体(不同论元)进入透视域,成为图形被突显。一个完形是一个完整的认知图式,一个句式就是一个完形。虽然"动词+非核心论元宾语"构式中核心论元在表层被删略了,但是人们的完形心理仍然会将其补充完整,核心论元的语义在深层结构中仍然存在。

汉语缺乏形态,是讲究意合的语言。在满足某种语义、逻辑关系的情况下,人们可以提取场景中任何两个要素进行组合,如"晒太阳""哭鼻子"等。从历时的角度看,"意合"也是中国传统文化一以贯之的精神。

从句法来看,一个构式有构式的论元结构,构式的论元结构是凌驾于动词的论元结构之上的。当动词的词汇论元结构与构式的论元结构不一致时,动词的论元结构必须服从于构式的论元结构。"动词+非核心论元宾语"构式对进入其中的动词有压制作用,一价动词会增元为二价动词,三价动词则会减元为二价动词。施事、主事通常实现为主语,受事、结果通常实现为宾语,工具、材料、方式、处所、时间、原因、目的、依凭、范围等论元由介词引导或单独充当状语。"动词+非核心论元宾语"是通过话题化和述题化的手段来实现配位调整的。

第九章

结论

9.1 基本结论归纳

"动词+非核心论元宾语"是比较特殊的一类动宾结构。按动词的词汇论元结构来看,及物动词通常带施事、受事或结果、对象论元,有的动词有三个论元:施事、与事、受事或结果论元。不及物动词通常只有施事或主事论元。非核心论元通常由介词引导或自身单独充当动词的状语或补语,当非核心论元将核心论元挤压出句法表层并占据宾语位置时,是受到了各方面因素的影响和驱动。在广泛和高频的语言使用中,"动词+非核心论元宾语"作为一个稳定的结构在句法和意义上形成了形式和意义的配对,成为一个独立稳定的构式,呈现出自身独有的特征。我们基于自建语料库和一些在线语料库的大量语料,以构式语法理论、认知语言学理论、语义语法理论、配价语法理论以及格语法等为理论基础,通过具体实例描写与大量共性概括结合的方法、数据分析和理论证明相结合的手段对大量"动词+非核心论元宾语"构式的实例构式进行了观察、描写和论述,得出如下主要结论。

1)"动词+非核心论元宾语"已经形成了形式和意义的配对,是一个独立的构式。在句法表现上它是动词和非核心论元的动宾组合,在意义上它含有"选择及排除"及"强事件弱动作"的构式意义。"动词+非核心论元宾语"既是一个图式构式,也具体体现为众多语义丰富的实体构式。从整体上来看,"动词+非核心论元宾语"构式具有层级性、类推和能产性、形义不对称性以及发展性四个特点。

"动词+非核心论元宾语"的层级性体现在形式和构式化程度两个方面。在形式上有"及物动词＋非核心论元宾语"与"不及物动词＋非核心论元宾语"之分，两种类型之下又可以分为不同语义类型的非核心论元宾语。在构式化程度上，这些实体构式的构式化程度并不一致，我们认为大致分为三级。"吃小灶""坐冷板凳""唱白脸"等这类Ⅰ级构式形式和意义的结合非常稳定，无论是动词还是宾语通常不能随意替换或者添加成分，任何变动都可能引起句法的不成立或是语义的变动。它们除了含有"选择及排除"的构式义之外，还发展出了新的构式义，形成了形式和意义的新配对，是构式化程度最高的一级。"吃食堂""写毛笔""寄挂号"等这一类构式是构式化程度中等的Ⅱ级构式。动宾之间的组合虽然没有凝固，但两者结合稳定、常规，动词与宾语之间的选择是基于一种俗世百科知识类的常规关系。宾语通常存在于一个语义场内，语义场内其他成员与动词宾语存在可替换的关系。比如，"吃食堂"之外，我们还可以说"吃馆子""吃路边摊儿"；"写毛笔"之外，我们还可以说"写铅笔""写钢笔""写圆珠笔"；除了"寄挂号"以外，我们还可以说"寄平信""寄特快"等。"食堂""馆子""路边摊儿"与动词"吃"之间，"毛笔""铅笔""圆珠笔"与动词"写"之间，"平信""挂号""特快"与动词"寄"之间的语义选择是基于常规关系的联想，这种常规关系的认知是全社会人民所共同拥有的。人们不会说出"吃阳台""吃厨房""写棍子"这样的动宾短语，正是因为两者之间不存在这种常规关系。"动词＋非核心论元宾语"构式的第Ⅲ级为构式化程度最低的一级，动宾之间的组合通常是出于临时的语言表达需要而进行的，具有随意性、临时性甚至一过性的特点，如"挡毡子""扑淀粉"等。这类构式动宾之间组合松散，两者都可以随意替换或者添加其他成分。

"动词＋非核心论元宾语"构式的类推性和能产性集中体现在Ⅱ、Ⅲ级构式上。由于Ⅱ级构式宾语背后潜在一个语义场，宾语和语义场内其他成员具有相同的核心语义，各成员彼此之间身份平等、相对相成，在不同的语义表达需要下，可以自由地进行类推替换，具有较高的能产性，如"唱美声、唱民族、唱通俗"，"打男双、打女双、打混双"，"跑外圈、跑里圈"等。Ⅲ级构式的搭配组合更加灵活自由，只要两者之间存在某种事理逻辑关系，符合一般社会认知，动词和宾语就可以自由地搭配组合，如"挡毡子、挡破布、挡木板……"，"走三环、走高速、走绕城"等。

"动词＋非核心论元宾语"的Ⅰ级构式存在着形义不对称性。这类构式在使用中发展出了新的构式义，这些构式义不能从构件以及构件的组合中推知出来。"坐冷板凳"已经不再是"坐在冷板凳上"之义，而是"比喻长期不受重视而做清闲、不重要的工作"。构式产生了超越字面义之外的构式义，这个构式义无法从句法表层的形式上推知,因此形式和意义之间是一种不对称的关系。

"动词＋非核心论元宾语"构式并不是一成不变、处于一种静止的状态之中,而是在语言的使用中不断地发展变化着,这种发展变化表现在形式和意义两个方面。在形式上,具有类推关系的几个"动词＋非核心论元宾语"结构中,其中的某一个动宾结构有可能成为新的类推起点。比如,在"打＋(排球打法)"这个构式中,有"打短平快、打背溜、打时间差……"等组合,在语言的使用和发展中,"打时间差"又成为一个新的类推起点,通过形式仿拟可以类推出"打空间差、打技术差、打信息差……"等组合。在意义上,构式的构式义也在不断发展变化之中,如"踢下半场"本义是指"踢足球比赛的下半场",现在由于其使用范围的扩展,逐渐发展出了"做下一阶段工作或事情"之义。

2)"动词＋非核心论元宾语"构式在构件和整体上表现出与其他动宾结构不一样的句法语义特征。

动词多以单音节动作动词为主,双音节动词也有存在,但比例很小。在词性上又以及物动词和非作格动词占绝对优势。虽然各种不同语义的非核心论元大都能进入"动词＋非核心论元宾语"构式成为非核心论元宾语,但其受事性强弱呈现出不同的等级。经过句法测试,我们得出了非核心论元宾语受事性强弱的序列:材料宾语＞ 工具宾语 ＞ 依凭宾语 ＞ 处所宾语 ＞ 原因宾语＞ 目的宾语 ＞ 范围宾语 ＞ 方式宾语 ＞ 时间宾语,越往左,受事性越强;越往右,受事性越弱。

构式宾语通常以光杆名词居多,如"跑销售""写意识流""坐机关"等,一般都不能进行自由的扩展,但是宾语的不可扩展也不是绝对的,一些构式宾语尤其是Ⅲ级构式的宾语在具体的语言环境中是可以进行一定程度扩展的。宾语的扩展有添加修饰性成分、添加准定语、添加虚指的定指成分三种情况。宾语的可扩展度在一定程度上与构式化程度、宾语的受事性强弱以及具体的语用需求相关。构式化程度越高,宾语的可扩展度越低,宾语的受事性越强,可扩展度越高。另外,在具体的语言环境中,出于对表达效果的追求,人们也会对宾语进行临时的扩展。

"动词＋非核心论元宾语"构式有"选择及排除"之义,客体对象存在差异是选择的前提。上义层次范畴概念由于过于概括和抽象,在人们的头脑中缺乏视觉原型,无法在人们的认知中形成一个完整的心智意象,很难与其他概念形成具体的对比,因此"动词＋非核心论元宾语"构式中宾语以基本层次范畴概念和下义层次范畴概念为主。当语义表达是对于某一类事物的选择时,宾语多以基本层次范畴概念为主,如"吃食堂""唱老生""抽鞭子"等。当在具体的语言环境中,需要对同类但存在差异的对象进行选择时，多以下义层次范畴概念为主，如"跑外圈、跑里圈""吃大碗、吃小碗"。

本书探讨了"动词＋非核心论元宾语"的构式化程度及分类，从形式和意义上对构件以及构式整体特点进行了描写，运用构式理论对该构式存在的构式压制及惯性压制进行了探讨，分析了"动词＋非核心论元宾语"构式义的实现和突显的机制。针对非核心论元通常不能与核心论元共处于宾语的看法，我们也通过大量语料揭示，非核心论元可以以多种形式与核心论元并存。

根据构式理论的观点，构式对动词的论元结构有压制的作用。一般来说，参与者角色与论元角色的熔合由"语义角色一致"和"对应原则"两个原则决定。如果符合这两个原则，那么动词的参与者角色就可以与构式的论元角色熔合。如果动词的参与者角色与构式的论元角色不一致，那么就会出现构式压制的情况，具体表现为角色误配。"及物动词＋非核心论元宾语"表现为侧重误配，构式把被侧重的地位强加给原本不需要被侧重的角色。"不及物动词＋非核心论元宾语"则表现为角色数量误配，构式可以增加并非由动词提供的角色。在具体的语义环境中，"动词＋非核心论元宾语"还存在着一种惯性压制的现象，几个动宾结构处于并列地位，前面的动宾结构可以顺势把自身的语义结构和句法形式压制给后面的动宾结构，使其获得相同的语义结构和句法形式。

3) "动词＋非核心论元宾语"构式有"选择及排除"和"强事件弱动作"的构式义。"选择及排除"义的存在是因为宾语的背后通常存在一个潜在的语义场，语义场内各成员相互对立、地位平等。语义场的核心语义是由动词和宾语的语义角色共同规定的。比如，"动词＋处所论元"构式中，"动词"和"处所"共同规定了宾语的核心语义是"就餐场所"，而不是其他类型的场所，因此"吃食堂""吃馆子"合法，而"吃阳台""吃图书馆"不合法。俗世社会百科知识是语义场的词库基础，和动词存在具有社会规约性的常规关系的词语才能进入这个语义场。大部分义场是封闭的或者相对封闭的，因此义场内的成员身份都是确定的，一旦某个成员出于语义表达的需要被选取，我们也可以知晓哪些成员是被排除的，"选择及排除"的意义也得以体现。

"动词＋非核心论元宾语"的另一个构式义为"强事件弱动作"义。对于及物动词来说，在句法表层上除了施事主语以外，受事/结果/对象论元为其另一必有论元。但在"动词＋非核心论元宾语"构式中，受事类宾语在句法表层被删略，动词失去了影响和作用的对象，其动作性大大减弱。另外，表现为非核心论元的其他背景性内容被添加到句法表层，补充了事件的信息内容，使事件的完整性得到了突出。

4) 非核心论元和核心论元在宾语位置上存在竞争,竞争的结果是它们可能和谐共处,也可能是互相排斥。

以往的许多研究认为,受事/结果论元通常不能与非核心论元共处于宾语位置。如果非核心论元占据了宾语位置,受事/结果论元只能话题化为主语。但是我们通过对大量语料的搜集整理后发现,受事/结果论元事实上可以以多种形式与非核心论元共现。第一,受事/结果论元可以和非核心论元宾语以双宾语的形式共现于句法表层,如"打他埋伏""罚他酒"等。第二,一种论元角色(通常是核心论元)通过附加到另一种论元角色(通常是非核心论元)之上,实现两者的和平共处,如"打我们的板子""接他姐姐的站"等。另外,核心论元和非核心论元也大量存在着互相排斥的现象。在这种情况下,要么核心论元从句法表层删略,如我们只能说"吃食堂",不能说"吃饭食堂";要么核心论元移位至句首话题化为句子的话题,如"午饭我们吃食堂"。

有的时候,虽然核心论元宾语在句法表层被删略,非核心论元占据了其宾语位置,但非核心论元要受到核心论元的句法影响,它会浸染上核心论元宾语的一些句法特征,同时在语义上,"动词+非核心论元宾语"也是动词与核心论元表述的核心事件的语义辐射。

5) 在广泛、频繁的语言使用中,"动词+非核心论元宾语"构式也在发生着语义流变。由于事物之间存在着近接性关系或相似性关系,转喻和隐喻在人们认知和表达概念的过程中发挥着重要作用。处所、方式、工具、材料等概念在转喻的认知机制下常常转指受事、结果,如"抢银行"中,"银行"发生了转喻,转指"银行里的财物";"吃火锅"中工具"火锅"也发生了转喻,转指"用火锅这种工具烹制的食物";"走后门"则是整个动宾结构发生了概念隐喻,从源义"从后门走"隐喻出"用托人情、行贿等不正当的手段,通过内部关系达到某种目的"。

"动词+非核心论元宾语"构式隐喻和转喻的发生经过了一重或多重认知操作。有的构式只经历了一重认知操作,即构式整体发生了隐喻;有的构式则是宾语先发生转喻,然后动宾结构整体再发生隐喻;有的构式则是动词和宾语先分别发生了转喻或隐喻操作,然后两者再进行语义组合。

非核心论元宾语的语义流变还发生在宾语的扩展或语境变换的情况下。"拍照"中如果将宾语扩展为"拍证件照",结果宾语就发生了语义转变,变为了方式宾语,即"按证件照的形式拍"。对宾语的描写修饰在某种程度上是对动作的描写修饰。另外,当语境变换时,宾语的语义角色也有可能会发生转变。比如,

"绑死扣"在某些语境中是结果宾语,在另一些语境中则是方式宾语。

6)"动词+非核心论元宾语"结构的产生有句法、语义、语用和认知多方面原因的驱动。

语言的使用要遵循经济性原则。人们总是追求用尽量简省的语言材料表达尽可能丰富的语义内容。在具体的语言环境中,受语言经济性原则的影响,听说双方的已知信息和共享信息不必反复提及,否则语言便重复、冗余、啰嗦。交际中只需要传递新信息就可以了。当非核心论元所负载的信息为新信息,而核心论元所负载的信息为已知信息或共享信息时,非核心论元就获得了出现在句法表层的资格。在汉语中,信息的编排遵循焦点信息后重的原则,动词宾语通常是自然焦点的所在。非核心论元由于负载的是新信息、焦点信息,因此就获得了宾语的句法位置。

从认知上看,一个场景内的物体有图形和背景之分。当透视域发生变化时,原来是背景的物体得到了突显成为图形,而原来是图形的物体则隐没为背景。这是非核心论元成为宾语的认知心理动因。从另一方面来说,一个完整的认知图式就是一个完形,虽然原来的图形隐没了,但我们的认知心理仍然会将这个完形补充完整。在"动词+非核心论元宾语"的句法表层中,有的时候核心论元虽然没有出现,但我们的认知心理仍然会将其补充出来。比如,"听墙根儿"中,受事宾语虽然没有出现,但我们仍然明白"听"的是"对话",而不是其他内容。

汉语缺乏形态,是讲究意合的语言。在满足某种语义、逻辑关系的情况下,人们可以提取场景中任何两个要素进行组合,如"晒太阳""哭鼻子"等。从历时的角度看,"意合"也是中国传统文化一以贯之的精神。

从句法上看,"动词+非核心论元宾语"是一种超常规搭配,构式的论元结构是二元结构,非核心论元占据宾语位置,这要求句子中的论元要经过话题化和述题化的语法过程以达到调整配位的目的。非核心论元经过述题化以后成为有标记的宾语。

9.2 研究的创新之处

本研究的创新之处主要体现在以下几个方面:

1)文章的观察、描写、论证主要建立在有真实语境的语料之上,发现了前贤尚未发现的一些关于"动词+非核心论元宾语"的句法语义特点。前贤的研究基本都以自省的语料为基础,而且没有建成一个有一定规模的语料库,因此"动词+非核心论元宾语"构式的一些特点没有被充分揭示。本书的研究建立在一个80万字规模的文本语料库之上，揭示了"动词＋非核心论元宾语"的一些客观存在的特点。

2）前贤的研究多集中在某一种语义类型的非核心论元宾语上，即使有一些对旁格宾语整体的研究，但都只集中在旁格宾语的允准操作机制上，缺少对"动词＋非核心论元宾语"整体、综合的研究。本书着眼于"动词＋非核心论元宾语"构式整体，以构式语法的视角对其进行了宏观、成体系、多角度、多方位的全面专题研究，力图从总体上揭示出该构式的统领性、普遍性特征，具有一定的开创性。

3）厘清了当前研究中对非核心论元宾语多种不同的提法，区分了各自之间的异同，构建了"动词＋非核心论元宾语"系统，首次划分了"动词＋非核心论元宾语"构式的构式化层级，更客观、更准确地揭示了构式的特点。

4）首次发现了非核心论元宾语背后存在的语义场，揭示了"动词＋非核心论元宾语"构式的构式义得以浮现的机制。

5）在大量翔实语料的基础上，证明了非核心论元和核心论元不仅存在互相排斥的关系，也存在和谐共处的关系。当非核心论元占据宾语位置时，核心论元除了话题化一种可能以外，两者还可以以多种形式共存于宾语位置。

9.3　研究的不足之处

本研究还存在着以下几点不足：

1）研究主要建立在现当代文学作品和新闻或综艺访谈节目文本等文艺语体语料和口语语体语料的基础之上，没有对公文语体、科技语体、政论语体的语料进行观察，语料的语体来源缺乏多样性。

2）语料样本的规模不够大。由于某些客观原因，我们的语料库只建立在80万字的文本之上，如果语料库的规模更大一些，或许可以发现更多的规律。

3）由于本人理论水平、认识能力的欠缺，对于某些现象的分析、论证可能只停留在浅表的层面，对于规律的发现和总结也不够全面。

所有这些不足之处，有待今后继续开展更深入的后续研究，力争更全面、更准确、更系统地揭示"动词＋非核心论元宾语"构式的特征和规律。

参考文献

外文文献

［1］ CROFT W, CRUSE D A. Cognitive linguistics[M]. Cambridge: Cambridge University Press, 2004.

［2］ FILLMORE C J. The case for case[C]//BACH E, HARMS R T. Universals in Linguistic Theory. New York: Holt, Rinehart and Winston, 1968.

［3］ FILLMORE C J. Frame semantics and the nature of language[M]// HARNAD S R, STEKLIS H D, LANCASTER J. Origins and evolution of language and speech. New York: New York Academy of Science, 1976.

［4］ FILLMORE C J. Case for case reopened[M]. New York: Academic Press, 1977.

［5］ GOLDBERG A E. Constructions: a construction grammar approach to argument structure[M]. Chicago: The University of Chicago Press, 1995.

［6］ GOLDBERG A E. Making one's way through the data[M]//SHIBATANI M, THOMPSON S A. Grammatical constructions: their form and meaning. New York: Oxford University Press, 1996.

［7］ GOLDBERG A E. Constructions at work: the nature of generalization in language[M]. New York: Oxford University Press, 2006.

［8］ LAKOFF G, JOHNSON M. Metaphors we live by[M]. Chicago: The University of Chicago Press, 1980.

［9］ LI C N, THOMPSON S A. Subject and topic: a new typology of language[M]// LI C N. Subject and topic. New York: Academic Press, 1976.

［10］ LIN T H. Light verb syntax and the theory of phrase structure[D]. Irvine: University of California, 2001.

[11] LANGACKER R W. Syntactic reanalysis[M]// LI C N. Mechanisms of syntactic change. Austin: University of Texas Press,1977.

[12] LANGACKER R W. Foundation of cognitive grammar, theoretical prerequisites[M]. Stanford: Standford University Press,1987.

[13] MICHAELIS L A. Typing shifting in construction grammar: an integrated approach to aspectual coercion[J]. Cognitive Linguistics,2004,15(1): 1-67.

[14] PERLMUTTER D M. Impersonal passives and the unaccusative hypothesis[C]// Proceedings of the 4$^\text{th}$ Annual Meeting of the Berkeley Linguistics Society. Berkeley: University of California,1978:157-189.

[15] JACKENDOFF R S. Semantics and cognition[M]. Cambridge, MA: The MIT Press,1983.

[16] ROSCH E, MERVIS C B. Family resemblances: studies in the internal structure of categories[J]. Cognitive psychology, 1975, 7(4): 573-605.

[17] TRAUGOTT E C, TROUSDALE G. Constructionalization and constructional changes[M]. Oxford: Oxford University Press,2013.

中文文献

著作

［1］陈昌来. 现代汉语动词的句法语义属性研究［M］. 上海：学林出版社,2002.

［2］戴耀晶. 现代汉语时体系统研究［M］. 杭州：浙江教育出版,1997.

［3］丁声树. 现代汉语语法讲话［M］. 北京：商务印书馆,1961.

［4］丁声树,吕叔湘,李荣,等. 现代汉语语法讲话［M］. 北京：商务印书馆,1999.

［5］董秀芳. 词汇化:汉语双音词的衍生和发展(修订本)［M］. 北京：商务印书馆,2013.

［6］范开泰,张亚军. 现代汉语语法分析［M］. 上海：华东师范大学出版社,2000.

［7］范晓. 三个平面的语法观［M］. 北京：北京语言文化大学出版社,1996.

[8] 范晓.汉语的句子类型[M].太原:书海出版社,1998.

[9] 范晓.汉语句子的多角度研究[M].北京:商务印书馆,2009.

[10] 范晓,陈昌来.汉语句子及其句式研究[M].上海:学林出版社,2015.

[11] 索绪尔.普通语言学教程[M].岑麒祥,叶蜚声,高名凯,译.北京:商务印书馆,1980.

[12] 菲尔墨."格"辨[M].胡明扬,译.北京:商务印书馆,2002.

[13] 温格瑞尔,施密特.认知语言学导论(第二版)[M].彭利贞,许国萍,赵微,译.上海:复旦大学出版社,2009.

[14] 高名凯.汉语语法论[M].北京:商务印书馆,1986.

[15] GOLDBERG A E.构式:论元结构的构式语法研究[M].吴海波,译.北京:北京大学出版社,2007.

[16] 郭锐.现代汉语词类研究[M].北京:商务印书馆,2002.

[17] 胡裕树.现代汉语(增订本)[M].上海:上海教育出版社,1981.

[18] 胡裕树,范晓.动词研究[M].郑州:河南大学出版社,1995.

[19] 胡裕树,范晓.动词研究综述[M].太原:山西高校联合出版社,1996.

[20] 黄伯荣,廖序东.现代汉语[M].北京:高等教育出版社,2002.

[21] 皇甫素飞.现代汉语紧缩构式的多维研究[M].北京:中国社会科学出版社,2015.

[22] 利奇.语义学[M].李瑞华,王彤福,杨自俭等,译.上海:上海外语教育出版社,1987.

[23] 李葆嘉.语义语法学导论[M].北京:中华书局,2007.

[24] 黎锦熙.新著国语文法[M].北京:商务印书馆,1924.

[25] 李临定.现代汉语句型[M].北京:商务印书馆,1986.

[26] 李临定.现代汉语动词[M].北京:中国社会科学出版社,1990.

[27] 鲁川.汉语语法的意合网络[M].北京:商务印书馆,2001.

[28] 陆丙甫.核心推导语法[M].上海:上海教育出版社,1993.

[29] 陆俭明.八十年代中国语法研究[M].北京:商务印书馆,1993.

[30] 陆俭明.现代汉语句法理论[M].北京:商务印书馆,1993.

[31] 陆俭明.现代汉语语法研究教程[M].北京:北京大学出版社,2005.

[32] 陆俭明,沈阳.汉语和汉语研究十五讲[M].北京:北京大学出版社,2004.

[33] 吕叔湘.中国文法要略[M].北京:商务印书馆,1942.

［34］吕叔湘.汉语语法分析问题[M].北京:商务印书馆,1979.

［35］吕叔湘.现代汉语八百词[M].北京:商务印书馆,1980.

［36］吕叔湘.汉语语法论文集[M].北京:商务印书馆,1984.

［37］吕叔湘,朱德熙.语法修辞讲话[M].北京:中国青年出版社,1952.

［38］吕叔湘,江蓝生.近代汉语指代词[M].上海:学林出版社,1985.

［39］HALLIDAY M A K.功能语法导论[M].北京:外语教学与研究出版社,2000.

［40］马建忠.马氏文通[M].北京:商务印书馆,1954.

［41］马清华.文化语义学[M].南昌:江西人民出版社,2000.

［42］马清华.句法语义论集[M].长春:吉林人民出版社,2001.

［43］马清华.并列结构的自组织研究[M].上海:复旦大学出版社,2005.

［44］马清华.语义的多维研究[M].北京:语文出版社,2006.

［45］马清华.系统原理下的语言问题[M].上海:上海人民出版社,2012.

［46］马庆株.汉语动词和动词性结构[M].北京:北京语言学院出版社,1992.

［47］马庆株.汉语语义语法范畴问题[M].北京:北京语言文化大学出版社,1998.

［48］彭利贞.从语义到语法[M].北京:中国社会科学出版社,2011.

［49］任鹰.现代汉语非受事宾语句研究[M].北京:社会科学文献出版社,2005.

［50］齐夫.最省力原则[M].薛朝凤,译.上海:上海人民出版社,2016.

［51］邵敬敏.句法结构中的语义研究[M].北京:北京语言文化大学出版社,1998.

［52］邵敬敏.现代汉语通论[M].上海:上海教育出版社,2001.

［53］邵敬敏.汉语语法学史稿(修订本)[M].北京:商务印书馆,2006.

［54］邵敬敏.汉语语法的动态研究[M].北京:商务印书馆,2012.

［55］沈家煊.不对称和标记论[M].南昌:江西教育出版社,1999.

［56］沈家煊.认知与汉语语法研究[M].北京:商务印书馆,2006.

［57］史有为.处所宾语初步考察[C]//大河内康宪.中国语学论文集:大河内康宪教师退官纪念.东京:东方书店,1997.

［58］石毓智.语法的认知语义基础[M].南昌:江西教育出版社,2004.

［59］石毓智,李讷.汉语语法化的历程——形态句法发展动因和机制[M].

北京:北京大学出版社,2001.

[60] 石毓智.汉语的有标记和无标记语法结构[M]//中国语文杂志社.语法研究和探索(十).北京:商务印书馆,2000:19-30.

[61] 苏新春.汉语词汇计量研究[M].厦门:厦门大学出版社,2002.

[62] 王力.中国现代语法[M].北京:商务印书馆,1943.

[63] 王力.中国语法理论[M].北京:中华书局,1954.

[64] 王力.汉语史稿[M].济南:山东教育出版社,1984.

[65] 王力.汉语语法史[M].北京:商务印书馆,1989.

[66] 王寅.认知语言学[M].上海:上海外语教育出版社,2007.

[67] 王寅.构式语法研究(上、下卷)[M].上海:上海外语教育出版社,2011.

[68] 王正元.概念整合理论及其应用研究[M].北京:高等教育出版社,2009.

[69] 文炼,袁杰.谈谈动词的"向"[M]//华东师范大学中文系《汉语论丛》编委.汉语论丛.上海:华东师范大学出版社,1990:11-23.

[70] 吴福祥.语法化与汉语历时语法研究[M].合肥:安徽教育出版社,2006.

[71] 吴为善.认知语言学与汉语研究[M].上海:复旦大学出版社,2011.

[72] 邢福义.汉语语法三百问[M].北京:商务印书馆,2003.

[73] 徐烈炯.语义学[M].北京:语文出版社,1995.

[74] 徐烈炯,刘丹青.话题的结构与功能[M].上海:上海教育出版社,1998.

[75] 徐枢.宾语和补语[M].哈尔滨:黑龙江人民出版社,1985.

[76] 徐通锵.基础语言学教程[M].北京:北京大学出版社,2001.

[77] 袁毓林.基于认知的汉语计算语言学研究[M].北京:北京大学出版社,2008.

[78] 袁毓林.汉语配价语法研究[M].北京:商务印书馆,2010.

[79] 张斌.汉语语法学[M].上海:上海教育出版社,1998.

[80] 张伯江,方梅.汉语功能语法研究[M].南昌:江西教育出版社,1996.

[81] 张旺熹.汉语句法的认知结构研究[M].北京:北京大学出版社,2006.

[82] 张云秋.现代汉语受事宾语句研究[M].上海:学林出版社,2004.

[83] 张志公.汉语语法常识[M].北京:中国青年出版社,1957.

［84］张志毅,张庆云.词汇语义学[M].北京:商务印书馆,2001.
［85］赵艳芳.认知语言学概论[M].上海:上海外语教育出版社,2001.
［86］赵元任.汉语口语语法[M].北京:商务印书馆,1979.
［87］朱德熙.语法讲义[M].北京:商务印书馆,1982.
［88］朱德熙.语法答问[M].北京:商务印书馆,1985.

期刊论文

［1］陈平.试论汉语中三种句子成分与语义成分的配位原则[J].中国语文,1994(3):161-168.

［2］陈昌来.工具主语和工具宾语异议[J].世界汉语教学,2001(1):65-73.

［3］陈小明.方式宾语初探[J].天津师大学报,1995(2):76-80.

［4］程杰.虚介词假设与增元结构——论不及物动词后非核心论元的句法属性[J].现代外语,2009,32(1):23-32.

［5］储泽祥.处所角色宾语的判定及其典型性问题[J].语言教学与研究,2004(6):43-48.

［6］储泽祥,彭建平.处所角色宾语及其属性标记的隐现情况[J].语言研究,2006(4):89-93.

［7］戴浩一,黄河.时间顺序和汉语的语序[J].国外语言学,1988(1):10-20.

［8］邓昊熙.试析论元增容与施用结构——从汉语动词后非核心成分的允准与施用结构的差异说起[J].语言教学与研究,2014(6):54-64.

［9］丁健.动宾目的式的构式及相关问题[J].汉语学报,2016(1):44-55.

［10］董粤章.构式、域矩阵与心理观照——认知语法视角下的"吃食堂"[J].外国语,2011,34(3):2-12.

［11］方梅.北京话句中语气词的功能研究[J].中国语文,1994(2):129-138.

［12］方梅.汉语对比焦点的句法表现手段[J].中国语文,1995(4):279-288.

［13］冯胜利.论汉语的"自然音步"[J].中国语文,1998(1):40-47.

［14］冯胜利."写毛笔"与韵律促发的动词并入[J].语言教学与研究,2000(1):25-31.

[15] 冯胜利.从韵律看汉语"词""语"分流之大界[J].中国语文,2001(1):27-37.

[16] 冯胜利.动宾倒置与韵律构词法[J].语言科学,2004(3):12-20.

[17] 冯胜利.轻动词移位与古今汉语的动宾关系[J].语言科学,2005,4(1):3-16.

[18] 冯志伟.从格语法到框架网络[J].解放军外国语学院学报,2006(3):1-9.

[19] 高明乐.论元与题元角色及其理论地位[J].外国语言文学,2018(1):23-39.

[20] 高云莉,方琰.浅谈汉语宾语的语义类别问题[J].语言教学与研究,2001(6):62-65.

[21] 顾阳.论元结构理论介绍[J].国外语言学,1994(1):1-11.

[22] 郭继懋.谈动宾语义关系分类的性质问题[J].南开学报,1998(6):73-80.

[23] 郭继懋.试谈"飞上海"等不及物动词带宾语现象[J].中国语文,1999(5):337-346.

[24] 韩景泉,徐蒙蒙.语段理论下汉语旁格宾语的生成[J].中南大学学报,2014(4):243-247.

[25] 胡勇."吃食堂"的认知功能分析[J].世界汉语教学,2016(3):342-355.

[26] 胡裕树,范晓.试论语法研究的三个平面[J].新疆师范大学学报(哲学社会科学版),1985(3):7-16.

[27] 胡裕树,范晓.有关语法研究三个平面的几个问题[J].中国语文,1992(4):272-279.

[28] 胡裕树,范晓.动词形容词的"名物化"和"名词化"[J].中国语文,1994(2):81-86.

[29] 吉益民."V+目的宾语"论略[J].汉语学报,2016(3):53-63.

[30] 姜兆梓."吃食堂"及其相关句式中的非对称性[J].现代外语,2015(1):15-25.

[31] 亢世勇.现代汉语谓宾动词分类统计研究[J].辽宁师范大学学报(社会科学版),1998(1):37-40.

[32] 李临定.宾语使用情况考察[J].语文研究,1983(2):31-38.

[33] 李临定. 动词的宾语和结构的宾语[J]. 语言教学与研究, 1984(3): 103-115.

[34] 李临定. 语法研究回顾[J]. 世界汉语教学, 1991(3): 144-152.

[35] 林海云. "VP+N处所"构式历时演变研究及认知解释[J]. 古汉语研究, 2015(1): 34-40.

[36] 林杏光. 以格关系划分汉语动词次类[J]. 汉语学习, 1995(4): 22-23.

[37] 刘大为. 关于动宾带宾现象的一些思考(上)[J]. 语文建设, 1998(1): 22-26.

[38] 刘大为. 关于动宾带宾现象的一些思考(下)[J]. 语文建设, 1998(3): 28-30.

[39] 刘大为. 从语法构式到修辞构式(上)[J]. 当代修辞学, 2010(3): 7-17.

[40] 刘大为. 从语法构式到修辞构式(下)[J]. 当代修辞学, 2010(4): 14-23.

[41] 刘琦, 张建理. 汉语工具宾语超动词构式的动态整合研究[J]. 外语学刊, 2014(3): 73-78.

[42] 鲁川, 林杏光. 现代汉语语法的格关系[J]. 汉语学习, 1989(5): 11-15.

[43] 卢福波. 非常组合的"动+处所宾语"[J]. 南开语言学刊, 2005(1): 68-75.

[44] 陆方喆. "吃食堂"类短语成活条件再讨论[J]. 宁波大学学报(人文科学版), 2010(2): 60-63.

[45] 陆俭明, 郭锐. 汉语语法研究所面临的挑战[J]. 世界汉语教学, 1998(4): 3-21.

[46] 陆俭明. 隐喻、转喻散议[J]. 外国语, 2009(1): 44-50.

[47] 陆俭明. 从语法构式到修辞构式再到语法构式[J]. 当代修辞学, 2016(1): 1-9.

[48] 卢英顺. 从认知图景看不及物动词带宾语问题——兼谈对外汉语教学中的相关问题[J]. 汉语学习, 2016(3): 85-92.

[49] 吕书之, 张云秋. "排票"类结构的语义关系及认知分析[J]. 学术交流, 2004(6): 124-126.

[50] 马清华. 句子的语义结构[J]. 南京师大学报(社会科学版), 1993(4): 99-109.

[51] 马清华. 词义变化的动因[J]. 松辽学刊(哲学社会科学版), 2000(5): 78-82.

[52] 马清华.汉语语法化问题的研究[J].语言研究,2003(2):63-71.

[53] 马清华.词汇选限联系的确定性和存在基础[J].江苏大学学报(社会科学版),2008,10(5):10-18.

[54] 马清华.错综关系下例外的形成——汉语离合词成因再探[J].语言科学,2009,8(2):172-187.

[55] 马清华,李为政.论从甲骨文到今文尚书的动宾结构模式化及其发展[J].华东师范大学学报(哲学社会科学版),2017(5):148-158.

[56] 马庆株.述宾结构歧义初探[J].语言研究,1985(1):90-101.

[57] 马庆株.名词性宾语的类别[J].汉语学习,1987(2):3-8.

[58] 马志刚.汉语及物句和非宾格句中宾语的题元角色、格位形式和语类性质研究[J].语言与翻译(汉文版),2011(2):5-13.

[59] 孟庆海.原因宾语和目的宾语[J].语文研究,1987(1):20-26.

[60] 彭家法,孙超.现代汉语不及物动词带旁格宾语结构的句法生成——以包含库藏差异的句法制图理论为基础[J].安徽电气工程职业技术学院学报,2017,22(2):48-55.

[61] 齐沪扬.带处所宾语的"把"字句中处所宾语省略与移位的制约因素的认知解释[J].暨南大学华文学院学报,2010(1):52-61.

[62] 任俊舒,吴炳章,吴明会.例示与细化:以"吃食堂"为例[J].世界汉语教学,2014,28(2):181-188.

[63] 任鹰."吃食堂"与语法转喻[J].中国社会科学院研究生院学报,2000(3):59-67.

[64] 任鹰.动词词义在结构中的游移与实现——兼议动宾结构的语义关系问题[J].中国语文,2007(5):419-430.

[65] 任鹰.动词语义特征对共现名词指称方式的制约和影响[J].世界汉语教学,2007(3):29-37.

[66] 任鹰.从生成整体论的角度看语言结构的生成与分析——主要以汉语动宾结构为例[J].当代语言学,2016(1):19-37.

[67] 单宝顺.从"哭长城""吃食堂"看处所宾语化[J].语文建设,2012(8):51-52.

[68] 单宝顺.处所宾语和处所宾语化[J].语文教学通讯·D刊(学术刊),2014(5):80-82.

[69] 杉村博文."VN"形式里的"现象"和"事例"[J].汉语学报,2006(1):

59-63.

[70] 邵健.处所宾语的语义分类和认知属性[J].汉语学习,2012(5):104-112.

[71] 邵敬敏."语义价"、"句法向"及其相互关系[J].汉语学习,1996(4):3-9.

[72] 邵敬敏."语义语法"说略[J].暨南学报(人文科学与社会科学版),2004(1):100-106.

[73] 沈家煊."有界"与"无界"[J].中国语文,1995(5):367-380.

[74] 沈家煊.认知语法的概括性[J].外语教学与研究,2000(1):29-33.

[75] 沈家煊.句式和配价[J].中国语文,2000(4):291-297.

[76] 沈家煊."糅合"和"截搭"[J].世界汉语教学,2006(4):5-12.

[77] 沈家煊."王冕死了父亲"的生成方式——兼说汉语"糅合"造句[J].中国语文,2006(4):291-300.

[78] 沈家煊.我看汉语的词类[J].语言科学,2009(1):1-12.

[79] 石毓智.试论汉语的句法重叠[J].语言研究,1996(2):1-12.

[80] 孙道功,李葆嘉.动核结构的"词汇语义—句法语义"衔接研究[J].语言文字应用,2009(1):134-141.

[81] 孙超.现代汉语不及物动词带旁格宾语结构的研究[J].成都师范学院学报,2016(5):74-82.

[82] 孙天琦.谈汉语中旁格成分作宾语现象[J].汉语学习,2009(3):70-77.

[83] 孙天琦,李亚非.汉语非核心论元允准结构初探[J].中国语文,2010(1):21-33.

[84] 孙天琦.现代汉语宾语选择问题研究述评[J].汉语学习,2011(3):71-81.

[85] 孙天琦,潘海华.也谈汉语不及物动词带"宾语"现象——兼论信息结构对汉语语序的影响[J].当代语言学,2012(4):331-342.

[86] 孙天琦.汉语的双宾结构与施用操作[J].语言教学与研究,2015(1):49-58.

[87] 谭景春.材料宾语和工具宾语[J].汉语学习,1995(6):28-30.

[88] 谭景春."动+结果宾语"及相关句式[J].语言教学与研究,1997(1):86-98.

[89] 唐依力,齐沪扬.非常规关系下的动词带处所名词现象考察[J].汉语学习,2010(5):20-27.

[90] 王灿龙.词汇化二例——兼谈词汇化和语法化的关系[J].当代语言学,2005(3):225-236.

[91] 王纯清.汉语动宾结构的理解因素[J].世界汉语教学,2000(3):34-43.

[92] 王丽彩.现代汉语方式宾语的研究[J].语文学刊,2012(11):33-35.

[93] 王淑华,郭曙纶.试论处所宾语的处理[J].汉语学报,2006(2):69-75.

[94] 王维贤.句法分析的三个平面与深层结构[J].语文研究,1991(4):5-12.

[95] 王寅.构式压制、词汇压制和惯性压制[J].外语与外语教学,2009(12):5-9.

[96] 王寅,王天翼."吃他三个苹果"构式新解:传承整合法[J].中国外语,2009(4):22-30.

[97] 王寅."新被字构式"的词汇压制解析——对"被自愿"一类新表达的认知构式语法研究[J].外国语,2011,34(3):13-20.

[98] 王寅.构式压制和词汇压制的互动及其转喻机制——以英语语法体和动词体为例的分析[J].外语教学与研究,2013(5):657-668.

[99] 王占华."吃食堂"的认知考察[J].语言教学与研究,2000(2):58-64.

[100] 文炼.词语之间的搭配关系[J].中国语文,1982(1):17-22.

[101] 文炼,胡附.词类划分中的几个问题[J].中国语文,2000(4):298-302.

[102] 文旭,杨旭.构式化:历时构式语法研究的新路径[J].现代外语,2016,39(6):731-741.

[103] 谢晓明.代体宾语的理解因素[J].汉语学报,2004(1):85-92.

[104] 谢晓明.宾语代入现象的认知解释[J].湖南大学学报(社会科学版),2004,18(3):70-73.

[105] 谢晓明,王宇波.概念整合与动宾常规关系的建立[J].汉语学报,2007(2):66-72.

[106] 谢晓明,左双菊.饮食义动词"吃"带宾情况的历史考察[J].古汉语研究,2007(4):91-96.

[107] 谢晓明.论元的激活扩散过程与动宾之间的语义匹配[J].学术交流,

2008(11):198-201.

[108] 谢晓明,乔东蕊.工具宾语的鉴定模式及其典型性[J].汉语学习,2009(2):12-16.

[109] 谢晓明,谷亚丽.方式宾语的鉴定模式及其典型性考察[J].语言研究,2009,29(2):47-52.

[110] 谢晓明,王宇波.管控动宾超常搭配的若干句法因素[J].语文研究,2009(2):29-33.

[111] 邢福义.汉语里宾语代入现象之观察[J].世界汉语教学,1991(2):76-84.

[112] 邢福义.汉语语法结构的兼容性和趋简性[J].世界汉语教学,1997(3):3-8.

[113] 邢福义.汉语小句中枢语法系统论略[J].华中师范大学学报(人文社会科学版),1998(1):1-8.

[114] 邢公畹.一种似乎要流行开来的可疑句式——动宾式动词+宾语[J].语文建设,1997(4):21-24.

[115] 徐蒙蒙.处所宾语句的形成过程及其语用动因[J].现代语文(语言研究版),2013(8):58-60.

[116] 徐盛桓.论"常规关系"——新格赖斯会话含意理论系列研究之六[J].外国语,1993(6):11-18.

[117] 徐盛桓.常规关系与句式结构研究——以汉语不及物动词带宾语句式为例[J].外国语,2003(2):8-16.

[118] 杨成凯.Fillmore的格语法理论(上)[J].国外语言学,1986(1):37-41.

[119] 杨成凯.Fillmore的格语法理论(中)[J].国外语言学,1986(2):76-83.

[120] 杨成凯.Fillmore的格语法理论(下)[J].国外语言学,1986(3):110-120.

[121] 杨永忠.非受事宾语句类型的参数分析[J].现代外语,2009,32(2):33-41.

[122] 杨永忠.非受事宾语句的论元结构及推导[J].浙江外国语学院学报,2018(4):8-16.

[123] 叶川.动词+目的宾语结构的语用认知分析[J].南昌高专学报,

2005,20(2):48-51.

[124] 袁毓林.论元角色的层级关系和语义特征[J].世界汉语教学,2002(3):10-22.

[125] 袁毓林.容器隐喻、套件隐喻及相关的语法现象——词语同现限制的认知解释和计算分析[J].中国语文,2004(3):195-208.

[126] 袁毓林.论元结构和句式结构互动的动因、机制和条件——表达精细化对动词配价和句式构造的影响[J].语言研究,2004,24(4):1-10.

[127] 袁毓林.构式语法研究的新探索——《形式和意义互动的句式系统研究——互动构式语法探索》序[J].海外华文教育,2017(5):699-702.

[128] 袁毓林.汉语中的概念转喻及其语法学后果[J].语言教学与研究,2018(1):30-43.

[129] 张嘉玲,余玲丽.动词"吃"论元结构的非常规性研究——以"吃食堂"为例[J].现代语文(语言研究版),2014(12):48-50.

[130] 张云秋,王馥芳.概念整合的层级性与动宾结构的熟语化[J].世界汉语教学,2003(3):46-51.

[131] 张云秋,周建设.语法结构的经济原则——从汉语受事标记的过度使用谈起[J].外语研究,2004(6):9-13.

[132] 张云秋.动词对受事宾语典型性强弱的制约[J].汉语学习,2005(3):11-16.

[133] 张智义,倪传斌."吃食堂"认知语法研究的反思[J].云南师范大学学报(对外汉语教学与研究版),2012,10(2):44-50.

[134] 张智义.句法演进和语用视域下的汉语非标准题元研究——以"吃食堂"为例[J].语言学研究,2015(2):95-106.

[135] 赵旭.典型处所宾语与非典型处所宾语[J].汉语学习,2013(3):103-112.

[136] 赵艳芳.认知语言学的理论基础及形成过程[J].外国语,2000(1):29-36.

[137] 赵艳芳.认知语言学研究综述(一)[J].解放军外国语学院学报,2000,23(5):22-26.

[138] 赵艳芳.认知语言学研究综述(二)[J].解放军外国语学院学报,2000,23(6):26-30.

[139] 朱德熙,盧甲文,马真.关于动词形容词"名物化"的问题[J].北京大

学学报(哲学社会科学版),1961(4):53-66.

[140] 朱怀.工具宾语句的语义结构及论元表征[J].宁夏大学学报(人文社会科学版),2011,33(4):24-28.

[141] 左双菊,杜美臻.目的宾语的鉴定模式及其典型性[J].语言研究,2015,35(2):33-36.

学位论文

[1] 杜美臻.原因宾语和目的宾语的鉴定模式与典型性考察[D].武汉:华中师范大学,2014.

[2] 高俊霞.现代汉语方式宾语研究[D].武汉:华中师范大学,2006.

[3] 谷亚丽.方式宾语的鉴定模式及其典型性考察[D].武汉:华中师范大学,2008.

[4] 唐依力.汉语处所范畴句法表达的构式研究[D].上海:上海师范大学,2012.

[5] 童蕾.现代汉语"动词+工具宾语"结构研究[D].湘潭:湘潭大学,2008.

[6] 赵旭.现代汉语处所宾语研究[D].杭州:浙江大学,2010.

[7] 宗杉."动词+处所宾语"的句法语义及相关语法问题研究[D].长春:东北师范大学,2006.

参考工具书

[1] 孟琮,郑怀德,孟庆海,等.汉语动词用法词典[M].北京:商务印书馆,1999.

[2] 鲁川,林杏光.动词大词典[M].北京:中国物资出版社,1994.

[3] 中国社会科学院语言研究所词典编辑室.现代汉语词典(第7版)[M].北京:商务印书馆,2016.